Biblioteca de Estudios Cervantinos

Trabajos y días cervantinos

A Julio Ortega,
con el más amistoso
recuerdo;

Fco. Márquez

20-X-95

Ediciones del Centro de Estudios Cervantinos
Palacete Laredo
Paseo de la Estación, s/n.
28807 Alcalá de Henares (Madrid)
Teléf.: 883 13 50. Fax: 883 12 16

Impresión: Nuevo Siglo, S.L.

I.S.B.N.: 84-88333-06-4
Depósito Legal: M-11.388-1995

Impreso en España/Printed in Spain

FRANCISCO MÁRQUEZ VILLANUEVA

Trabajos y días cervantinos

CENTRO DE ESTUDIOS CERVANTINOS

ALCALA DE HENARES, 1995

A DON EULALIO FERRER RODRÍGUEZ
Cervantista de pro.

PRINCIPIOS

Cervantes se halla siempre con nosotros. Compañía siempre entrañable, sigue cumpliendo a manos llenas su generosa ilusión de aligerar nuestros pechos de melancolías y amohinamientos con incontables horas del más depurado deleite. Se accede a dicho logro a través de un arte sobrio y ajeno a la fórmula: ahí tenemos la maravilla de su lengua, llana y sin sello particular en una época en que casi todos ponían su empeño en hacerse con un estilo identificable a la primera. Una deliberada ambigüedad creadora se ha vuelto allí en disparador inagotable de interrogantes capaces de proteicas transformaciones ante cada nuevo lector y aun cada nueva lectura. La ironía, sobre todo, no se perfila para Cervantes como un mecanismo generador de golpes de ingenio o de meros efectos ocasionales. Lo mismo que (por ejemplo) cabría decir de lo alegórico en el caso de Dante, la ironía se configura aquí como un verdadero estilo mental, que el lector ha de interiorizar también si desea acompañarle hasta el fondo de una compartida emoción estética. Habrá éste de adiestrarse por tanto en la tarea siempre abierta de cogerle las vueltas, eludir sus lazos y hacerse cómplice de sus entrelíneas. Cervantes hace gala de su calculada infidencia autorial y pide que se le entienda a partir de ella, pero es para que accedamos de su mano a luminosas alturas, y no a las arteras emboscadas que la otra infidencia picaresca de Mateo Alemán reserva a su lector. Cervantes es siempre un amigo que, con su sonreir de hispana Mona Lisa, nos conduce sin sentir por un declive natural hacia un tipo de crítica inextricablemente incorporado para él a la noción del goce de la literatura. Cervantes mira a hacer un crítico de todos y cada uno de sus lectores.

No es preciso decir que habrá de tratarse de un crítico moldeado en el torno de aquella obra, lo cual es lo mismo que decir de muy inédito cuño y, más aún, ajeno a las tiesuras que el término suele arrastrar en toda época consigo. Cervantes no hizo gran caso de la crítica oficial de su momento (a no ser que se tratara de fastidiar con ella a Lope). No veía utilidad en los infinitos distingos doctrinales de los eruditos neoaristotélicos, como no la vería hoy tampoco en los intentos de articular una ciencia abstracta de la literatura, separada del relativo e inexacto factor humano que en el plano real integran el autor y su obra. Contribuyó con ello a que sus contemporáneos le consideraran una figura secundaria, en un injusto papel que Cervantes aceptó asumir, incorruptible, con el heroísmo sin aspavientos que racionaliza su *Viaje del Parnaso*. No le preocupó ejercer (tampoco lo habrían dejado) ninguna dictadura ni cacicato, harto satisfecho con saberse el gran perro viejo de la literatura de su tiempo, que era lo que de veras le interesaba y lo que nadie podía quitarle. Aborrecedor de todo pedantesco almidón, no escribió una sola página de tono que quepa llamar didascálico. Antiguos y modernos, dispuestos a no ver en él más que un autor de libros para reír, ignoran que en ello está precisamente su gloria, pues nadie hasta entonces había dedicado a dicho propósito la misma clase de esfuerzo o inversión creadora que venían aplicándose a la epopeya o a la tragedia. De un modo significativo Lope, con su cultura de improvisaciones y remiendos, lo encontraba poco "científico" para llegar a buen novelista según criterios de época. Y a nadie se le ocurrió utilizar su obra para ningún intento de *Lecciones solemnes* como las que se predicaron en torno a don Luis de Góngora.

La gran innovación de Cervantes, al agotar de un solo golpe las posibilidades del libro de entretenimiento, culmina en establecer una multiplicidad de potenciales niveles de significado con que tender un puente de comunicación privilegiada hacia cada uno de sus lectores. En respuesta a los determinantes de una nueva sociología literaria, Cervantes ha dotado a la novela de la capacidad de saltar por encima de los encasillados genéricos que por espacio de dos mil años habían canalizado la literatura hacia diferentes tipos tanto de categóricas finalidades (comedia, tragedia, lírica, didáctica) como de ideales destinatarios (hombre, mujer, cultos, ignaros o filósofos). Por eso, si sus obras son un supremo deleite, se caracterizan también como un supremo desafío. El buen lector de Cervantes sabe que entre aquellas páginas late siempre algo que está allí esperándole a él y nada más que a él y que su búsqueda y hallazgo son magna recompensa a una despierta atención en simpatía. Dicho compromiso incorpora el proceso creador de la obra a ese ideal y avisado lector, que en ningún momento podrá olvidar que se las tiene con el más socarrón y menos pretencioso de los poetas, pero que es a la vez uno de los grandes pensadores de su época. No se trataría sólo de las grandes interpretaciones a que se presta una figura como la de don Quijote o el prodigio narratológico del *Coloquio de los perros*, porque no hay tampoco frase suya que no se ofrezca como un tenso resorte de energía mental acumulada y pronta a saltar no bajo forma de ninguna explosión, sino de un elusivo y movedizo reblandecimiento del terreno. Sus páginas suponen por eso en cada instante un estímulo a reflexionar, a la puesta en tela de juicio de las premisas y hasta al propio autoexamen. Se ha discutido interminablemente en torno a mensajes ocultos e intenciones profundas de Cervantes y su obra. Tras mucha polvareda, es posible concluir que ésta no se gobernaba por valores mayoritarios, que en su conjunto tendía a desestabilizar. Pero hay que comprender que ello no hace de Cervantes un misionero y menos aún un agitador de plazuela. El efecto de su lectura no es persuadir de esto o de lo otro, sino el de hacernos menos impetuosos en todo juicio aplicable a realidades humanas. Sabía bien lo que buscaba, que no era exactamente lo que hoy concebimos como la brusquedad traumática del golpe de estado o la revolución, sino algo más bien comparable a los efectos de un completo, pero sutil cambio de luces en el gran teatro del mundo de su tiempo. En medio de una sociedad dogmática y jerarquizada como pocas (que le pagaba con su indiferencia, antesala de la hostilidad) Cervantes sueña con otra —otra España cuyos brazos actuarían de manera muy diferente si sus cabezas se acostumbraran a pensar las cosas dos veces y sus ojos a valorar las medias tintas y el claroscuro.

Cervantes (decíamos) es por derecho propio un pensador cuyas páginas no en apariencia, sino muy a fondo risueñas, a pocas vueltas se devanan en torno a profundas cuestiones de orden moral, religioso o político. Su más característico y sostenido objeto de meditación no es otro, sin embargo, que la misma literatura como producto del hombre y su capacidad de incidir sobre individuos de carne y hueso. Como para él la novela significa una completa inserción en dicho plano "real", lo mejor de su juego consiste en una renuncia (por supuesto que irónica) a cuanto hasta entonces se había entendido como literatura. Se delimita de este modo un amplio espacio vacío, que equivale a decir libre y, por tanto, de inmediato aprovechable para las maniobras y requisitos de cualquier experimento. Surge éste rodado y sin pregón, y así, el *Quijote* se doblará en última instancia sobre sí mismo, para centrarse metaficcionalmente sobre el problema de cómo se crea y lleva a feliz término una novela. Si los contemporáneos no se hallaban en realidad preparados para seguir a Cervantes por tan nuevos caminos, nosotros carecemos de excusa para no seguir su llamamiento bajo la misma conciencia de riesgo que él consideraba como esencia de toda verdadera literatura.

En cuanto foco natural o conciencia viviente del ámbito literario de su época, tanto el conocimiento como el criterio de Cervantes eran dilatados y certeros hasta un grado inapelable. Podía reconocer ya en *La Galatea* (1585) a un Góngora, que a la sazón contaba unos veinticinco años, como uno de los máximos poetas de su tiempo y aún más del venidero. Lo mismo que al final le vemos predecir el callejón sin salida de aquella literatura que a nosotros se nos pinta todavía de Oro, pero que para él se hallaba mortalmente hipotecada. La poesía es siempre la manifestación suprema de una cultura y tiene en su base las incontables horas de estudio, aunque no se dedique después a exhibirlas o sacarles partido del modo que prescribían los neoaristotélicos de su tiempo. La creación poética se alimenta, sin alternativa, del contacto estimulante con un extrarradio intelectual en perpetuo movimiento renovador. La literatura no puede vivir, salvo por fugaz excepción, de los escarceos formales de unos cuantos superdotados nutridos de la propia sustancia, que es como en esto cabía ya definir la situación de España y sus mejores ingenios. Cervantes desconocía en buena hora la palabra *Barroco*. Desmontó mejor que nadie los tinglados de engaño, des-engaño y auto-engaño en que hombres y mujeres consumen sus vidas, pero captaba todo el nihilismo del Desengaño ascético, especie de fraude a que deliberadamente se niega por razones en igual medida artísticas y religiosas. Podía diagnosticar también la inviabilidad de una sociedad de hombres hechos y derechos, pero infantilizada por su disposición a resolver todos sus problemas a una altura de catecismo. La misma que a vuelta de una o dos generaciones habría de poblarse, en cuesta abajo, de aquella otra triste casta de los "hombres encantados" que veía venir el licenciado Martín González de Cellorigo.

Como han demostrado los avances de la crítica en la presente postguerra, Cervantes conocía casi con toda seguridad a los teorizantes italianos y había sopesado con escrúpulo las ideas del resonador de éstos en España Alonso López, el Pinciano, en su *Philosophía antigua poética* (1596). Formado en un humanismo garcilasista más propio de la primera mitad del XVI, vivía protegido por su mismo retraso de los arrastres polémicos que a su alrededor se multiplicaban a partir del año 1599, fecha clave de la publicación de la Primera parte del *Guzmán de Alfarache*. En la áurea madurez de los tres lustros finales de su vida, Cervantes se caracteriza como un caso aparte, que se echa voluntariamente a un lado de las grandes corrientes del momento para confinarse, en medio de éstas, a una frondosa isla creadora. Con neta renuncia a ninguna estrategia mundana ni profesional, su labor toma por un rumbo propio e independiente. Cervantes se opone sin vacilar a los fenómenos de más alto bordo a su alrededor, representados (a izquierda y derecha) por la novelística de Mateo Alemán y la comedia nueva de Lope. Más a lo callado, se ha de hurtar también a la tenaza conceptismo-culteranismo, que físicamente le andaba tan cerca. La maravillosa ínsula cervantina será entonces, por necesidad, solitaria y robinsoniana.

Preocupado hasta un grado pesimista, se halla persuadido del hundimiento de la poesía italiana con la muerte de Torcuato Tasso en 1595. Cervantes ve en el academicismo a ultranza de la otra Península un curso tan ominoso como el que, por rumbo opuesto, se está adoptando en España, cuyos poetas sólo pueden vivir a costa de doblegarse a la dictadura del vulgo en los corrales de comedias. Pero, sobre todo, Cervantes vive una lúcida conciencia de la literatura como un juego de absolutos y relatividades, de universales y nominales, de teoría y práctica como nadie, tal vez, lograra desentrañar entonces ni ahora. La Poesía es un ideal absoluto, pero inalcanzable en cuanto tal para ningún poeta, para ninguna época ni para ninguna estética literaria. Traída al plano de su forzosa transacción con lo humano (el único válido para Cervantes), le cumple sin embargo bajar de su altar para desempeñar la digna función que por razón natural le está en él asignada. El poeta será, por paradoja, tanto más puro y superior cuanto mejor comprenda que no trata con una realidad de este mundo y que la pretensión de instalarla, sin más, en él necesariamente la destruye, aun si se hiciera para venerarla. La Poesía está hecha para el Hombre y no se desdora por su consideración como objeto práctico, ciertamente el más noble y el

más insustituible, para llenar una experiencia de la vida que sin ella
sólo conocería el cansancio y el tedio.

Cervantes era hombre de valentía probada en combate, que no
tembló nunca ante nada. Su vida en el arte no dobló nunca la cerviz
ante ninguna coacción externa, pero justo como el buen soldado viejo sabía también cómo proceder a cubierto para no ofrecer blanco
fácil ni tampoco arriesgarse en vano. No esperemos de él, por tanto,
la abierta expresión de desafío, anacrónica e inconcebible para esos
días. Cervantes no es nunca más dueño de sus recursos que en su
forma de poner puntos sobre íes sin aparente daño de barras. Visto
más de cerca, el prólogo de las *Novelas ejemplares* cuenta entre los
textos más osados del siglo, con su defensa a cara descubierta de la
legitimidad del deleite como objetivo integral y directo que la Poesía ha de asumir sin tapujos ni medias tintas. Cervantes cree en el
valor formativo (y sí, incluso moral) que para el ser humano reviste
toda emoción estética, sin necesidad de más escolios ni calificaciones. Y se sale adelante con ello cuando el formidable frente que suponía la alianza de Trento con los neoaristotélicos (Iglesia y Estado),
se empeñaba en entender el *utile* de la Poesía nada más que como
una finalidad edificante o pedagógica, es decir, en último término
prosaica. Las palabras de Cervantes suenan en esto simultáneamente
a queja, desafío y burla. Cuando pedía que si se condenaba el principio del deleite se extendiera también, por lógica consistencia, a los
jardines, al allanar las cuestas y hasta al juego de trucos (hoy billar),
prolongaba una idea de ilustres raíces. La *relaxatio animorum* había
sido ya un norte más postulado que puesto en práctica en la primavera del humanismo, pero lo que de inmediato actuaba sobre Cervantes era en realidad la dignificación de la risa (esencia de la locura) erigida por Erasmo como eje de la paradoja cristiana, respaldado
en esto por la *Docta ignorantia* del Cusano y el *stulti propter Christum* de San Pablo. Fue el rebose de dicha lección lo que permitió a
Cervantes poner a la Poesía en su justo sitio, sin hacer de ella un ído-

lo ni tampoco un vulgar instrumento de uso. Es el mismo acicate que también le hizo mirar a la humanidad con cariño, reconocerse, a mucha honra, como "poetón ya viejo" y hasta reírse un poco de la literatura, que, en cuanto realidad humana, no deja de ofrecerse como una relatividad polifacética. Erasmo no solamente le ha inoculado en el terreno de lo religioso, como creía Américo Castro en un primer momento. Cervantes leía antes que nada *sub specie artis* y había captado al salto las perspectivas que en el terreno literario abrían obras como *Colloquia* y la *Stultitiae laus*. Ha sido en Erasmo donde ha aprendido el arte nuevo del disparate, pero fabricado esta vez "de industria" y, en cuanto tal, irónico por esencia. No pudo hacerlo sin impregnarse a la vez de una filosofía en que se empieza por reconocer la limitación de la razón humana y la necesidad de pactar con una pequeña y manejable "locura" sabia, justo para no caer en la otra, la locura soberbia y deshumanizadora del racionalismo desatado, que en su obra encarnan personajes como el italiano Anselmo o el extremeño Carrizales. Cervantes no nos invita a ningún *Banquete* ni platónico ni epicúreo, sino a la mesa (como la del Verde Gabán) limpia y generosa de su *ágape* cristiano.

Nada de lo anterior hace tampoco de Cervantes un "erasmista" repetidor ni de escuela, porque, (como hombre de muchos libros) tuvo buen cuidado de no dejarse estampillar ni por la del Roterodamo ni por ninguna otra. No era ningún viajero cómodo de la cultura de su tiempo y no en vano su fama de los últimos años era (para miradas superficiales) la de una persona ácida y de trato atrabiliario. Su ingenio venía a ser por entero crítico y cerrado a cualquier dogmatismo, por lo cual no dejaba a la vez de tomar sus distancias respecto a puntos importantes del legado doctrinal de Erasmo. No le convencía la postura ética de éste, partidaria de fundir cristianismo y epicureísmo conforme a una abstracción autodestructora en una vida real, como la de don Diego de Miranda. El discurso en torno al matrimonio, tan esencial para su novelística, es nada más que suyo y claramente ofrece tanto un nivel de aceptación de Erasmo como otro de puesta en tela de juicio y final rechazo del mismo. La idea, por ejemplo, que tan confirmado célibe se hacía del matrimonio como la gran solución de la vida, se le perfilaba a Cervantes como peregrina y hasta risible. Que se lo preguntaran si no a Carrizales y a algún otro, incluyéndolo a cierto poeta más versado en desdichas que en versos y a su esposa Catalina de Salazar.

El fenómeno cervantino se caracteriza en primer término como una densa destilación de literatura en una obra que podría calificarse como suma y sigue de toda la anterior. No habría ningún obstáculo para calificarla como una enciclopedia de toda poesía anterior o circunstante, sólo que de un inédito carácter dinámico y en absoluto biblo-ratonil. Su juego favorito consiste en tomar reconocibles formas o materiales literarios (pastoriles, sentimentales, caballerescos, hagiográficos, etc.) para contrastarlos o ver "qué pasa" cuando se instalan en la vida cotidiana de seres humanos como nosotros, significada por el plano representativo de la novela tal cual él la entendía. Es, por supuesto, el obvio mecanismo que mueve el *Quijote*, pero que funciona también por toda la anchura de la obra cervantina, tan poblada de otros Quijotes de toda edad, condición y sexo. Lo que más interesa comprender de dicho *modus faciendi* es el carácter profundamente lúdico con que subsume y deja atrás a categorías más ordinarias, como serían las de imitación, parodia, tópico, género o influencia. Es lo mismo que dar pie, una vez más, en la actitud irónica con que desestabiliza y somete a revisión crítica todo elemento preexistente que venga a caer dentro de su órbita. El estudio de Cervantes ha de suponer así otro aventurado juego a partir de calibrar lo que en un sentido amplio serían intertextualidades e interdiscursividades subterráneas y canalizadas hacia los más insospechados fines. La altura del compromiso requiere no sólo la preparación técnica de siempre, sino además una condigna sensibilidad o adecuación temperamental para seguir a Cervantes en todas y cada

una de sus refinadas piruetas. El resultado difícilmente podrá dejar
de ser también, en su fondo, apropiadamente lúdico. La mejor o más
válida crítica cervantina irá siempre de algún modo marcada por el
sello de la ironía en cuya vecindad se ha gestado y de la cual en último término se ocupa.

Dicho programa de estudio se ofrece como en sí mismo inagotable, pero es de nuevo otra gran fiesta a que todos están invitados,
aunque de hecho no son necesariamente muchos los que puedan
acudir a ella. Se trata de una tarea como pocas dificultosa, porque
iniciada a partir de indispensables bases filológicas, ha de terminar
en un terreno intelectualmente creador en torno a cuestiones tras-
cendentales para el hombre de su tiempo y aun del nuestro. Guiada
por el mismo afán de agotar el goce de aquellas páginas, la labor del
estudioso diferirá sólo en un aspecto más bien cuantitativo de la de
ese ágil lector —crítico para el que idealmente escribe Cervantes.
Este otro buen oficial de su laborioso mester no podrá quedar en un
simple abastecedor de anotaciones "masoréticas", como las llamaba
Unamuno. La tarea se halla, por el contrario, bajo el compromiso de
desvelar los elementos de composición allí asumidos para compar-
tirlos con el área de lectores que no disponen de los instrumentos ni
del tiempo que requiere la seriedad del empeño. Si cualquier lector
puede admirar, por ejemplo, cómo Cervantes borda el tema de los
gitanos, corresponde a dicho crítico el mostrar hasta qué punto éste
constituye un informe de antropología social, elaborado bajo criterios que dejan muy atrás a su época. La disidencia de Cervantes en
muchos aspectos candentes para su época le inducía a sutiles estrategias de coartada, que fuerzan a adentrarse por multitud de terrenos
en apariencia alejados y que vuelven ineludible la incursión por los
más imprevistos terrenos interdisciplinares. Sólo un estudio atento
del discurso contemporáneo en torno al problema morisco permitirá
comprender, por ejemplo, cómo Cervantes podía fustigar la política
oficial bajo expresiones de aparente alabanza. Su obra consagra la

hipercodificación evasiva como recurso esencial de su arte y el crítico, profesional o no, lo habrá de tener siempre muy presente. Queda, pues, trabajo para muchos días. Y para muchos más obreros que
el autor de las páginas que en este libro siguen.

Las reflexiones que anteceden compendian muy en esbozo las
directrices y convicciones que a lo largo de más de un decenio han
inspirado los estudios recogidos en el presente volumen. El conocimiento de Cervantes supone un programa de laboriosidad al que
es preciso responder con una humilde y artesanal diligencia cotidiana. Grandes dificultades, como la supuesta por la continua acumulación de bibliografía, piden una inversión especial tanto de
músculos como de vigilias. El recorrido del laberinto cervantino
no deja de conducir en ocasiones por caminos sin salida o poblados
de espejismos, con los que también hay que aprender a convivir sin
desaliento. Si el mismo Cervantes presenta a la literatura como una
relatividad, mucho más habrá de serlo también su crítica. Pero de
un modo u otro, las satisfacciones están también allí y son siempre
inestimables.

Los estudios de estos *Trabajos y días* pretenden dar razón de
aspectos concretos de la obra madura de Cervantes. Al hilo y como
parte de mis tareas de cátedra, sus ideas han nacido casi todas dentro
de las aulas. Mi mayor deseo sería verlas volver a éstas. La erudición cervantina precisa de un tipo especial de libros que no sean meros centones ni compendios, destinados a facilitar la tarea de profesores y alumnos el día feliz en que la lectura explicada de Cervantes
sea uno de los requisitos básicos en todas las universidades de habla
hispana. Son harto conocidas las quejas de siempre por nuestra es-
casez de mercado para libros de crítica e investigación. Pero es preciso reconocer a la vez que la mayoría de éstos segregan *a priori* al
lector culto de intereses generales y sólo se escriben para un estrecho grupo profesional. A la hora de la verdad, nuestras aulas están
casi siempre mal servidas por un material bibliográfico para uso de

especialistas (y que por tanto predica a convertidos) o por otro deleznablemente ocasional y mercenario.

No se vea aquí más que una pequeña ofrenda en testimonio de mis trabajos y mis días en la cantera de Cervantes, a cuyos ricos filones siempre gustosamente retorno. El premio es aquí la tarea misma, sin mirar a la modestia de sus aspiraciones ni menos aún de sus logros. No he de ocultar tampoco mi conocida afición a recovecos, como podría ser el caso de *La tía fingida* o aquel poema maldito de la buenaventura de Preciosa, o los escarceos argamasillescos del *Quijote*, que casi todo el mundo se salta. Las múltiples y proteicas variaciones sobre el problema central de la locura esperan también a cada vuelta de la esquina (léase aquí de página). Despliego también mi bandera en llamamiento a la "quijotesca" rehabilitación de zonas absurdamente preteridas, como el rutinario menosprecio hacia al *Viaje del Parnaso*, tomado hasta hace muy poco por un ilustre trasto para ser enviado, con todos los respetos, al polvo del desván de la memoria. Nos parecería de seguro un sueño o un regalo de Reyes Magos disponer del testamento literario de Dante o de Shakespeare, pero esto es justamente lo que, para sus amigos, de veras nos legó allí Cervantes. Aunque, como siempre, lo hiciera de la forma regocijada y sin engolamientos que a él le gustaba y no resuene, como era de esperar, para oídos hechos a otra suerte de solemnes trompeteos. Cervantes no desea ninguna gloria de charangas, purpurinas ni rollazos y sabe muy bien cómo labrarse su propio monumento, un prodigio de irónica sutileza, concebido bajo el signo de su elegancia única de siempre. Felicitémonos, sobre todo, de que en su día no fuera celebrado con el diluvio de versos malos de una *Fama póstuma* como la que le estaba reservada a Lope. El gran Lope, tan cercano y tan alejado, de que podremos hablar en otra ocasión.

Integran estos *Trabajos y días* ocho estudios de lenta gestación, pero redactados siempre bajo la urgencia editorial de homenajes y congresos[1]. Creo que (con otras disponibilidades de tiempo) no me hubiera sido difícil el fundirlos en un libro orgánico, como ilustración y desarrollo de las ideas de base anteriormente expuestas. Los textos no han sido alterados, aparte de alguna mínima corrección de estilo o errores materiales, desatendiendo a la incitación revisora originada bien de novísimas aportaciones bibliográficas[2] o bien de la propia e incesante labor de replanteo crítico. Me guardo también de comentarios ni secuelas aclaratorias relativas al eco y recepción de estos estudios. Tampoco de polémicas a veces no muy difíciles de ganar, pues todavía hay (sin ir más lejos) quien en santa inocencia arguye que si Cervantes en muchas ocasiones viste a sus personajes de verde, se debe a que sus contemporáneos gustaban mucho de ese color, y punto final. Por no suscitar confusión, prefie-

1 "La locura emblemática en la segunda parte del *Quijote*", *Cervantes and the Renaissance*. Papers of the Pomona College Cervantes Symposium, November, 1978, Easton, Penn., Juan de la Cuesta Hispanic Monographs, 1980, pp. 87-112. "Erasmo y Cervantes, una vez más", *Cervantes. Bulletin of the Cervantes Society of America*, 4 (1984), pp. 355-379. "La buenaventura de Preciosa", *Nueva Revista de Filología Hispánica*, 34 (1985-86), pp. 741-768. "El mundo literario de los académicos de la Argamasilla", *La Torre*. Nueva época, 1 (1987), pp. 9-43. "La interacción Alemán-Cervantes", *Actas del II Coloquio Internacional de la Asociación de Cervantistas*, Alcalá de Henares, noviembre, 1989, Barcelona, Anthropos, 1991, pp. IX-XXVI. "*La tía fingida*: literatura universitaria", *On Cervantes: Essays for L.A. Murillo*, J.A. Parr, editor, Newark, Del., Juan de la Cuesta Hispanic Monographs, 1991, pp. 119-148. "Doncella soy de esta casa / y Altisidora me llaman" constituyó una ponencia leída ante el III Congreso de la Asociación de Cervantistas reunido en Almagro (julio de 1991). Como complemento de "*La tía fingida*: literatura universitaria" puede leerse "Cervantes y el erotismo estudiantil", *Insula*, 538 (octubre, 1991), pp. 26-28, no incluido en el presente volumen.

2 De entre éstas, he de mencionar, al menos, las de L. A. Murillo, *A Critical Introduction to 'don Quixote'*, New York, Peter Lang, 1988. Stephen Gilman, *The Novel According to Cervantes*, Berkeley y Los Angeles, University of California Press, 1989. Ellen D. Lokos, *The Solitary Journey . Cervantes a Voyage to Parnassus*, New York, Peter Lang, 1991. Adrienne Laskier Martín, *Cervantes and the Burlesque Sonnet*, Berkeley y Los Angeles, University of California Press, 1991.

ro, pues, conservar estas páginas en su estado original y reservar tales puntualizaciones para las oportunidades que se ofrezcan al hilo de futuras tareas.

A impulso de consideraciones realistas las recojo ahora en este volumen, que hace posible la Universidad de Alcalá. Su publicación se halla entrañablemente ligada a la docta ciudad, como secuela del curso que sobre Cervantes y el *Quijote* tuve la inmensa satisfacción de explicar, en aquel marco único del Palacio Laredo, en el semestre de primavera de 1992. Me corresponde agradecer al entusiasmo estudioso de aquellos complutenses, y en especial a mis buenos amigos y colegas los profesores Carlos Alvar y Ángel Berenguer, el doble honor de asociar mis *Trabajos y días cervantinos* a la generosa acogida de la patria (por siempre culta) no tan chica de nuestro máximo poeta.

Francisco Márquez Villanueva
Harvard University
Agosto, 1993.

I

La locura emblemática en la segunda parte del *Quijote*.

La figura del "loco" o bufón de corte ha constituido en los últimos decenios el centro de una bibliografía internacional de elevado interés[1] Brillantes estudios filosóficos, histórico-literarios y antropológicos han visto en el tema de la locura bufonesca un mito capaz de absorber toda la vida intelectual del Norte de Europa en los siglos XV y XVI. El humanismo cristiano, con el *Narrenschiff* (1494) de Sebastián Brant y la *Stultitiae laus* (1509) de Erasmo, ha encontrado en el "loco" de corte la metáfora viviente para su idea de los derechos de la verdad moral y de la humildad del saber. Medievo y humanismo, Sócrates y San Pablo, podían pisar un terreno de espontánea coincidencia y mutuo enriquecimiento bajo la paradoja *De docta ignorantia*, felizmente enunciada en 1440 por Nicolás de Cusa.

Dicha literatura aparece también en España, con toda puntualidad, a comienzos del XVI, pues puede considerársela iniciada por

---

1 Me remito a la bibliografía ofrecida en mi ponencia "Un aspect de la littérature du 'fou' en Espagne", para el Coloquio Internacional *L'Humanisme dans les letres espagnoles*, París, Vrin, 1979, pp. 233-250. Traducción en "planteamiento de la literatura del 'loco' en España", *Sin Nombre* (Puerto Rico), 10 (1980), pp. 7-25.

los *Disparates* y piezas de Carnaval de Juan del Encina y proyecta una fuerte sugestión sobre toda la primera mitad del siglo. Como en casi todas partes, la bufonería sirvió entonces de disfraz para los más arriesgados ejercicios de crítica social, política y religiosa y contó con autores que la encarnan en su más deliberada pureza, como son el médico Francisco López de Villalobos, el *truhán* de Carlos V don Francesillo de Zúñiga y el abogado toledano Sebastián de Horozco. Más aún, había de estampar un sello reconocible en autores de la fama europea de un fray Antonio de Guevara y hallarse presente también al nacimiento del relato picaresco en el *Lazarillo de Tormes*. Con el felicísimo retraso cultural que le caracteriza, y que no hacía sino dar a su obra aquella exquisita solera, Cervantes lleva a la cumbre la literatura europea de la locura paradójica con su demente caballero, no en vano bautizado en ambigua pila como *El ingenioso hidalgo*. Pero es preciso señalar aquí las dos caras de un mismo lamentable fenómeno. Ni los estudiosos de la literatura del "loco" suelen prestar atención a sus manifestaciones españolas (ignorando por completo a una personalidad tan clásica como la de don Francesillo de Zúñiga), ni los cervantistas madrugaron tampoco para reparar en tan decisivo nexo europeo del *Quijote* y su arte.

Aunque *El pensamiento de Cervantes* (1925) de Américo Castro había de recurrir a ilustrarse en muchos puntos con textos de la *Stultitiae laus*,[2] perduró por demasiado tiempo la creencia de que ni ésta ni su espíritu habían logrado hacer alguna mella en la península Ibérica. La muralla de dicha convicción (determinante de aquella otra morosidad crítica) empezó, sin embargo, a resquebrajarse en 1949, al señalar

---

2 Nueva edición, Barcelona, Noguer, 1972, pp. 88, 120, 217, 222, 299, 313 y 331. Castro considera probable que Cervantes conociera la traducción italiana de 1539, pero no descarta la posibilidad de que hubiese leído tanto el original latino como alguna traducción española hoy perdida y cuyos indicios fueron ya apuntados por Menéndez Pelayo (p. 114, n. 62 y p. 170). Sobre huellas de la misma en los índices inquisitoriales españoles, M. Bataillon, *Erasmo y España*, México, Fondo de Cultura, 1966, p. 178.

Antonio Vilanova[3] la nueva luz a que era preciso situar el problema del erasmismo cervantino en vista del influjo y clara adaptación de muchas páginas de la *Stultitiae laus* en la *Censura de la locura humana y excelencias della* (Lérida, 1598) por Jerónimo de Mondragón. Este jurisconsulto aragonés proclamaba, en vísperas de escribirse el *Quijote*, la grande y risueña tesis de la *Moria* erasmiana: "¿I qué rato se me dará en esta vida que no sea triste, melancólico, desabrido i lleno de descontento, si no participa algún tanto de locura?" (p. 179). Aunque es muy posible que Cervantes leyera el libro de Mondragón, tenía además conocimiento directo de la *Stultitiae laus*, pues el mismo investigador ha logrado detectar también sus claros ecos en una pieza tan fundamental como el prólogo de la Primera parte del *Quijote*.[4]

Si el eco de la *Stultitiae laus* vibraba todavía a fines del siglo XVI, las traducciones españolas de Erasmo habían llevado en su vanguardia otra adaptación de la misma por el bachiller Hernán López de Yanguas,[5] bajo la forma de unos *Triumphos de locura* (Valencia, 1521) cuya relación con la *Moria* fue señalada por Eugenio Asensio en 1968.[6] Ante el peso de tales datos, Marcel Bataillon[7]

3 *Erasmo y Cervantes*, Barcelona, CSIC, 1949. La *Censura* fue publicada con prólogo y notas del mismo estudioso en 1953 (Barcelona, Selecciones Bibliográficas). El carácter de la misma y sus relaciones con Erasmo son puntualizadas por R. Surtz, "En torno a la *Censura de la locura humana* de Jerónimo de Mondragón", *Nueva Revista de Filología Hispánica*, 25 (1976), pp. 352-363.

4 "La *Moria* de Erasmo y el prólogo del *Quijote*", *Collected Studies in Honour of Américo Castro's Eightieth Year*, Oxford, 1965, pp. 423-433.

5 En *Cuatro obras del bachiller Hernán López de Yangüas*, ed. A. Pérez Gómez, Cieza, 1960.

6 "Heterodoxos españoles en el XVI. Los estudios sobre Erasmo de Marcel Bataillon", *Revista de Occidente*, 63 (junio 1968), p. 315.

7 "Un Probléme d'influence d'Erasme en Espagne. *L'Éloge de la Folie*", *Actes du Congrès Érasme, 1969*, Amsterdam, Académie Royale Neérlandais, 1971, pp. 136-147.

rectificaba en 1969 uno de los aspectos fundamentales en su idea del erasmismo español para dar plena entrada a los influjos de la *Stultitiae laus* sobre la concepción del *Quijote*. El sabio y llorado hispanista no puede ser más rotundo en sus nuevas conclusiones: "N'hésitons pas à ranger Cervantès dans le sillage d'Érasme, avec Rabelais et Shakespeare, parmi les laudateurs de la Folie qui inaugurent dans la littérature un ton nouveau" (p.147).

Igual que en el caso de la *Danza de la muerte*, la literatura del "loco" adquirió una inmensa popularidad a través de su iconografía, a la que colaboraron Durero[8] como ilustrador del *Narrenschiff* y Holbein el Joven de la *Stultitiae laus*. Este aspecto vuelve tanto más importante, para el caso de España, a los *Triumphos de locura* de Hernán López de Yanguas, cuyo frontispicio muestra una xilografía con una barca, en cuya proa campea un pavo real en una banderola. En el medio se yergue una doncella que se peina y contempla con coquetería en un espejo. Un "loco" con gorro asnal ayuda a entrar en el esquife a otros colegas con largos gabanes y abundancia de cascabeles.[9] Dicha estampa pregona a voces la ascendencia del *Narrenschiff* de Brant y bastó para ofuscar por algún tiempo la relación de aquel poema, en forma de un debate medieval, con la *Stultitiae laus*. En fecha muy temprana, la modesta obra de López de Yanguas capta así por separado los dos temas fundamentales de la literatura del "loco" en el Norte de Europa, al yuxtaponer la nave estultífera de su iconografía (Brant) y la loanza de la locura en su texto (Erasmo).

El *Erasmo y España* en su segunda edición de 1966, insistía, por contraste, en que, a pesar de haberse formado Cervantes muy cercano al humanismo de Erasmo, "su ironía, su humor, suenan a algo completamente nuevo", p. 801.

8 E.H. Zeydel, *Sebastian Brant*, New York, Twayne, 1967, p. 86.

9 Sobre la asociación entre cascabeles y locura, W. Willeford, *The Fool and His Scepter. A Study in Clowns and Jesters and their Audiences*, Northwestern University Press, 1969, p. 22.

Si la *Moria* reviste ahora un énfasis simbólico, tan en cabeza de la primera oleada de traducciones españolas de Erasmo, no alcanza menor importancia el gemelo testimonio del eco de Brant y su *Narrenschiff* en la Península. Hay que tomar aquí en cuenta la rareza de su influjo en las literaturas del Sur de Europa y especialmente en Italia,[10] por contraste con el mayor éxito y universal difusión del tema erasmiano de la *Moria*. Más asentado en la moralización exhortatoria del tardío medievo (que hace de sus "locos" típicos pecadores) su nave se mostró poco dispuesta a navegar por el Mediterráneo. Incapaz de acercarse a ningún tema sin iluminarlo de algún modo, Marcel Bataillon identificó la xilografía de López de Yangüas como procedente de las *Stultiferae naves* (París, 1508) de Jodocus Badius Ascensius,[11] breve *additamentum* o resumen latino de la obra de Brant y cuya mayor novedad consiste en embarcar a sus "locos" en barquichuelos correspondientes a cada uno de los sentidos corporales (la estampa de López de Yanguas se inspira en el dedicado al de la vista). Esta "plaquette" de Badius tuvo inmediato eco en España, pues fue impresa en Burgos en 1499

10 Aunque se advierten en ella bastantes ecos del tema de la locura o *Moria* erasmiana, no se registra el de la nave estultífera ni el de Niemand (característicos de Brant), según conclusiones de C. Ossola, "Métaphore et inventaire de la folie dans la littérature du XVIe siécle", *Folie et déraison a la Renaissance*, Bruxelles, Université Libre, 1976, p. 171. J. Lefevbre observa cómo no se ha conservado un solo ejemplar de Brant en bibliotecas italianas (*Étude sur les genres du comique et la création littéraire en Allemagne pendant la Renaissance*, Paris, Klincksieck, 1968, p. 163). El caso de España se perfila así como intermedio entre la gran receptividad nórdica y la completa cerrazón italiana.

11 "Un problème d'influence d'Erasme en Espagne", p. 137. Sobre el importante papel de Badius como difusor en latín y en francés del *Narrenschiff*, J. Lefevbre, *Les Fols et la folie*, p. 162, nota. A. Gerlo, "Badius Ascensius' *Stultiferae Naves* (1501), a Latin Addendum to Sebastian Brant's *Narrenschiff* (1494)", *Folie et déraison à la Renaissance*, pp. 110-127. Y en especial Ph. Renouard, *Bibliographie des impressions et des oeuvres de Josse Badius Ascensius, imprimeur et humaniste*, París, 1908, 3 vols.

por Fadrique de Basilea.[12] El *Narrenschiff* figuraba en la biblioteca
sevillana de don Hernando Colón y Bataillon menciona una cita
textual del mismo hecha en 1535 por el obispo de Michoacán don
Vasco de Quiroga.[13] Puedo añadir que un nuevo y más extenso resumen de Brant, impreso por el mismo Jodocus Badius en 1505 (y
diversas veces reeditado hasta 1515),[14] aparece citado por el chan-
tre de la catedral de Plasencia Francisco Miranda Villafañe en sus
Diálogos de la phantástica philosofía (Salamanca, 1582).[15] Plagia
esta insigne rareza de librería los diálogos sobre materias sicológi-
cas de los *Capricci del Bottaio* (1546) del florentino Giambattista

12 Descrita por K. Haebler, *The Early Printers of Spain and Portugal*, Londres, Biblio-
graphical Society, 1896-1897, p. 111. Recientemente estudiada en su aspecto iconográfico (idéntico al de las ediciones francesas en Renouard) por I. Mateo, "La temática de
la nave de los locos en una edición española del siglo XV", *Traza y Baza*, Palma de
Mallorca, 3 (1973), pp. 45-51. No se comprende cómo Renouard, conocedor de esta
edición burgalesa del original latino de Badius, reserva sin embargo la categoría de
princeps para la de París, 1501.

13 Datos comunicados a Bataillon por J. Lefevbre, *Les Fols et la folie*, p. 163, n. 354.
Refiriéndose al ejemplar de la Colombina insistía allí Bataillon en el detalle de que éste
figure como adquirido en la misma Sevilla, pues la pérdida de otros ejemplares no su-
pondría entonces sino el final reservado a muchos libros de amplia circulación y uso.
Surtz detecta asimismo la pervivencia del concepto negativo de la locura, propio y característico de Brant, en algunas secciones del libro de Mondragón ("En torno a la *Censura de la locura humana*", p. 363).

14 Su título era *Nauis Stultifera*. Concentra allí los principales temas de Brant en versos
latinos de su cosecha y reproduce también buena parte de la iconografía original del
Narrenschiff, clásica desde el momento de su aparición. Las intervenciones de Badius
en traducciones latinas y francesas de Brant, complicadas por las distintas versiones
con título muy similar, son felizmente elucidadas por Renouard, *Bibliographie*, I,
p. 158 y ss. y c. IV.

15 Descrito por Nicolás Antonio, Salvá y Paláu. He manejado el ejemplar de la Hispanic Society of America, Nueva York.

Gelli, obra prohibida en Italia desde el año 1554.[16] Al tocar el tema del universal señorío de la locura se amplía que "quien quisiere saber esta verdad, lea un libro que se llama Nauis stultorum, donde verá todos los estados de los hombres estar tocados de esta enfermedad" (f. 36 v.). Y una nota marginal suplida por Miranda puntualiza aquí: "*Iodocus Badius Ascensis* auctor 1513". Notablemente, tanto Bataillon como Werner Krauss[17] están de acuerdo en incorporar la curiosa obra de Miranda Villafañe al catálogo, cada vez más nutrido, de las fuentes cervantinas.

La nave de la locura se hallaba destinada a la misma fortuna iconográfica en relación con otras dos obras españolas de alto bordo. La portada del *Retrato de la Loçana andaluza* (Venecia, 1528-30) presenta otra xilografía que ilustra a la protagonista en su traslado de Roma a Venecia en la proa de una góndola (bien llamada aquí *cavallo venetiano*) donde hace de timonel y remero el bellacón de Rampín. Figuran a proa y a popa sendas monas (símbolos de lujuria) y la barquilla acomoda a todo un copioso pasaje de cortesanas y alcahuetas. Sobre el pabellón central de la góndola se alza la media figura de San Marcos, con el estandarte del león veneciano. Pero en este mismo toldillo se ve, como en reflexión invertida, una muerte que alza los brazos con gesto amenazador. El carácter alegórico-moral del grabado es indudable y ha sido acertadamente puesto en relación con la iconografía del *Narrenschiff* por el hispanista Francesco

---

16 Cuestiones bien estudiadas por A.L. De Gaetano, "The Plagiarism of Giambattista Gelli's *Capricci del Bottaio* by Francisco Miranda Villafañe", *Itálica*, 32 (1955), pp. 226-241.

17 M. Bataillon, "Exégesis esotérica y análisis de intenciones del *Quijote*", *Beiträge zur Romanische Philologie* (Sonderheft 1967), pp. 22-26 y 102. W. Krauss, *Miguel de Cervantes. Leben und Werk*, Berlín, Luchterhand, 1966, pp. 26-28 (ideas similares acerca del tema de Armas y Letras, en que Miranda Villafañe introduce, por cierto, materiales propios en independencia de Gelli).

A. Ugolini.[18] En opinión del mismo, ha sido, una vez más, Iodocus Badius quien, de entre varias posibilidades parece haber ofrecido un modelo más cercano para esta inédita transmigración de la Lozana Andaluza, personaje tan poco necio como para saber quitarse a tiempo de aquella Roma tan amenazada por el cielo con el azote del *saco* de 1527.

En vísperas muy inmediatas de la publicación del *Quijote*, un grabado a toda plana de *La Pícara Justina* (Medina del Campo, 1605) va a recoger el mismo tema[19] con una representación mucho más compleja de *La nave de la vida picaresca*, navegando por el río del Olvido hasta el puerto del Desengaño, donde la espera un esqueleto que se levanta del sepulcro. Con el Tiempo como timonel y la Ociosidad adormecida en su bodega, el navío de tres palos (rebosante de símbolos alusivos a la vida disipada) lleva a su bordo la más insigne *trimurti* literaria, compuesta por el Pícaro Alfarache, la protagonista Justina y la madre Celestina, maliciosamente ataviada esta última con un capelo cardenalicio. En un diminuto chinchorro los sigue, a fuerza de remo, Lazarillo de Tormes en compañía del toro de Salamanca.

Esta meditadísima estampa de *La pícara Justina* equivale a toda una tesis sobre el itinerario del género picaresco, en su periplo desde el humanismo cristiano hasta el espíritu barroco. La dilatada vigencia del tema iconográfico demuestra que la ideología del *Narrenschiff* no ha permanecido inoperante ni ajena al desarrollo de dicho género. Y es sólo a su luz como adquiere todo su sarcástico

18 "Nuovi datti intorno alla bibliografia di Francisco Delicado desunti da una sua sconociuta operetta", *Annali della Facoltá di Lettere e Filosofia della Universitá degli Studi di Perugia*, 12 (1974-1975), p.475.

19 Reproducido en la edición de J. Puyol, Madrid, Bibliófilos Madrileños, 1912. Más asequible en B.M. Damiani, *Francisco López de Úbeda*, Boston, Twayne, 1977. El grabado es también reproducido y descrito por A.A. Parker, *Los pícaros en la literatura*, Madrid, Gredos, 1971, p. 32.

relieve la alusión del prólogo del *Lazarillo*, con su loanza de sí mismo (igual que la *Moria* erasmiana) y de cuantos "con fuerza y maña remando salieron a buen puerto". Se reconoce la misma huella[20] en el *Relox de príncipes* (1524) de Fray Antonio de Guevara, cuyo buen emperador Marco Aurelio envía a una isla del Helesponto tres barcos cargados de "locos" que representan sólo una fracción de los muchos que sobran en Roma. Las *Navicula fatuorum* (1510) y *Navicula penitentiae* (1511) del imitador de Brant Johann Geiler de Kaysersberg han sido incorporadas también a la genealogía de las *Barcas* vicentinas.[21] Tampoco hay que perder en esto de vista las recientes investigaciones que apuntan el probable influjo de Brant y de la literatura nórdica sobre vagabundos en la picaresca y en Mateo Alemán.[22]

Con tales antecedentes, "la famosa aventura del barco encantado" (II, 29) se perfila no solo como parodia de un tipo particular de aventura caballeresca, sino también como cita con un motivo ya tradicional. La crónica de tan catastrófico periplo es pura bufonada sin redención de contrapesos heroicos. Don Quijote, tan fiero mientras se trata de dar tajos al aire en la proa del barquichuelo, renuncia ante las aceñas a proseguir la aventura y da media vuelta con su primer y único "yo no puedo más". La nave estultífera ha encontrado su previsible

20 E. Grey, *Guevara, a Forgotten Renaissance Author*, La Haya, Nijhoff, 1973, p. 31.

21 S. Reckert, "Bajo el signo del latín (Cultura literaria de Gil Vicente)", *Studia hispanica in honorem R. Lapesa*, Madrid, Gredos, 1972, III, p. 394.

22 E. Cros observa el relieve que el tema de los pobres (auténticos o fingidos) y de su policía y asistencia reviste en Brant y en el *Liber Vagatorum*, significativamente reeditado este último por Lutero (*Mateo Alemán: introducción a su vida y a su obra*, Salamanca, Anaya, 1971, pp. 127 y 164). El posible eco de esta literatura nórdica de mendigos y vagabundos sobre la picaresca fue ya señalada por J.E. Gillet, "A Note on the *Lazarillo de Tormes*", *Modern Languages Notes*, 55 (1940), p. 133. Idea renovada también por M. Molho, *Romans picaresques espagnols*, París, Gallimard, 1968, p. XVI.

destino, rodeada de un grotesco coro de molineros enharinados[23] que "representaban una mala vista" y terminan por reintegrarse a sus tareas "teniéndolos por locos". Como ha sido ya observado,[24] la fatídica navegación por el Ebro conduce a don Quijote y Sancho a la región infernal que para ellos ha de resultar el palacio de los duques aragoneses. Solo que ese orco aristocrático no es el *Hades* clásico, ni la *Malabolgia* dantesca, sino la más endiablada y perfecta *Narragonia* que Sebastián Brant hubiera alcanzado a soñar.

Unos capítulos atrás (II, 11) don Quijote ha tenido ya un mal encuentro con la misma locura emblemática, personificada por el actor de *Las cortes de la Muerte* que, en traje de "bojiganga" o "moharracho", turbó con sus cabriolas, con sus vejigas y con sus cascabeles el proverbial sosiego de Rocinante. Los principales personajes y aventuras de la Segunda Parte toman ya como supuesto previo la locura lúcida de don Quijote y la discreta simpleza de su escudero, tan pregonadas por la fama literaria de la Primera. En vista de tal planteamiento, era lógico y casi obligado que Cervantes se aplicara en su segundo *Quijote* a un plan de agotar las posibilidades narrativas de la locura paradójica, con su peculiar juego de ambigüedades y de inversiones dialécticas. Y por lo mismo es allí donde, como enjuicia Marcel Bataillon, el sabio autor "se montre disciple à la fois fidèle et génial de la *Moria*".[25]

---

23 Sobre la consustancialidad intemporal de la figura del "loco" con diversos géneros de máscaras ridículas, tizne, bermellón, harina, corcho quemado, etc., Willeford, *The Fool and his Scepter*, p. 52. Sobre el enharinamiento en las fiestas populares de Carnaval, J. Caro Baroja, *El Carnaval (análisis histórico-cultural)*, Madrid, Taurus, 1965, pp. 67-69.

24 Según D. Gitlitz, con el barco encantado "se sugiere ser el que cruza el río Estigio y que conduce al Infierno", en este caso el palacio ducal; "La ruta alegórica del segundo *Quijote*", *Romanische Forschungen*, 84 (1972), p. 116.

25 "Un problème d'influence d'Erasme en Espagne", p. 114.

He expuesto en otro lugar cómo Cervantes parece haber dado máxima consideración a la paradoja de la locura sabia y de la cordura indiscreta en los capítulos dedicados al caballero del Verde Gabán. La locura de don Quijote se muestra allí sabia y dispuesta a predicar sensatez a don Diego de Miranda, también otro "loco", sólo que orate de la vida prudente y dosificada con la que se imagina esquivar los riesgos que a todo hombre acechan en la tarea de vivir. Cervantes se planta con ello en una de las encrucijadas más características de la locura paradójica, pues como advierte Enrico Castelli, "la sagesse n'est pas suffisante: elle *n'assure* pas. L'Humanisme a montré le 'savoir du risque', ou mieux: la sagesse du risque".[26] El loco cuerdo de la vida como arrojo y el cuerdo loco de la vida como renuncia a la acción, no dejan de ser un buen par de "locos" asentados en los respectivos cuernos de un dilema ético. Con lógica correlativa, la técnica cervantina recurre, además, a la emblemática de la locura bufonesca para proclamar esa coincidencia en la oposición. A punto de comenzar la aventura de los leones, donde la temeridad de don Quijote alcanza su cénit, se le rodea a éste la burla de los requesones, que fortuitamente fueron a parar a su yelmo. El oloroso lacticinio alcanza también aquí un carácter emblemático, por cuanto el queso se consideraba el alimento más propio y adecuado para el loco, al que solía ponérsele en el capillo de su ropón. Don Diego de Miranda reniega, a su vez, de las moderadas costumbres y amor al anonimato en su desmedido gusto por la ropa de color verde, que tan mal cuadra con su edad e inclinaciones. El efecto es todavía más incongruo y chillón, porque su gabán se adorna con apliques "jironados" (esto es, triángulos o rombos) de terciopelo "leonado", material del que también está hecha su montera.

---

26 "Quelques considérations sur le Niemand et... Personne", *Folie et déraison à la Renaissance*, p. 111. En el mismo sentido, P. Jacerme recuerda la afirmación de Nietzsche en su último libro (*Ecce homo*) y según la cual: "c'est la certitude qui rend fou" (*La Folie, de Sophocle à l'antipsychiatrie*, París, Bordas, 1974, p. 17).

Don Diego de Miranda viste así de un modo arlequinesco, lo cual significa su ingreso en el mismo terreno emblemático, pues los "locos",
tanto naturales como fingidos, solían vestir amplias ropas talares, *sayos* o *gabanes* de colores chillones, de preferencia verde y con apliques de diversas pieles animales. Así viste oficialmente (grabados de
Holbein) la avispada *Moria* erasmiana. Y todos recordaríamos en este
punto el aria *Vesti la giubba* de la ópera *Pagliacci*.

El atuendo de don Diego de Miranda, tan cuidadosamente descrito en el *Quijote*, tiene dicha explicación fácil y constructiva para
el lector de la época, aunque haya constituido después un espinoso
problema para la crítica moderna.[27] Sobre el rastro de algún posible
simbolismo, nuestra colega Helena Percas[28] ha hecho inventario de
la frecuente aparición en el *Quijote* de este ubicuo color verde. La
clave, en efecto, no se halla demasiado recóndita, pues en cuanto color emblemático de la locura bufonesca, el verde realza (a modo de
marbete) el acento hilarante de muchas situaciones y personajes,
como ocurre, por ejemplo, con el color de las cintas de la celada en
la Primera Parte y con el de la seda para los puntos de las medias en
la Segunda. El verde se menciona también en asociación caracterís

---

27 Y en especial para el coloquio internacional sobre "Das literarische Werk von Miguel de Cervantes", convocado por la Academia de Ciencias de Berlín y donde el caballero del Verde Gabán fue amplia y perplejamente discutido. Bataillon trató de explicarlo como atavío propio de "caballero labrador rico" y consideraba "notas de
buen gusto" la yuxtaposición de verde, leonado, morado y oro ("Exégesis esotérica",
pp. 24-25). En otro momento opinó, sin embargo, que dicho color ocultaba "un cierto
simbolismo" relacionado con la esperanza de don Quijote. El gran hispanista terminaba por aconsejar a los participantes deseosos de resolver el enigma, estar muy atentos a estudios de historia económica, en los cuales podría surgir la clave de aquella
asociación o emparejamiento entre los diversos colores y prendas del vestido ("Exégesis esotérica y análisis de intenciones del *Quijote*", p. 75).

28 *Cervantes y su concepto del arte*, Madrid, Gredos, 1975, p. 387 y ss. ("El verde
como símbolo"). El verde significaba en Cervantes "la profunda autodecepción del
hombre cuando se aparta de lo propio o lo natural", p. 394.

tica con los momentos y personajes aparejados para jugar algún engaño más o menos grotesco: el Cura se viste "unos corpiños de terciopelo verde guarnecidos con unos ribetes de raso blanco" (I, 27) para hacer ante don Quijote la doncella menesterosa. Pero cuando se halla mejor actriz para el desempeño de este papel, Dorotea se engalana también de saya y mantellina "de otra vistosa tela verde" (I, 29) en preparación para *dar el mico* a que alude su nombre de "princesa Micomicona". La hermosa Quiteria, objeto de tan pesada burla para el rico Camacho, y sobre cuya complicidad quedan siempre sospechas, se atavía precisamente de terciopelo verde. Ginés de Pasamonte, paradigma de personaje huidizo, surgirá reencarnado en el titiritero Maese Pedro y "traía cubierto el ojo izquierdo y casi medio carrillo con un parche de tafetán verde" (II, 25), semiantifaz que ofusca una de las más dolosas realidades de todo el libro.

Al centrarse más de intento sobre los temas de la locura paradójica, la Segunda Parte confía al simbolismo del color verde la misión caracterizadora que, de un modo analógico, llega a asumir en el abigarrado gabán de don Diego de Miranda. El lector, ya avisado por un prólogo muy denso en historias de locos, se topa con otro de lo más emblemático nada más poner pie en el capítulo primero: "Visitáronle, en fin, y halláronle sentado en la cama, vestida una almilla de bayeta verde, con un bonete colorado toledano; y estaba tan seco y amojamado, que no parecía sino hecho de carne momia" (II, 1). Don Quijote, con una media chilaba verde (que eso venía a ser la *almilla*)[29] y el bonete rojo (exactamente lo que hoy se llama un *fez*) presenta, no ya una inconfundible facha bufonesca, sino una sugerencia de fantasmón oriental muy acorde con la costumbre de vestir a los hombres de placer en trajes de moros, judíos o turcos (recuérdese a Pernía como *Barbarroja*, entre los retratados por Velázquez).

[29] M. Herrero García, "Estudios de indumentaria española de la época de los Austrias", *Hispania*, 13 (1953), p. 200.

La indumentaria emblemática del "loco" se hallaba también predestinada a brillar en la corte de los duques, donde tan altos señores pretenden hacer grotescos juguetes del andante y su escudero. Don Quijote echa mano de toda su prosopopeya para desfilar ante la enamorada Altisidora y salir al encuentro de los duques, envuelto en un "mantón de escarlata" y cubierto con "una montera de terciopelo verde, guarnecida de pasamanos de plata" (II, 46), ricas prendas de corte que sin duda forman parte de la malévola hospitalidad de los ociosos aristócratas. Capítulos atrás, amo y criado habían sido ya blanco de una asechanza similar, pues antes de acudir a la caza de montería:

> Diéronle a don Quijote un vestido de monte y a Sancho otro verde, de finísimo paño; pero don Quijote no se le quiso poner, diciendo que otro día había de volver al duro ejercicio de las armas y que no podía llevar consigo guardarropas ni reposterías. Sancho sí tomó el que le dieron, con intención de venderle en la primera ocasión que pudiese (II, 34).

Tales *sayos* [30] o sobrevestes encubren venenosas intenciones, sobre todo (por su inconfundible color) el reservado para Sancho. La negativa de don Quijote a aceptar el dudoso favor significa, en su

---

30 Sobre la veste más o menos talar del loco "natural" y sus razones, Willeford, *The Fool and his Scepter*, p. 242, n. 28. Un fresco de Giotto en la Capella dell'Arena de Padua (1303-06) representa ya a la *Stultitia* como un hombre panzudo, con sayo hasta la rodilla, festoneado y con cola, y un tocado de plumas terminadas en cascabeles (E. Tietzte-Conrat, *Dwarfs and Jesters in Art*, London, Phaidon Press, 1957, p. 58). Lo habitual en España de este *habitum fatui* como signo parlante se aprecia, por ejemplo, en ciertas redondillas *Contra los mozos de monjas* fechables entre 1591 y 1594: "La que no sabe hilar, / o el bobo de largo sayo / vienen en esto a parar, / y luego saben hablar / como tordo o papagayo" (*Cancionero de la Academia de los Nocturnos de Valencia*, ed. P. Salvá y F. Martí Grajales, Valencia, 1906, IV, p. 105).

inocencia, una decepción para sus anfitriones y hasta un conato de repudio hacia éstos, es decir, uno de los primeros síntomas del curso de enfrentamiento a que se halla destinada la relación entre el andante y el aristócrata, entre la Caballería y la Corte. Sancho, en cambio, traga todo el anzuelo y adornará el venatorio ejercicio con su gran *intermezzo* cómico, al quedar colgado de un árbol por los faldones del sayo infamante, que lo exponen así como en una picota. Sancho lleva en esto cierto merecido, no tanto por su codicia como por su gustosa entrada en el prominente papel de hombre de placer y en la característica seudointimidad entre príncipe y bufón. No hay que perder de vista que, apenas pisar el castillo ducal, don Quijote llama a su escudero "truhán moderno y majadero antiguo", previniéndole contra el riesgo profesional de "quien tropieza en hablador y en gracioso, al primer puntapié cae y da en truhán desgraciado" (II, 31). El sayo verde de la cacería ha de dar todavía más juego, al ser enviado a la aldea como especial regalo para la hija Sanchica, cubriendo con su sombra a la familia que ha quedado atrás. Sancho hace después la entrada solemne a su gobierno "vestido a lo letrado, y encima, un gabán muy alto de chamelote de aguas leonado, con una montera de lo mesmo" (II, 44). Lleva, pues, una indumentaria no muy distante de la de don Diego de Miranda, salvo que su gabán es de tono *leonado* y en tejido de pelo de camello, esto es, con un significativo desarrollo del elemento de comparación animal.[31]

---

31 El chamelote era tela de uso típico en atavíos carnavalescos. Cuando a cierto galán de comedia lopista lo obligan a enmascararse con un capirote "de loco", el disfrazado rezonga: "¡Aun de bayeta lo hicistes! / ¿No fuera de chamelote?" (*La viuda valenciana*, ed. J.L. Aguirre, Madrid, Aguilar, 1967, p. 100). El gabán de chamelote de Sancho encaja en la acumulación de elementos carnavalescos en el episodio de su gobierno, estudiada por Augustin Redondo, "Tradición carnavalesca y creación literaria. Del personaje Sancho Panza al episodio de la ínsula Barataria", *Bulletin Hispanique*, 80 (1978), pp. 39-70.

Quedan todavía en la Segunda Parte otros casos de intención no menos clara. Don Quijote encuentra a Montesinos arropado en una demencial indumentaria, sin estilo o época reconocible y que es, a la vez, de joven y de viejo, de caballero y de religioso, de luto y de risotada:

> ... y hacia mí se venía un venerable anciano, vestido con un capuz de bayeta morada, que por el suelo le arrastraba, ceñíale los hombros y los pechos una beca de colegial, de raso verde; cubríale la cabeza una gorra milanesa negra, y la barba, canísima, le pasaba de la cintura; no traía arma ninguna, sino un rosario de cuentas en la mano, mayores que medianas nueces, y los dieces asimismo como huevos medianos de avestruz (II, 23).

Centrada por la intensa nota verde de la beca colegial, estas ropas de barbas carolingio, con su veste talar y su capuchón, ofrecen marcado carácter bufonesco y no andan muy lejos de los violentos contrastes de policromía que distinguen a don Diego de Miranda y su cabalgadura, enjaezada también de verde y de morado.

Vestida de hombre, "de damasco verde con pasamanos de oro" (II, 60), irrumpe en el *Quijote* Claudia Jerónima, que acaba de tomar cruenta y sumarísima venganza por sus infundados celos. El proceder de la joven catalana es paradigmático de los desmanes acarreados por una pasión cegadora del entendimiento y causante por ello de otra modalidad muy real de "locura", anunciada también por el color de su brillante vestido.

Caso aparte es el planteado por la misma Duquesa, cuyo encuentro en traje de bella cazadora sobreabunda igualmente en color verde:

> Llegóse más, y entre ellos vio una gallarda señora sobre un palafrén o hacanea blanquísima, adornada de guarni-

ciones verdes y con un sillón de plata. Venía la señora así-
mismo vestida de verde, tan bizarra y ricamente, que la
misma bizarría venía transformada en ella (II, 30).

En principio, dicha indumentaria se hallaría justificada a secas
por tratarse de un vestido de caza, que por razones de elemental *ca-
mouflage* solía ser con frecuencia de dicho color. Se repite así la
misma ambigüedad implícita en el vestido de Quiteria, pues también las novias solían vestir de verde en sus desposorios. Pero no
hay que olvidar tampoco la censura de que los duques son objeto
por su participación en las innúmeras burlas a don Quijote: "Y dice
más Cide Hamete: que tiene para sí ser tan locos los burladores
como los burlados, y que no estaban los Duques dos dedos de parecer tontos, pues tanto ahínco ponían en burlarse de dos tontos" (II,
70). El texto es inequívoco y se sitúa en una de las encrucijadas conceptuales de la comicidad bufonesca. Lo mismo que el moderno pa-
yaso de circo aprovecha y saca a flote las candideces del público,
entre príncipe y bufón mediaba un juego de mutuo peligro, imposible de disfrutar sin episódicos trueques de papeles ni, más aún, sin
que ambas partes aceptaran de antemano el rasero nivelador de la
"locura". Las burlas de los duques revisten un aspecto como de dilatada *sottie*,[32] donde éstos se ven obligados a hacer también de bufones, y aun de bufones-comparsas, en entretenimientos planeados
por su servidumbre o que se salen del curso previsto. La bella Duquesa recibe de Teresa Panza no solo las solicitadas bellotas, sino
por añadidura un queso "por ser muy bueno, que se aventajaba a los

---

32 Sobre su carácter de forma extrema de la literatura bufonesca, E. Welsford, *The
Fool: His Social and Literary History*, London, 1935, p. 220 y B. Swain, *Fools and
Folly During the Middle Ages and the Renaissance*, New York, Columbia University
Press, 1932, p. 64. Willeford define la *sottie* como el jolgorio "in which those of high
social station are debased to the level of fools or in which fools even take the places
the great ones have vacated" (*The Fool and his Scepter*, p. 217). Sobre el inevitable

de Tronchón" (II, 52). Pocas páginas atrás había descendido tan alta señora al plano de protagonista en una escena de *slapstick*, cuyo foco eran los miembros pellizcados de don Quijote y las nalgas de doña Rodríguez.

Pero mi principal afán hoy no es el de extenderme en tareas de hermenéutica, sino el de probar que los simbolismos emblemáticos de la locura bufonesca eran harto bien conocidos y moneda aceptada y corriente en la literatura de la época. Los textos comprobantes se localizan sin dificultad en obras coetáneas del *Quijote* y escritas por plumas de primera fila. Puede servirnos como ejemplo insigne y precoz, pues se hallaba ya divulgado en 1591,[33] la conocida parodia por don Luis de Góngora del romance morisco *Ensíllenme el potro rucio*, uno de los más famosos de Lope de Vega, y que por cierto, figura también en el *Entremés de los romances*. Lope había escrito:

> Ensíllenme el potro rucio
> del alcalde de los Vélez;
> denme la adarga de Fez
> y la jacerina fuerte.

intercambio o equivalencia entre príncipe y bufón, "The Sovereign Fool: The Tragedy of King Lear", (*Ibid.*, pp. 208-225). Para la afinidad radical del Rey, Sacerdote y Bufón en cuanto figuras necesarias y típicas de una sociedad basada en normación divina, Swain, *Fools and Folly*, p. 195. En todo ello cabe considerar también la validez específica de la regla enunciada por *Das Narrenschiff*: "Ser ist eyn Narr der nit verstot / Wann er mit eynem Narren red" (n. 68, "Schympf nit verston"). Trotaconventos, excelente conocedora, encarecía cómo don Melón "con los locos fázes' loco, los cuerdos dél bien dixieron" (*Libro de buen amor*, 728 b).

33 E. Orozco Díaz, *Lope y Góngora frente a frente*, Madrid, Gredos, 1973, p. 31. La parodia de Góngora es también estudiada por J. García Soriano, *Los dos 'Don Quijotes'*, Toledo, 1944, p. 55 y ss.

Puesto a zaherir, Góngora transforma al moro enamorado y heroico en lo que Emilio Orozco[34] ha llamado "una figura bufonesca",
y lo hace justo en estos términos:

> Ensíllenme el asno rucio
> de el alcalde Antón Llorente,
> denme el tapador de corcho
> y el gabán de paño verde.

Aquí tenemos, pues, a nuestro viejo conocido, el *verde gabán*
como pieza clave en este proceso de parodización en un sentido bufonesco. En los versos que siguen se acentúa dicho propósito hasta
un punto de máxima transparencia alusiva:

> El lanzón en cuyo hierro
> se han orinado los meses,
> el casco de calabaza
> y el vizcaíno machete,
> y para mi caperuza
> las plumas del tordo denme
> que por ser Martín el tordo,
> servirán de martinetes.[35]

En sustitución homóloga del espléndido atavío caballeresco
del moro Azarque desfilan aquí, puntuales, los símbolos más característicos de la locura emblemática. Su lanza se acorta en *lanzón*, similar a la pértiga o cetro ridículo que distinguía a los bufones de

---

34 *Lope y Góngora frente a frente*, p. 37.

35 Dada la insistencia con que los textos españoles reservan para locos el nombre de
Martín, se impone deducir que tan grotescos *martinetes* conllevan aquí una alusión al
mismo sentido.

corte (y a don Quijote tras la aventura de los molinos de viento). El villanesco *machete* se despega del adalid lo mismo que cualquier cosa *vizcaína* lo hace de un moro, y no deja de ser curioso que don Diego de Miranda, lleve, con la misma incongruencia, un magnífico alfanje morisco. El casco no es ahora de acero, sino de una solemne *calabaza*, jeroglífico de todo lo huero y casquivano: luce una de ellas en el mastil del navío de la *La pícara Justina* y rodeado de cucúrbitas aparece el idiota Calabacillas en la serie de los bufones velazqueños.[36] Pero, sobre todo, figura allí la *caperuza*, jeroglífico rey de la "locura" y prenda distintiva o *de rigueur* para el "loco" de corte. Cuando se pronunciaba aquel vocablo no era preciso aclarar intenciones ni ofrecer más detalles, como ilustra la misma Urganda la Desconocida en los "cabos rotos" de los preliminares del *Quijote:*

> Que suelen en caperu—
> Darles a los que grace—

Y esta infamante caperuza reservada para Azarque-Lope era de las más clásicas y pomposas, con ridículo adorno de plumas, alusivas en su origen a la tópica lujuria del gallo y de otras aves,[37] y por lo mismo harto adecuadas como distintivo para un poema del ardiente ciclo de Elena Osorio. Por lo demás, es interesante comprobar cómo Lope hace también uso de este simbolismo, cuando en su comedia *La locura por la honra* saca a escena a un imitador fingido de la locura de Orlando "metidas muchas plumas en la cabeza".[38]

36 J.J. Martínez González, "Algunas sugerencias acerca de los 'bufones' de Velázquez", *Varia Velazqueña*, Madrid, Dirección General de Bellas Artes, 1960, p. 253.

37 Willeford, *The Fool and his Scepter*, p. 4. Mateo, *La temática de la nave de los locos*, p. 48.

38 *Obras Dramáticas*, Madrid, Academia Española, 1930, VII, p. 313.

Caso idéntico es el del cetro o lanzón del "loco" en *Belardo el furioso*, donde "sale Belardo armado graciosamente con una caña por lanza",[39] de la cual se sirve para mantener un ridículo duelo con Siralbo, pastor dispuesto a seguirle su "tema" en una pelea a cañazos. A la hora de presentar en escena cierto galán "loco" de amor, una acotación de *La cortesía de España* puntualiza: "Sale don Juan con un gabán, medio desnudo".[40] El popularismo de la comedia lopesca, a la vez que la frecuencia con que en ella se trata el tema de la locura,[41] ofrecen una oportunidad privilegiada para comprobar la divulgación de la emblemática que venimos estudiando. El público del corral de comedias entendía perfectamente aquel lenguaje simbólico (herencia viva de la Edad Media) y no había olvidado, como nosotros, la vieja identidad del color verde como el más propio de la "locura". Por eso debían de reír cuando en *Belardo el furioso* el enloquecido protagonista se dispone a quemar los billetes y demás amorosas reliquias de la infiel pastora Jacinta:

> SIRALBO: Una bandilla está aquí.
> BELARDO: ¿Qué color?
> SIRALBO: Verde.
> BELARDO: ¡A buen tiempo! (p. 677)

A la misma clase de chiste recurre, por cierto, el entremés de Salas Barbadillo *El caprichoso en su gusto y la dama setentona*, donde sale esta última muy compuesta para su boda en traje cuyo

---

39 *Obras de Lope de Vega*, Madrid, Academia Española, 1895, V, p. 686.

40 *Obras dramáticas*, Madrid, Academia Española, 1917, IV, p. 356.

41 A. Albarracín Teulón, *La medicina en el teatro de Lope de Vega*, Madrid, C.S.I.C., 1954, p. 42 y ss. y 122 y ss.

color es interpretado de muy distinta manera por la añeja novia y por las dueñas que con asombro la contemplan:

> LUCRECIA: ¿Y el vestido?
> DUEÑA 2: Es peregrino.
> LUCRECIA: El color verde me aumenta más
> donaire y hermosura.
> DUEÑA 1: Esta con tanta locura nuestros oídos afrenta.[42]

En Lope reviste especial importancia el tema de los hospitales de locos. Fue precisamente en España donde, ya a principios del XV y en ruptura significativa con la actitud medieval hacia las enfermedades mentales, se fundaron los primeros manicomios de Occidente. Su exilio en Valencia familiarizó a Lope con el más antiguo y progresista de éstos,[43] tenido entonces por maravilla de buen gobierno y lugar de obligada visita turística. Incluso *El peregrino en su patria* (1604), que no deja de incluir una trasnochada aventura sentimental en este famoso manicomio, hace un juego conceptista con el *sayo* verde de los "locos" en unas redondillas puestas a describir el hospital alegórico en que Amor recogió a sus más desdichadas víctimas:

---

42 *Ramillete de entremeses y bailes*, ed. H.E. Bergman, Madrid, Castalia, 1970, p. 79.

43 J.R. Pertegás, *Hospitales de Valencia en el siglo XV*, Madrid, 1927. J.R. Zaragoza Rubira, "Breve historia de los hospitales valencianos", *Medicina Española*, 47 (1962), pp. 152-160 y 237-246. Este *Hospital de Inocentes*, fundado en 1409, fue el primer manicomio abierto en la Europa cristiana y su organización y fines fueron modelo de institutos similares que le siguieron en Zaragoza y Sevilla (J. Delgado Roig, "Historia del Hospital de Inocentes de Sevilla", *Actas Españolas de Neurología y Psiquiatría* [abril, 1941], pp. 143-152). Estos manicomios españoles del siglo XV suelen basarse sobre organizaciones preexistentes para el cuidado de leprosos, en perfecta comprobación de las ideas de M. Foucault, *Historia de la locura en la época clásica*, México, Fondo de Cultura, 1967.

Puso un sayo verde y blanco
a la esperanza en amar
porque tras largo esperar
entretiene y deja en blanco.[44]

En la comedia *El loco por fuerza*, que es una especie de "documental" sobre el manicomio de Zaragoza, escenifica el recibimiento de un nuevo "loco" (cuerdo como de costumbre), cuando el maestro de locos y ciertos alienados subalternos, bien provistos de palos y de odiosos modales, desnudan al recién llegado y lo fuerzan a vestir el infamante *sayo* de inconfundible color:

NICOLÁS: Viste, borracho, este sayo.
GONZALO: No ha trocado mal la capa,
          pues yo dije que era Papa
          y él viene a ser papagayo.[45]

El *sayo* de "loco" podía ser también de otros colores y en el hospital valenciano parece ser que se usaba para tal "el paño pardo",[46] según testimonio de *Los Locos de Valencia*, que es una divertida pintura de la vida intramuros de aquella Meca de la locura. En esta comedia la heroína Erífila ha de vestir también el clásico atuendo, con sus obliga-

44 Ed. J. B. Avalle-Arce, Madrid, Castalia, 1973, p. 346.

45 *Obras dramáticas*, Madrid, Academia Española, 1916, II, p. 265.

46 *Obras dramáticas*, Madrid, Academia Española, 1930, XII, p. 424. Pero según unos inventarios de 1512 en los *sayos* y *robes* de los hospitalizados predominaba el azul: "blau" mezclado con "vermell", "rosat" y "groch" (Pertegás, *Hospitales de Valencia*, p. 22). Claramente se seguía en esto la moda nórdica, que a principios del siglo XV consideraba el azul como el color más propio de la locura y tituló *De Blauwe Schuit* a un antecedente de *Das Narrenschiff* (R.H. Marijnissen, "Bosch and Bruegel on Human Folly", *Folie et déraison à la Renaissance*, p. 41).

dos pingajos y caperuza, "con su sayo de jirones y una caperucilla de loco" (p. 424). Pero aún más curiosa resulta allí otra alusión, hasta ahora indescifrable, al queso emblemático de la "locura", según una respuesta del falso demente Floriano a la sobrina del administrador del hospital, importunamente "loca" de amor por él:

> FLORIANO: ¿Sabéis de esto que perdí
> y os daré en hallazgo un queso?
> FEDRA: ¡Pluguiera Dios que supiera,
> como sé lo que has perdido
> adonde está tu sentido
> porque yo te lo trujera! (p. 423)

En mi estudio sobre el caballero del Verde Gabán traté de recoger algunos testimonios de urgencia en torno al uso de la locura emblemática en España,[47] claramente reconocible ya en el siglo XV. Tratándose de una realidad tan común y admitida, tales datos arqueológicos pueden ampliarse igual que los literarios, sobre todo en lo relativo a la indumentaria del "loco". Ejemplo insigne de ella debió ser el gran don Francesillo de Zúñiga, que se autorretrata asistiendo a las bodas del emperador en Sevilla (1526) "hecho un veinticuatro, con una ropa muy rozagante, de terciopelo morado, forrado de damasco naranjado, con que la ciudad [de Sevilla] le sirvió".[48]

Pero tal vez no haya mejor indicio de la respetabilidad alcanzada por la institución del "loco" de corte como su rastro entre los bie-

---

47 Principalmente del libro de J. Moreno Villa, *Locos, enanos, negros y niños palaciegos. Gente de placer que tuvieron los Austrias en la corte española desde 1563 a 1700*, México, 1939. Sobre el Verde Gabán, F. Márquez Villanueva, "El caballero del Verde Gabán y su reino de paradoja", en *Personajes y temas del Quijote*, Madrid, Taurus, 1975.

48 *Crónica*, ed. Adolfo de Castro en *Curiosidades bibliográficas*, Madrid, BAE, 1855, p. 40.

nes de la infanta doña Juana, hija de Carlos V y ex-reina de Portugal, inventariados a su muerte en 1573. Su refinada colección de joyas, objetos de arte y libros (principalmente devotos) son testimonio del gusto y estilo de vida más severos. En su galería de efigies de la casa imperial, pontífices y hombres como el canonista Azpilcueta o el Padre Ignacio de Loyola, no se desdeñaba incluir también "un retrato de pincel, en tabla, de un chocarrero húngaro".[49] Más aún, la prócer testamentaría conservaba asimismo parte del vestuario usado en entretenimientos y farsas palaciegas, con un "sayo de bobo de paño pardo gironado con pestañas de paño amarillo" y "hasta tres caperuzas de paño pardo para bobos" (p. 378). Hemos de hacernos, pues, a la idea de que los innumerables *bobos* del teatro primitivo y prelopista debieron de vestir una versión algo atenuada en lujo y vistosidad del traje de *bojiganga* o "loco" de farándula.

El útil libro en que Martine Bigeard reconstruye las líneas esquemáticas del tema de la "locura" en España ofrece datos sobre los manicomios, cuyos asilados marchaban en procesión a la iglesia, en días de fiesta, ataviados con sus ropones verdes y amarillos.[50] No es de extrañar que la simple mención de *sayo* o *gabán* llegase a bastar como alusión y hasta como nombre sustantivo de la "locura" bufonesca. Un toledano, el licenciado Gutiérrez, se sirve de este nuevo y antonomástico lenguaje para reprochar a Sebastián de Horozco su excesiva e impropia afición al trovar chocarrero:

Con esto ved que dirán
que andáis ancho más que un odre

---

49 C. Pérez Pastor, "Noticias y documentos relativos a la historia y literatura españolas", *Memorias de la Real Academia Española*, XI, Madrid, 1914, p. 373.

50 M. Bigeard, *La Folie et les fous littéraires en Espagne 1500-1650*, París, Centre de Recherches Hispaniques, 1972, p. 33.

con capa y con balandrán
y bonete de un jayán,
que no hay cosa que no os sobre.
Y después, por otra parte
presumís de muy galán
en los meneos y arte,
y las mangas del gabán
colgándoos a cada parte.

El grande y olvidado Horozco le devuelve la pelota, tachando de locura aún mayor el recurrir para semejante fraterna a estilo no menos chocarrero y propio del *mester* del gabán:

E aun según las cosas van
no es poco que el paño sobre,
mas burlar de mi gabán
ni me da pena el afán,
ni haze rico ni pobre.
Lo que falta en otra parte
bien pareçe en el gabán,
mas va el mundo de tal arte
que donde ruines están
no bastará baluarte.[51]

El estudio de Sebastián de Horozco dentro de los parámetros de la literatura bufonesca es un gran tema todavía en espera de su investigador. Aquel Toledo, tan especial y aún tan desconocido, del siglo XVI fue también uno de los ambientes más trabajados por la obsesión de la "locura", amplia y ruidosamente albergada en su

52 *Cancionero*, ed. J. Weiner, Bern und Frankfurt / M: Lang, 1975, pp. 85-86.

Casa del Nuncio. El mismo Horozco ha sido puntual cronista de las regocijadas fiestas públicas con que la ciudad celebró en 1555, con excesivo optimismo, "la reductión del reyno de Yngalaterra al gremio de la Sancta Madre Yglesia", es decir, el reinado de María Tudor y su matrimonio con Felipe II. Desde el 9 de febrero hasta el 26 del mismo, martes de carnestolendas, los toledanos se dieron a un torbellino de espectáculos, danzas y mascaradas que sin duda representan una de las pleamares de la más clásica bufonería carnavalesca. La participación colectiva en los solemnes actos religiosos se prolongaba de un modo espontáneo en las más desenfadadas danzas y máscaras

> de moros, judíos, doctores, médicos, deçeplinantes, salvajes, locos, triperos, melcocheros, buñoleros, cornudos, rromeros, diablos, correos, porteros de cofardías, caçadores, hermitaños, negros, negras, portugueses, amazonas, ninfas, cardenales, monjas, biudas, Celestina con su cuchillada y su canastico de olores, lenceras vizcaynas, rreyes, pastores, y aun frayles salieron al prinçipio, aunque la justicia se lo prohibió. Y otros muchos disfrazes así a cavallo como a pie.[52]

Como nada de cuanto significaba vida corporativa había de quedar al margen de la alegría proclamada en la ciudad, el 10 de febrero "especialmente salieron las mujeres de la mançebía en hábitos de hombres en una dança a pie baylando con panderos" (p. 169). Y dos días después no pudo quedarse atrás "una cuadrilla de ynoçentes

---

[52] Conde de Cedillo, "Algunas relaciones toledanas que en siglo XVI escribía el licenciado Sebastián de Horozco", *Boletín de la Sociedad Española de Excursiones*, 13 (1905), p. 169.

con las mismas rropas de los locos de casa del Nunçio, y con su baçín pidiendo como ellos andauan" (p. 170). Pero, sobre todo,

> este día en la noche salió una máxcara de una quadrilla de hombres de a cavallo, hijos de vezinos y mercaderes, con rropas contrahechas de los mismos locos, unas de rrasos y otras de bocasís amarillos y verdes, y con sus hachas y mucha música de trompetas y atabales y ministriles, y anduvieron rregozijando toda la çibdad y así se fueron estas fiestas callentando (p. 170).

En su moderna edición, el conde de Cedillo recurrió a los puntos suspensivos al toparse con párrafos como el que sigue, testimonios extremados de un espíritu de *Fastnachtspiel* en desacuerdo con la idea de severidad que solía atribuirse a aquel pasado español:

> Este día entre los otros entremeses estropajosos salió un sacamuelas con todo su herramental y una muger a quien sacava la muela, y sentávala en una silla y descarnávala con un cuerno y después sacava unas tenazas de herrador y, ella dando gritos, sacávale un miembro de hombre tan grande que dava no poco plazer y risa a toda la gente. La qual como es natural más se huelga y ríe con estas cosas que con las buenas. A este tenor salieron un tripero y una tripera de caballeros en sus bestias y llevaban su mal cozinado. Ella llevaba dos ollas delante en un serón y con un garabato sacava dél unas tripas, y de la otra muchas naturas de hombres. Con que tampoco llorava la gente, ni aun las damas que los veyan.[53]

---

53 Biblioteca Nacional, MS. 9175, f. 153 r.

Pasaron cincuenta años y el espíritu de la "locura" resurgió intacto con la desaparición física de Felipe II. En la primavera de 1599, el mismo Lope de Vega no tuvo remilgos (con tal de llamar la atención) en hacer el *botarga*[54] delante del rey y de toda la corte, congregada en Valencia para festejar las bodas del nuevo joven soberano. El texto de la relación contemporánea no necesita de ninguna glosa:

> Consequitivamente después por su horden yvan delanteras dos máscaras ridículas quel uno dellas fue conoscida ser el poheta Lope de Vega, el qual venía vestido de botarga, ábito italiano que era todo de colorado, con calsas y ropilla seguidos y ropa larga de levantar de chomelote negro, con una gorra de terciopelo llano en la cabesa, y éste yva a cauallo, con una mula ensillada a la gineta y petral de cascaueles, y por el vestido que traya y arsones de la silla leuaua colgando diferentes animales de carne para comer, representando el tiempo del carnal como fueron muchos conexos, perdisses y gallinas y otras aves colgadas por el cuello y cintura de su cuerpo que avía mucho que mirar en éll.[55]

54 Por el cómico italiano Stefanello Botarga. Como en el presente ejemplo, su fama estaba ligada a la de Alberto Naselli, el famoso Zan Ganassa, tan importante para los orígenes del teatro español. En 1584 Botarga debió desgajar de la compañía de Ganassa la suya propia, pues sin duda debieron representar juntos durante bastante tiempo (probablemente en memorable pareja de gordo y flaco) como acredita la conservación de cierto bufo *Lamento di Giovanni Ganassa con M. Stefanello Botarga suo padrone sopra la morte di un pidochio* (J.V. Falconieri, "Historia de la *commedia dell'arte* en España", *Revista de Literatura*, XI [1957], pp. 3-37, XII [1957], pp. 69-90. El tipo e indumentaria de Botarga perduran, adaptados, en algunas fiestas rurales; S. García Sanz, "Botargas y enmascarados alcarreños", *Revista de Dialectología y Tradiciones Populares*, IX (1953), pp. 471-476.

55 Según la relación de las fiestas nupciales por el vecino de Valencia Felipe de Gaona (E. Juliá Martínez, "Lope de Vega en Valencia en 1599", *Boletín de la Real Academia Española*, III [1916], pp. 542-543).

Su compañero de mojiganga era un truhán del rey, vestido de *ganassa* y no menos en carácter, pertrechado de pescados frescos y ceciales, para hacerle la contrafigura de la Cuaresma.

El *Quijote* ha de verse también como producto inmediato de ese mismo deshielo nacional y literario, iniciado con el advenimiento del nuevo rey y con la publicación (1599) del *Guzmán de Alfarache*. Se necesita meditar el testimonio de la *Fastiginia*[56] o crónica extraoficial de la corte vallisoletana por el portugués Tomé Pinheiro da Veiga para comprender la magnitud del cambio. Tras una represión y luto de medio siglo, ha vuelto a haber en España monarcas jóvenes, una corte alegre y un respiro de paz exterior. En Valladolid, alejado del maleficio madrileño, se redescubren la risa, la diversión y el galanteo justo al mismo tiempo que Cervantes da postrera lima a su *Ingenioso hidalgo*. De no ser por esta espléndida y veraz *Fastiginia*, no podríamos documentar hasta qué punto la "locura" había recuperado sus fueros de carcajada liberadora en el aire de la flamante corte. Burlas y discreteos restallan a diario en máscaras, saraos y fiestas públicas donde se comentan las últimas ocurrencias de los bufones reales Rebello y Vinorres, famosos como cualquier otra estrella del momento. Y aun como los mismos don Quijote, Sancho y Dulcinea del Toboso, ya en labios de todos y pasto común para el juego de las comparaciones chocarreras, a lo Francesillo de Zúñiga.[57] Un orbe donde la inmemorial tradición

---

56 *Fastiginia o fastos geniales*, trad. N. Alonso Cortés, Valladolid, 1916. Su título completo ostenta un humor de burla caballeresca no muy alejado del de la Academia de la Argamasilla: *Fastiginia ou Fastos Geniales tirados da tumba de Merlin, onde forao achados com a Demanda do Santo Brial, pello Arcebispo Turpim. Descubertos e tirados a luz pelo famoso lusitano Fr. Pantaleao, que os achou em hum Mosteyro de Calouros.*

57 "Fue el caso que pasando un don Quijote, vestido de verde, muy desmazalado y alto de cuerpo, vio a unas mujeres al pie de un álamo y se puso de rodillas a enamorarlas", p. 121. Del embajador de Portugal se dice que parecía otro don Quijote por su empeño en lucirse públicamente con sus anteojos, su ostentosa orden de Cristo sobre el pecho y

carnavalesca se remoza con unos puntillos de redicho conceptismo que se filtra hasta las más bajas capas del pueblo.

Si la "locura" emblemática es objeto en la Segunda Parte del cuidadoso tratamiento que he venido esbozando, no quiere decir que ésta haya sido menos cierta ni fundamental como concepto determinante para la totalidad de la obra. Lejos de hallarse agotado, el campo sólo acaba de ser abierto y no ha rendido todavía la plenitud de su cosecha. Como ejemplo y a título de avance me permitiré sugerir que la iconografía de la "locura" incluía también el emblema del molinillo de viento, juguete apropiado para expresar la inestabilidad de la demencia. La *Iconologia* de Cesare Ripa (Roma, 1603) prescribe representar a la *Pazzia* como un hombre "a cavallo sopra una canna, nella destra mano una girella di carta istromento piaceuole, & trastullo di fanciulli, li quali con gran studio lo fanno girare al vento". En el retrato de la antigua colección Cook, hoy en el Museum of Art de Cleveland, Velázquez retrata al bufón Calabacillas[58] con lo que el Diccionario Académico exactamente define por *molinete*: "3 Juguete de niños: consiste en una varilla a cuya punta hay una cruz o una estrella de papel que giran movidos por el viento". Los andaluces decimos *estar como un molinillo* o *tener la cabeza como un molino* para describir a una persona alocada. No es así de extrañar que el lenguaje de la comparación chocarrera ascendiera el frágil *molinillo* o *molinete* a la formidable masa del *molino* de viento, a la hora de encarecer una locura de lo más desaforado, y dicho

---

un escudero Sancho Panza siempre por delante. Una dama del acompañamiento de la reina, en el que salió a caballo, es comparada con Dulcinea del Toboso (p. 71). El jocundísimo Pinheiro mantenía, bien informado, que "hacer reír es costumbre de truhanes, y reír mucho, de locos" (p. 177).

58 J. Guidol, *Velázquez*, Barcelona, Ediciones Polígrafa, 1973, n. 95. Tietze-Conrat menciona también un ejemplo italo-hebreo de la misma iconografía ("man with a fanblower") de 1511 (*Dwarfs and Jesters in Art*, p. 104, n. 54).

paso lo ilustra con toda puntualidad Sebastián de Horozco, en un poemita de su *Cancionero* que parece casi una profecía:

> *El auctor, motejando a uno de loco y vano*
> Es lo que yo de vos siento,
> que pisáis tan de liviano
> que podéis dar bastimento
> a dos molinos de viento,
> aunque fuese en el verano.
> Y aún según las cosas van,
> aunque digáis abernunçio
> determinados están
> de hazeros su capitán
> lo que están en Cas del Nunçio.[59]

Este botarate padece locura suficiente para dar "bastimento" u ocasión de moler a un par de molinos de viento. Pero las quintillas de Horozco usan la imagen del *viento*, complementaria e implícita en la del *molino* (grande o pequeño) como signo del empuje ingobernable de la locura. Igual que el infeliz motejado, don Quijote no podía faltar a la cita de su enfrentamiento con el simbolismo adecuado a su gigantesca demencia, dando paso con ello a la aventura más famosa de todo el libro, al pie de un molino de viento. Es sólo al acercarse el caballero cuando las aspas comienzan a girar bajo el soplo de "un poco de viento" muy impropio de la estación ("aunque fuese en el verano"). Cuando su lanza nada más toca el aspa, "la volvió el viento con tanta furia, que hizo la lanza pedazos, llevándose tras sí al caballo y al caballero, que fue rodando muy maltrecho por el campo". Tan fuerte ventolera viene causada, como es lógico, por

---

59 *Cancionero*, p. 73.

el torbellino de la locura caballeresca en el cerebro enfermo del andante, como enseguida ayuda a entender el certero comentario de Sancho Panza:

–¡Válame Dios! –dijo Sancho– ¿No le dije yo a vuestra merced que mirase bien lo que hacía, que no eran sino molinos de viento, y no lo podía ignorar sino quien llevase tales otros en la cabeza? (I, 8)

El núcleo genético de la aventura de los molinos de viento aparece ligado de esta forma a una lexicalización de la emblemática de la "locura". Según Góngora, Lope tenía algún *viento*, pero no tanto como el requerido por las diecinueve torres del escudo de *La Arcadia* (1598), es decir, tenía su ramo de "loco", pero no tan amplio como para hacerse perdonar aquella bufonada monumental.

Futuras investigaciones podrán sin duda ampliar y matizar todavía mucho más toda esta presencia en el *Quijote* de la literatura europea del "loco". Como explica Joel Lefebvre,[60] era ésta el filo cortante del humanismo nórdico, comprometido por Erasmo a una revolución copernicana de la literatura culta, por primera vez autónoma y devota del entretenimiento y de la risa como valor estético, legitimado con independencia de ningún estrecho didactismo. En rigor, se trataba del ideal de la *relaxatio animorum* que define el *De sermone* de Pontano, antes de la escisión del humanismo en el siglo XVI y de su cautividad por el aristotelismo académico y contrarre-

60 Lefevbre, *Les Fols et la folie*, p. 227, nota. Al cabo de medio milenio, la validez de los mismos principios es brillantemente defendida por un maestro de la novela ante la Academia Sueca. "The storyteller of our time, as in any other time, must be an entertainer of the spirit in the full sense of the word, not just a preacher of social and political ideals. There is no excuse for tedious literature that does not intrigue the reader, uplift his spirit, give him the joy and the escape that true art always grants" (Isaac Bashevis Singer, *New York Times*, 9 diciembre, 1978).

formista. Debemos, pues, de comprender la notable satisfacción de Cervantes, apreciar el peso de sus palabras y darles todo su crédito cuando, en el ocaso de su vida, se enorgullecía de la perfección y constancia con que su obra había servido a dicho ideal:

> Yo he dado en don Quijote pasatiempo
> al pecho melancólico y mohino,
> en cualquiera sazón, en todo tiempo.
> (*Viaje del Parnaso*, IV).

Había realizado ciertamente todo cuanto el arte podía dar de sí para hacer realidad el *anxiis illis curis animum liberare* prometido por la *Moria* erasmiana. Pero hemos de advertir a la vez cómo el *Quijote*, dentro de un planteamiento más que nunca paradójico, significaba también el punto final y acta de defunción de toda aquella literatura del "loco". Porque no es menos evidente que Don Quijote, Sancho y don Diego de Miranda no quedan circunscritos por el moralismo alegórico de la nave estultífera, y que hasta parece a primera vista denigrante el relacionarlos con la literatura bufonesca o la dislocada temática del carnaval o *Fastnachtspiel*. Concebido dentro de supuestos que eran tesis polémicas para *Das Narrenschiff*, la *Stultitiae laus* o las "prouesses gigantales" de Rabelais, el *Quijote* no es una obra revolucionaria, sino el programa de trabajo para el día siguiente a la revolución, amanecido con la tarea de construir un mundo nuevo, cuya faz nadie conoce. Puesto ante la responsabilidad de esa situación límite, el *Quijote* inicia entonces, con su lugar de la Mancha y sus personajes de carne y hueso, la infinita complejidad autorregulada y fáustica de la modernidad literaria.

Una última consideración por hacer. Y es que al mismo tiempo que la segunda parte del *Quijote* agotaba la estética literaria del humanismo nórdico, Cervantes pulía también el *Persiles* y llevaba a su perfección (pero una perfección muy distinta y totalmente suya) el

ideal de último humanismo italiano y de sus directrices clasicistas.[61]
Uno y otro

humanismo convivieron en España como en ninguna otra parte
y Cervantes sabe sacarles todo su partido, lo mismo dentro de la estética italianizante, orientada hacia un pasado arquetípico, que cons-
truyendo el futuro posibilista entrevisto desde el púlpito de la *Moria*
erasmiana. Aun amargado y puesto en trance de autoelogiarse por la
ausencia de reconocimiento colectivo,[62] Cervantes sentía la satisfacción de contemplar a la hora de su muerte el buque de una obra
que era *summa* integral y cualitativa (no meramente numérica como
la de Lope) del pensamiento y quehacer literario de una gran época.
Occidente no había conocido dicho fenómeno desde los días de *La
Divina Commedia*.

61 De acuerdo en esto con las matizadas páginas finales de A. K. Forcione, *Cervantes,
Aristotle and the 'Persiles'*, Princeton University Press, Princeton, 1970.

62 E.L. Rivers, "Cervantes' *Journey to Parnassus*", *MLN*, 85 (1970), pp. 243-248.

II

Erasmo y Cervantes, una vez más.

Particular destino de la crítica cervantina fue el no haber alcanzado su mayoría de edad hasta la aparición en 1925 de *El pensamiento de Cervantes* de Américo Castro. Las vivas discusiones que se siguieron, así como la inmediata toma de altura en casi todos los aspectos del campo, acreditan la centralidad del Cervantes pensador como responsable inmediato del repentino deshielo o apertura del dique. La idea de codear a Cervantes con los grandes ingenios del Renacimiento constituyó un liberador rayo de luz y la evidencia, para muchos escandalosa, de su familiaridad creadora con Erasmo vino a mostrarse como vertebral de la nueva visión crítica. El posterior desarrollo de las teorías de Castro le condujeron después a atribuir a dichos elementos "europeos" (nunca en sí negados) una eficacia no muy superior a la de simples materiales de construcción. Han pasado los años y un excelente libro de Alban K. Forcione, *Cervantes and the Humanist Vision: A Study of Four Exemplary Novels* (Princeton, Princeton University Press, 1982) viene hoy a ocuparse de los mismos problemas. Lo hace armado con el arsenal de la explosión de conocimientos, de los recientes avances en materia de teoría literaria y, muy en especial, de un agudo espíritu revisionista.

Y es, confesadamente, un libro "de tesis", y de tesis bien defendida. Las *Novelas ejemplares* se acreditan como una de las máximas
contribuciones españolas al acervo del humanismo cristiano (p. 21).
Cervantes se descubre a sí mismo, como pensador y como artista, en
el seno de dicha tradición, y el esfuerzo de F. vuelve a un planteamiento similar, en conjunto, al del primer estadio de Castro en *El pensamiento de Cervantes*. Semejante postura crítica no puede dejar de
ser, a su vez, profundamente rectificadora, y aquí es donde entran en
juego bibliografía y conocimientos especializados que no estuvieron
a disposición de Castro. F. se esfuerza, en especial, por alejar a Cervantes y a su erasmismo de la forma como Castro los acercaba a la
heterodoxia de su tiempo y a una especie de anacrónico anticipo del
Siglo de las Luces (pp. 345, 351). Tal vez se trate en esto de una osci-
lación pendular, porque Erasmo es aquí un escritor cristiano y edificante, como sin duda lo era para no pocos y para el mismo Cervantes,
pero no para la España oficial de su tiempo. El humanismo cristiano
de Cervantes no tendría así nada de polémico, de atrevido ni de cauteloso en cuanto fenómeno de época sin ningún significado ulterior a
sí mismo. En este libro la Inquisición y su espíritu sencillamente no
existen y todo él transcurre dentro y al abrigo de una *España sin problema*. Nada, pues, de compromiso, de inhibición ni de autocensuras
creadoras. Dada la inquietud más o menos abierta con que buena parte de la crítica ha venido considerando la cuestión del erasmismo de
Cervantes, el libro de F. vendrá a ejercer sobre ella un efecto liberador o catártico. La oportunidad de reducir a una dimensión técnica lo
que antes era el caso de conciencia de un Cervantes más o menos disidente o "del otro lado", se halla sin duda destinada a caer como un
bálsamo sobre ciertos sectores de opinión.

   *'El celoso extremeño' and the Classical Novella: The Mystery of
Freedom* estudia la superación cervantina del clásico tema a lo Boccaccio del engaño del marido. A primera vista se perfila como lo más
"formulaico" (p. 91) de toda la obra de Cervantes, pero después se le

verá abocarse a un desenlace tan complejo que parece desafiar la misma capacidad del narrador para sondearlo (p. 88). El problema de las dos versiones se considera aquí, fuera de las usuales controversias sobre responsabilidad moral del autor, como profunda revisión de causas puramente artísticas, determinadas por un repudio inicial del carácter de sátira localista y por el crecimiento de Leonora como personaje autónomo. El manuscrito de Porras de la Cámara, que finaliza en un panorama de "desolación" (p. 83), da paso a un planteamiento que incorpora de lleno el optimismo de Erasmo y de Vives sobre la inviolable libertad humana, con el triunfo del albedrío sobre el sexo. Dicho crecimiento afecta igualmente a Loaysa, revestido ahora de una personalidad demoníaca, no muy alejada de la del Don Juan de Tirso (pp. 40 y 48). Lo ocurrido en la casa sevillana de Carrizales significa así una "demonización" del mundo de los instintos. Pero cabe preguntarse si el crítico no avanza en exceso por esta vía trascendentalista, dando espaldas a la omnipresencia del humor cervantino y al hecho de que tan terrible resultado no se produce sino a causa de la porfía de Carrizales en contrariar a la Naturaleza. El virote no viene a contar en la tragedia sino como *prop* mostrado, cual puro objeto material, a la luz de la vela, ante la reprimida sexualidad de las mujeres. Y Loaysa, por lo demás, no pasa nunca de ser un personaje de vía estrecha, un señorito irresponsable en busca de diversiones. Tanto éste con sus disparatados juramentos como la dueña invocando su "diezmo", no son sino claros chistes, sí, de muy viejo erasmista (generación de los hermanos Valdés), más bien que tales rasgos demonizadores. Cervantes, se nos dice, renuncia allí a la crudeza sexual que parecía imponer el tema (p. 46). Verdad sólo a medias y que impondría más bien un diagnóstico de "sublimación" cómica de aquella casa,[1] protagonista de una típica historia de

---

1 Sobre la casa como metáfora del cuerpo humano, "especially the female, maternal body", *House* en A. de Vries, *Dictionary of Symbols and Imagery*, Amsterdam-London,

"penetración" y pretexto para el conjuro de un risueño y todavía inexplorado microcosmos de agujeros, grietas, llaves y gateras (contra toda verosimilitud, en la alcoba) en cuanto obvias imágenes eróticas. Valga en esto como axioma que el crítico cervantino se halla en todo momento bajo un serio compromiso de ser el primero en reír.

Cervantes' 'La gitanilla' as Erasmian Romance constituye un libro por derecho propio y es, sin duda, el más logrado de los cuatro estudios que aquí se nos ofrecen. Básicamente, la novela ha sido construida como despliegue de un concepto erasmista del matrimonio, derivado en forma directa de los *Coloquios*, es decir, de lo más avanzado y radical del Roterodamo. En *La gitanilla* hombre y mujer eligen libre y racionalmente la vida en mutua amistad bajo el vínculo del sacramento, garantía a su vez de una sociedad armónica y en paz consigo misma. Más aún, uno de los grandes secretos cervantinos, su visión amable y positiva de la condición humana, es relacionado muy de cerca con el optimismo de Erasmo en lo relativo a la restauración de la naturaleza bajo un concepto teológico cristiano (p. 159). Preciosa resulta a veces un eco casi demasiado directo (p. 114) de la María de *Proci et Puella*, pero las consecuencias son todo lo contrario de revolucionarias, abocadas a un estricto respeto del espíritu tridentino, como prueban las circunstancias del desenlace. A tono con dichos ideales (y en uno de los mayores aciertos del libro) cabe explicar funcionalmente la presencia de los poemas intercalados, en especial el elogio y acción de gracias por la maternidad de la reina Margarita.[2] En contraste con el mundo, no ya ideal, sino harto práctico de los

North Holland, 1974. Habitual simbolismo somático en los sueños, donde "windows, doors and gates stood for openings in the body" (*Introductory Lectures on Psycho-Analysis*, Standard Edition of the Complete Works of S. Freud, London, Hogarth Press, 1963, XV, p. 159).

2 F. se halla bastante inclinado en su fuero interno a admitir la participación cervantina en la *Relación* de las fiestas vallisoletanas de 1605 por el nacimiento del príncipe

amantes, se hallan, a derecha e izquierda, el mundo agitado y corrupto de la corte y el (nuevamente) demoníaco de los gitanos. Pero, igual que para críticos anteriores, este último termina por ser un gran problema en su ambigüedad, volcado aquí en el ya familiar giro trascendentalista. En rigor, el mundo gitano no es ni rousseauniano ni demoníaco, sino una alternativa vital llena de relatividades y de saldo, en todo caso, más favorable que la viciosa holganza cortesana. Cervantes se ha entregado con visible regusto a construir dicha alternativa con la pericia observadora de un moderno antropólogo,[3] porque ¿acaso no habían sido los erasmistas españoles grandes aficionados a lo que hoy llamaríamos folklore y tradiciones populares? De un modo u otro, es ese ámbito gitano el que hace posible la puesta a prueba y el crecimiento del amor puro bajo condiciones de sana libertad, porque aun sin ser perfecto no se impone como coacción al individuo. Con todo ello saca ya ventaja a ese otro mundo nobiliario y convencional que termina por reclamar para sí a la pareja. Nótese que si el matrimonio canónico se hace posible en el decantado desenlace "ejemplar", no es debido a ninguna razón de orden superior, sino porque ambas familias ven en ello una alianza socialmente ventajosa y nada más. En cuanto tal *gitanilla* la virtud, ingenio y poesía de Preciosa no tenían una *chance*. Y una idea extraña: Preciosa no registra como antecedente a la Aldonza de la *La Lozana andaluza* (pp. 115 y 209), que no es "the other dancing Gipsy maiden of Spanish literature", pues era sólo cordobesa y conversa, y apenas si fue nunca doncella.

El licenciado Vidriera as a Satirical Parable: The Mystery of Knowledge se concentra sobre una interpretación caracteriológica

heredero (pp. 194 n., 199). Tal es también mi propia persuasión desde hace algún tiempo y por razones que algún día expondré.

3 M. Laffranque, "Encuentro y coexistencia de dos sociedades en el Siglo de Oro. *La gitanilla* de Miguel de Cervantes", *Actas del Quinto Congreso Internacional de Hispanistas*, Bordeaux, Instituto de Estudios Ibéricos e Iberoamericanos, 1977, pp. 549-561.

del loco vítreo, acertadamente considerado como uno de los grandes "fools" del Renacimiento (p. 232). El licenciado Tomás Rodaja encarna la desmedida voluntad del saber por el saber, en ausencia de otra ulterioridad. Sus conocimientos no le conducen al ideal erasmista de *humanitas* (p. 260), en cuanto visión ennoblecedora de lo humano, y ello hace de él una negación de lo más caro a la *philosophia Christi,* reduciéndolo a un filósofo antiguo, un verdadero cínico, misántropo despiadado y odioso, en medio del deslumbramiento cristalino[4] de su inteligencia. Vidriera se condena así a la soledad, lejos de todo contacto humano, que en más de un sentido llega a ser para él un supremo peligro. Nada hay para Erasmo más anticristiano que la crítica como postura sistemática (p. 257), tan alejada además del humor indulgente que, con Luis Rosales (p. 269), consideramos como "cervantino". Y en contraste violento, para colmo, con la generosidad de la locura quijotesca (p. 291), paradigma de *saber* frente a *conocer* (p. 297), embriaguez de teoría y de dogma opuesta al escepticismo empírico de Sancho Panza (p. 312), que sabe muy bien lo que es caridad. La liberación final de su locura hará de él, por vez primera, un ser útil a la comunidad en el oficio de las armas, destinado a salvarle, paradójicamente, en su heroica muerte (p. 316), lejos de su patria.

Es el capítulo que más objeciones suscita. Vidriera, para comenzar, no puede ser estudiado como carácter independiente, hallándose, como está, mediatizado de arriba abajo por su naturaleza genérica de "loco" literario.[5] No deja de sorprender este ignorar su dimensión bu-

---

4 No debe de olvidarse en esto la común aceptación contemporánea del cristal como signo del más elevado Espíritu, según expresa el boticario Gaspar de Morales en su *Libro de las virtudes y propiedades marauillosas de las piedras preciosas* (Madrid, 1605), f. 201 v. Para ésta y otras referencias sobre el mismo particular, F. Márquez Villanueva, "Los joyeles de Felismena", *Revue de Littérature Comparée. Hommage à Marcel Bataillon,* 52 (1978), pp. 269-270.

5 Conforme a lo expuesto por el reciente *corpus* de investigación en torno a tal concepto, principalmente R. Klein, "Un aspect de l'herméneutique à l'âge de l'humanisme

fonesca, a la vez tan erasmiana y tan emparentada con la paradoja de la *Moria*. La figura del "loco" o bufón de corte ascendió a ser proyección emblemática del humanismo cristiano, en cuanto voz insobornable de la verdad que los cuerdos no se atreven a proclamar. Aliada con el poder liberador de la risa, la crítica irrestañable del "loco" reviste un carácter de amarga y revulsiva medicina para los males públicos y secretos del cuerpo social. No es, pues, gratuitamente amarga ni cínica y, por el contrario, fue en el *Coloquio de los perros* donde Cervantes se reservó el enjuiciamiento de la escuela de Diógenes. El cuerpo central de la obra, con su colección de geniales dichos e impertinencias del loco Vidriera[6] es la obra maestra del *jestbook* de todos los tiempos. En este *mester* de la locura el *licenciado* lo es por partida doble al acumular esta otra *licencia* bufonesca, que le permite actuar como *medium* para el más absoluto juicio moral. Sus víctimas por eso

classique. Le thème du fou et l'ironie humaniste", *Archivio di Filosofia*, 3 (1963), pp. 11-25; W. Kaiser, *Praisers of Folly. Erasmus. Rabelais. Shakespeare*, Cambridge, Harvard University Press, 1962; B. Könneker, *Wesen und Wandlung der Narrenidee im Zeitalter des Humanismus*, Wiesbaden, 1966; J. Lefebvre, *Les fols et la folie. Étude sur les genres du comique et la création littéraire en Allemagne pendant la Renaissance*, París, 1968; P. Valesio, "The Language of Madness in the Renaissance", *Yearbook of Italian Studies* (1971), pp. 199-234; W. Willeford, *The Fool and his Scepter*, Northwestern University Press, 1969; estudios del volumen colectivo *Folie et déraison à la Renaissance*, Bruselas, 1976. Para España, en especial, M. Bigeard, *La folie et les fous littéraires en Espagne 1500-1650*, París, 1972; B. Periñán, *Poeta ludens. Disparate, perqué y chiste en los siglos XVI y XVII*, Pisa, 1979. Curiosamente, el filón de la locura literaria apenas si ha sido aprovechado en *Cervantes and the Humanist Vision*.

6 Conforme al juicio ya clásico de M. Bataillon: "Un sabroso anecdotario, suprema flor de la literatura de apotegmas puesta de moda por el erasmismo" (*Erasmo en España*, México, Fondo de Cultura, 1966, p. 779). "Literatura de apotegmas", pero además puro *jestbook* también, en cuanto colección de los dichos ingeniosos de un "loco" en acto de público entretenimiento. Conforme a tal categoría literaria, el juicio larvado sobre la sociedad circundante: "Buffons can only flourish, jestbooks can only be written in a society where the general level of sensitivity is not very high" (E. Welsford, *The Fool: His Social and Literary History*, London, 1935, p. 50). Vidriera ejerce por tanto una función socialmente saludable y educadora, pues en dicho papel el "loco" es a la vez "an educator...for he draws out the

le llamarán alguna vez bellaco, pero nunca embustero. Sus burlas contra conversos, lo mismo que ciertos despuntes asestados a gente de la Iglesia, no son, como aquí se califican, ápices de una virulenta crítica "de sangre", sino fidelidad a las características temáticas que se habían vuelto de rigor en la gran tradición de la bufonería literaria española (trovadores del *Cancionero de Baena*, Montoro, Francesillo de Zúñiga, Villalobos, Horozco).[7] Enfáticamente, Cervantes no derrocha nunca tanto primoroso esfuerzo en torno a un personaje negativo o vituperable y el desdichado Vidriera reúne todos los títulos para figurar en la galería de sus creaciones más nobles.

Vidriera ofrece, además, otra dimensión de carácter profundamente trágico y engranado con la realidad española de la época. Con su pretensión de alcanzar la gloria a través de las letras y el ingenio, Rodaja ha sido desde el primer momento hombre condenado en una tierra que no ofrece lugar ni techo para el intelectual. Más aún, su afán de valer por sí mismo le marca como un subversivo latente en una sociedad cuyas leyes consagran el privilegio y establecen criterios de honor desligados (como la limpieza de sangre) del mérito individual. Por eso la locura sólo viene a permitir la plena expresión de esta larvada personalidad, ofreciéndole una personalidad liberadora, aunque sólo sea temporal y precaria. Vidriera se halla rodeado de corrupción hipócrita y no de un *populus christianus* al que malpague con el flage-

---

latent folly in his audience" (*ibid.*, p. 28). Como observa además M. Bigeard para el caso de Vidriera: "D'oú cet espèce d'apostolat de la sagesse populaire qui le conduit à travers les rues de Valladolid" (*La folie*, p. 97). Sobre el lenguaje de la locura en Vidriera, Valesio, "The Language of Madness", p. 214. Todo futuro estudio de estas cuestiones habrá de contar desde ahora con la aportación de A. Redondo "La folie du cervantin Licencié de verre (traditions, contexte historique et subversion)", *Les visages de la folie (1500-1650)*, ed. A. Redondo y A. Rochon, Paris, Publications de la Sorbonne, 1981, pp. 33-44.

7 F. Márquez Villanueva, "Jewish Fools of the Spanish Fifteenth Century", *Hispanic Review*, 50 (1982), pp. 385-409, "Un aspect de la littérature du *fou* en Espagne", *L'Humanisme dans les lettres espagnoles*, París, Vrin, 1979, pp. 233-250.

TRABAJOS Y DÍAS CERVANTINOS

lo de su sátira. Dicha situación de "loco" es en sí denigrante, tolerada sólo en cuanto objeto de risa y comunal entretenimiento, lo cual le hace blanco de la befa pública, con un inevitable cortejo de muchachos. En resbaladizo terreno paradójico,[8] el fraile que le devuelve la razón lo arranca también del único contexto vital en que el licenciado puede hacer algún sentido y lo abandona a una implacable y aún más cruel realidad de hombre cuerdo. Como Letras, ingenio y valer no dan para subsistir en la corte (y Cervantes lo sabía mejor que nadie) Rodaja-Rueda ha de cambiar los libros por la espada, nada más que para dar un final honroso a su vida frustrada, cual verdadero sacrificio humano a la futilidad monumental de las guerras de Flandes.

Cervantes' Secularized Miracle: 'La fuerza de la sangre' procura darnos una explicación profunda de la más desorientadora de las *Novelas ejemplares*. La idea clave es aquí el hilo conductor de una utilización novelística de las formas del milagro hagiográfico popular, con especial referencia a las fiestas toledanas por la traslación del cuerpo de Santa Leocadia. La encuesta ha de someterse así a un cuidado replanteo de la actitud cervantina hacia los trasfondos religiosos del tema del milagro, rebotada, sobre todo, por el tratamiento distanciado de la historia del Cautivo en el *Quijote* (p. 349). Cervantes reelabora en la *La fuerza de la sangre* los motivos hagiográficos del niño resucitado y acusador de su padre (p. 366), a la vez que un perfil a grandes rasgos del martirio de Santa Leocadia (p. 388). La imagen central de la sangre (la virginal de la madre y la accidentalmente vertida por el hijo), se apoya sobre una obsesión de época (p 381), tan pujante en el plano religioso[9] como en el profano.

8 Claramente relacionado con un caso similar que relata Juan Huarte de San Juan, conforme a la identificación de A. Vilanova, *Erasmo y Cervantes*, Barcelona, CSIC, 1949, p. 52.

9 De oportuno recuerdo en este punto sería la obsesiva presencia de la sangre (temas como el del *pressoir mystique*) en la iconografía estudiada por E. Mâle, *L'art religieux de la fin du moyen âge en France*, París, A. Colin, 1902, pp. 113 y ss.

El aprovechamiento esquemático del milagro restaurador del orden, la aparición icónica y procesional de Leocadia en el desenlace, el discurrir providencial del caso, suscitan difíciles problemas lo mismo en el terreno formal que en el religioso. En último término, lo que allí se nos da es sólo una versión profana y escenificada del milagro. Leocadia se apodera del crucifijo de su violador no con fines devotos, sino como eventual identificación o pista detectivesca (p. 379), y todo aquello llega a sonar un poco a la manera del "¡Industria, industria!" de Basilio en el *Quijote* (p. 383).

La dificultad intrínseca de *La fuerza de la sangre* pone a prueba la abundancia y calidad de los recursos del crítico, obligado a superarse a sí mismo en el despliegue de una multitud de menudos y complejos análisis. La historia del milagro secularizado de Leocadia no deja de ser la más abiertamente religiosa de las *Novelas ejemplares*, pero a la vez se presta como ninguna para desautorizar a los partidarios de ver allí una prédica barata, basada en la tesis tridentina (p. 353 n.). El Cervantes ambiguo y problemático, en el que F. nunca ha dejado en realidad de creer, vuelve claramente por sus fueros en *La fuerza de la sangre*. El problema de la íntima religiosidad de Cervantes dista más que nunca de hallarse resuelto:

> Just what Cervantes's most private attitudes and authentic beliefs in religious matters were will probably remain forever a secret, but, if the variety of positions toward religion encompassed by his fiction, some undoubtedly motivated more by the demands of literary genre than by personal conviction, is any indication, it is likely that they were extremely complex and that they may well have been troubled and unstable (p. 351).

Un aspecto quizás descuidado en el estudio de esta desconcertante novela es el de sus implicaciones como crítica social, que apenas llega a rozarse y es muy pronto puesto a un lado (p. 364 n.). Pero la imagen de la *sangre* da mucho de sí en esta época y más aún al proyectarse sobre un fondo toledano, campo de contienda civil donde se había producido el triunfo definitivo de la *sangre* cristiano-vieja.[10] *Sangre* quiere decir tanto el principio estamental a que servía de base como la casta beneficiaria del mismo. Por eso la novela vale también como parábola sobre la alta nobleza, que ahora no derrama sangre infiel en los campos de batalla, sino sólo la de seres indefensos a quienes para su diversión atropella impunemente por las calles. Dicha censura de la nobleza cortesana y su holganza se hallaba entonces en el aire, y así Cristóbal Suárez de Figueroa en *El Passagero* (1617):

> Síguese, pues, ser toda la culpa, todo el oprobio, de la buena sangre, del solar notorio y del que en la patria tiene conocido lugar. Nacen aora los que llaman títulos, hidalgos, caualleros y nobles con poca o mucha riqueza. Goza el de los veinte, treinta, cinquenta o cien mil ducados de renta una vida de Eliogáualo, desnudo de virtudes y adornado de vicios, abundoso de regalos, galas, joyas, siruientes... Si les tratan de seruir a su Rey con hazienda y persona, tuercen el rostro y estrechan el ánimo, alegando corta salud y largo empeño. O responde a bien librar, el que se precia de más adelantado, no ser possible salir a la guerra sin plaça de General, por desdezir de quien es seruir en puesto menor, ya que su abuelo o padre murió colocado en los mayores.[11]

10 Sin entrar aquí en detalles acerca de la agria polémica en torno al Estatuto del cardenal Silíceo (1547), es de señalar en este punto su importancia para la génesis de un precedente tan ilustre como el *Lazarillo de Tormes*, según acaba de exponer el excelente estudio de G. A. Shipley, "Lazarillo and the Cathedral Chaplain: A Conspiratorial Reading of *Lazarillo de Tormes*, tratado VI", *Symposium*, 37 (1983), pp. 216-241.

11 Ed. R. Selden Rose, Madrid, Bibliófilos Españoles, 1914, p. 286.

En esta sociedad abusiva los aristócratas (y no los gitanos) miran el estupro como uno de sus privilegios o como cosa de poco más o menos (caso similar de *La ilustre fregona*). En cuanto a las aristócratas, tampoco tienen mucho que lamentar si se arreglan aceptablemente las consecuencias, conforme a aquello de *All's well that ends well*. Porque con todo, nos dice F., el mayor milagro de aquella historia consiste en que Leocadia pudiera nunca amar a su odioso violador (p. 363). Claro que no sería la única vez que Cervantes lanzase una mirada perpleja sobre el tono moral de la aristocracia *de sangre*, sobre sus valores y rituales de grupo, hallándola tan falta en éste como en otros terrenos. El código moral de estas gentes cubre sus agujeros con malos remiendos y sus trapos sucios se lavan de cualquier manera, con tal de que hayan de quedar entre ellos. En esencia, dicho pragmatismo claudicante había sido denunciado años atrás, con toda mala uva, por el médico bufón Villalobos, cuando advertía cómo los grandes de este mundo son también "los que con mejor paciencia sufren el cuerno, y que más presto han gana de satisfacerse con cualquiera excusación que les den".[12] Una mirada que hoy diríamos de sociólogo a lo Durkheim comprueba el dato y lo anota. El "milagro" del amor de Leocadia no tiene explicación ni la necesita.

El libro de F. supone indisputablemente un gran avance en lo relativo a ideas de conjunto sobre *el pensamiento de Cervantes*. Viene a satisfacer así una necesidad, ampliamente sentida en las filas de la crítica, de poner al día y aun de rectificar las tesis de Américo Castro acerca del humanismo cristiano (trabajos parciales de Bataillon, Vilanova, Avalle Arce, etc.). También de ampliarlas en nuevos sentidos, y el mismo autor de estas páginas señaló en su día la necesidad de incorporar los *Coloquios*[13] al catálogo de las más decisivas

12 *Algunas obras del doctor Francisco López de Villalobos*, ed. A.M. Fabié, Madrid, Bibliófilos Españoles, 1886, p. 485 (pp. 20 n., 117 n.).

13 Generosa y puntualmente anotado por F. (pp. 20 n., 117 n.).

lecturas cervantinas. Pero ahora acecha el peligro de reducir la formación intelectual de Cervantes a un virtual monopolio erasmista, haciendo de él la clase de monstruo que llamamos hombre de un solo libro. F. comprueba, como no podía menos (pp. 171, 267), la gran influencia ejercida sobre Cervantes por el empirismo escéptico y antiesencialista de los médicos filósofos (Sánchez y Huarte sobre todo), pero rehúsa ver allí ninguna inconsistencia ni ruptura profunda. En realidad era un fenómeno español de época, documentable en ingenios tan próximos como el Pinciano y Jerónimo de Mondragón,[14] además de ejemplo palpable del paso del tiempo sobre el humanismo cristiano, que a fines del XVI tendía a sobrevivir en la Península bajo extrañas alianzas que hubieran dejado perplejo a Erasmo. Y hay también otro peligro en proceder selectiva o unilateralmente con el inmenso cuerpo del humanismo cristiano, donde se halla Erasmo, pero también Vives y en el que se dan tantas rectificaciones, avances y retrocesos como para hacer del mismo un estreno, o al menos anticipo, de nuestra moderna cultura de la *nuance*.

Un buen ejemplo vendría dado por la actitud de Cervantes hacia el gran tema del matrimonio. Si bien todo lo aducido por F. en torno a la espiritualidad conyugal de *La gitanilla* es cierto y bien documentado, la flexibilidad y latitud de Erasmo en torno al particular es mucho más amplia y pudo, por tanto, haber legado más de una hilaza al denso tejido cervantino. Porque la ruptura de Erasmo con el concepto tradicional del matrimonio cristiano se basa también en una apologé-

---

14 Para la influencia de Huarte sobre la teoría literaria de fines del XVI, C.M. Hutchings, "The *Examen de ingenios* and the Doctrine of original Genius", *Hispania*, 19 (1936), pp. 273-282; E. Torre, *Ideas lingüísticas y literarias del doctor Huarte de San Juan*, Sevilla, Universidad Hispalense, 1977. Sobre la presencia de Huarte en la obra de Mondragón, A. Vilanova en su edición del mismo, *Censura de la locura humana y excelencias della*, Barcelona, Selecciones Bibliófilas, 1953, p. 29. Para un panorama general, con inclusión de la probable influencia en el caso de Vidriera, M.K. Read, *Juan Huarte de San Juan*, Boston, Twayne, 1981, pp. 107-114.

tica de menos quilates, que lo presenta como garantía no sólo de una más fácil salvación del alma, sino a la vez de una vida cotidiana más agradable y segura. Nuestro humanista Juan de Molina traducía así el *Encomium matrimonii* de Erasmo: "Mas si en lo de acá buscas un camino más seguro al propósito del hombre, dígote que es el estado del matrimonio. Este es el más llano, el más claro, el más limpio de ladrones, el más alegre y descansado".[15] Como observa E. Telle, en un nivel general y profundo, para Erasmo *bonum* equivale a *commodum* y a *tutum*,[16] lo cual supone una actitud vulnerable y teológicamente rastrera. El matrimonio es entonces la gran solución de la vida y los consejos del *Encomium matrimonii* se dirigen claramente a varones recalcitrantes, que no saben lo que se pierden. La tradición del humanismo cristiano, vieja ya casi de un siglo, había tenido la oportunidad de sedimentarse en resultados prácticos y podía ser conocida y juzgada por sus frutos. En este caso particular el concepto erasmiano había pasado en la práctica a imperar en la praxis matrimonial de las clases burguesas (p. 98), bajo formas no exentas de aspectos insatisfactorios que no podían pasar desapercibidos para un observador como Cervantes. Por lo mismo que se hacía tan alta idea del matrimonio cristiano, debía exasperarle y también hacerle reír a ratos este instrumentarlo como remedio universal, equivalente en su uso a la legitimación del cálculo más egoísta. Nótese entonces la puntualidad con que viene a encajar en estas premisas la figura del mismo Carrizales, con sus ingenuas imaginaciones sobre las realidades de la mujer y el matrimonio, destinadas a revelársele tan mortalmente en un día de

15 F. López Estrada, "Textos para el estudio de la espiritualidad renacentista; el opúsculo *Sermón en loor del matrimonio* de Juan de Molina (Valencia, por Jorge Costilla, 1528)", *Revista de Archivos, Bibliotecas y Museos*, 61 (1955), p. 528.

16 E.V. Telle, *Erasme de Rotterdam et le septième sacrement. Étude d'evangelisme matrimonial au XVIe siècle*, Genève, Droz, 1954, p. 240.

amargo despertar. Erasmo se halla probablemente implicado también en el *El celoso extremeño*, pero por un camino muy distinto de los recorridos por el libro de F.[17]

F. no ve en Cervantes sino al discípulo en todo momento fiel, incapaz de distanciarse del maestro y mucho menos de contradecirlo y cree, incluso, que quienes señalan discrepancias de este orden lo hacen llevados de un deseo de tender un puente entre las posiciones extremas de la crítica de Castro (p. 19 n.). Su estudio sobre *La gitanilla* insiste en solidificar el enfoque cervantino del matrimonio en torno a la postura allí al parecer esbozada: adversa al impulso pa-

17 Es de notar cómo Carrizales se hallaba especialmente preocupado por el deseo de tener herederos legales a quienes dejar su inmensa fortuna: "Quisiera tener a quien dejar sus bienes después de sus días, y con este deseo tomaba el pulso a su fortaleza, y parecíale que aún podía llevar la carga del matrimonio". Hay en esto una cita puntual con el énfasis dado a tal argumento en la versión española del *Encomium matrimonii*: "*Demás desto ¿quién osa negar quán dulce cosa es, quán desseada y quan de todos pedida con oraciones tener a quien puedas dexar lo que en esta vida con tantos trabajos has allegado, y de quien biviendo gozes y en quien después de muerto bivas? Esto, claro es que sin matrimonio no lo puedes alcançar. Y si buscas heredero avido no como debes, ni tu amor natural goza a derechas con él ni las leyes, sino torcidas, le consienten que reciba tu heredad*" (López Estrada, "Textos", p. 524). Después, el hijo hipotético le cuidará en los achaques de la vejez y le enterrará también piadosamente, de modo que vendrá a ser "quien escuse que tus bienes no passen a manos de estrangeros y a vengan a poder de tus enemigos. En fin, que apenas muriendo, mueres, antes partes de acá más conforme con la voluntad del Señor *y más consolado quando piensas cómo tus cosas quedan también ordenadas*" (*ibid.*, p. 525. Los subrayados indican los *excursi* introducidos por Juan de Molina). Como se ve, ni Erasmo, ni el traductor, ni Carrizales cuentan para nada con la realidad personal y humana de la mujer que ha de parir ese hijo idealizado. Téngase en cuenta que la idea de la decisiva responsabilidad del marido en la marcha del matrimonio (Shakespeare en *The Taming of the Shrew*) había sido una radical innovación de Erasmo, frente a toda la herencia de misoginia patrístico-medieval (Telle, *Erasme*, p. 182), radicalizada por Vives en su *De officio mariti* (1528). Cervantes, como ladrón de casa, los atrapa en sus mismas ideas, mostrándolas como vehículo del puro interés masculino y, sobre todo y en el fondo, meras especulaciones de célibes como Erasmo o crepusculares semicélibes como Vives. Una vez más, la grande, simple e irónica tesis *novelística* de Cervantes viene sólo a confirmarnos que el ser individual y su existencia son *un'altra cosa*.

sional, partidaria del consentimiento paterno y de la solemnización
canónica, en una feliz alianza conformista entre el Roterodamo y
Trento. Pero hay aquí una dosis de simplificación en ambos sentidos, porque Cervantes manifestó en otras ocasiones[18] sus claras
simpatías por el mutuo consentimiento, mientras que el posterior
acuerdo entre Erasmo y Trento ha de ser considerado como accidental, pues se limita a prohibir los matrimonios clandestinos, pero sin
extenderse a sus implícitas simpatías por el divorcio ni a su concepto escasamente sacramental del connubio.[19] Además, la historia de
La gitanilla no deja de ser, a fin de cuentas, sino la de dos jóvenes
que se atraen y que, a partir de la gitanización de él, se consideran
prácticamente desposados, aunque pospongan por prudencia el uso
del matrimonio. Consentimiento familiar y bendiciones nupciales

18 Conforme a los casos enumerados por Castro en *El pensamiento de Cervantes* (Barcelona, Noguer, 1972, p. 376, n. 74), F. rechaza la validez de la mayoría de tales ejemplos, suponiéndolos exigidos por la presencia de esquemas narrativos de tipo caballeresco (p. 154 n.). Según el mismo, Cervantes se hallaba, igual que Erasmo y Vives,
netamente en contra del matrimonio "por amores", reductible para la época a una sinonimia con el matrimonio clandestino. No sería así cierto que mirase con simpatía tales
uniones y mostrara las tragedias del matrimonio desligadas del impulso pasional de los
jóvenes. Cita en su apoyo el episodio de Leandra en el *Quijote*, el de Ortel Banedre en
el *Persiles* y las novelas de *La gitanilla* y *La ilustre fregona*. Pero el caso de Leandra
no es, en absoluto, una tragedia matrimonial y el del polaco tampoco un casamiento por
amor, sino el capricho lujurioso de un hombre (de nuevo) entrado en años por una mo-
zuela de mesón (eco de Guzmán de Alfarache y Gracia). Queda, por último, firmemen-
te en pie la observación de Castro acerca de la manera casi siempre forzada o adventi-
cia como Cervantes rodea las ceremonias canónicas a través de artificios "llovidos del
cielo" (*El pensamiento*, p. 377).

19 Como insiste E.V. Telle, Erasmo iba, en último término, tras un concepto contrac-
tual y de utilidad puramente civil del matrimonio, más conforme, esta vez, con el ideal
del mismo en el Viejo Testamento (*Erasme*, pp. 161 n. 16, 419-420). Por este camino
terminaba por abrirse al divorcio, pareciéndole el matrimonio clandestino uno de los
mejores argumentos en tal sentido (pp. 209, 407, 420). Catalina de Aragón, poco satisfecha con la *Institutio matrimonii christiani*, no logró de Erasmo su deseo de un *De ser-
vando coniugio* (p. 406).

entran allí por la puerta falsa de la peripecia, porque el autor no quiere suscitar más dificultades a su admirable pareja, creándoselas a sí mismo todavía mayores. Con ello, la novela viene a quedar, todo lo más, en ambiguas tablas respecto a su "ejemplar" cumplimiento con la Sociedad y con la Iglesia, vueltas una misma cosa.

Ni tampoco queda tan probado que Cervantes marche a remolque de una legitimación de la sexualidad conyugal acarreada por Erasmo. Como aquí mismo se reconoce (p. 105), la convicción de éste fue fluctuante, dictada al compás de su polémica antifrailuna y de circunstancias externas como el divorcio de Enrique VIII. Ni es tampoco del todo lícito separar en este punto a Erasmo de Vives (p. 103), pues al fin y al cabo partían de los mismos principios y hasta en el *Enchiridion* cabe leer que los casados imiten a Cristo y su iglesia, "id est, quam minimum habet turpitudinis, plurimum foecunditatis; in nullo enim vitae statu non turpissimum est servire libidini".[20] Aunque en el bandazo supuesto por el *Encomium matrimonii* defendiera la natural aspiración al goce sexual, no hay en Erasmo especial sensibilidad para la mujer entendida en sus propios términos, ni planteamientos de aun lejano sentido feminista. A su *Uxor mempsigamos*, que está harta de un marido vicioso, sólo se le dan unas cuantas lecciones de paciencia y resignación heroicas, en espera de que así mejoren las cosas. Ni tampoco se ve en Erasmo ninguna apertura hacia la dignificación del erotismo femenino, como de

---

20 El párrafo completo en la traducción española del arcediano del Alcor (1526): "Si eres casado, mira quán honesta cosa es guardar limpieza al matrimonio y procura que el ayuntamiento tuyo y de tu muger parezca en cuanto fuere possible a aquellas santíssimas bodas de Christo con la Iglesia, cuya figura representa las tuyas, y assí, *entre otras cosas en que han de ser semejantes, ha de ser una* que en ellas se haya más respeto a la fecundidad, *que es aver hijos para la gloria de Dios*, que no a la delectación carnal, pues es lo de menos. Ca no ay estado ninguno en esta vida en que no sea cosa muy fea y ajena de toda honestidad servir a la carne y andar a su voluntad" (*El Enchiridion o manual del caballero cristiano*, ed. D. Alonso, Madrid, RFE, 1932, p. 386-387).

un modo algo más que implícito hace Cervantes a través de la figura de Dorotea en el *Quijote*. F. reconoce (p. 42) el alegato de Boccaccio sobre el derecho del ser humano a la satisfacción del instinto como una fase superada tras su escandaloso aserto en *El viejo celoso*. Pero Cervantes ríe y compadece a la vez, cuando las desdichadas reclusas de Carrizales enloquecen ante la promesa de los *polvos*[21] que ha de traerles Loaysa y que se hallan destinados a materializarse como un decepcionante ungüento. En éste, como en tantos otros aspectos, Cervantes fue anticipo, pionero y no epígono. Y todo esto no es dar ni quitar razón a Américo Castro.

La presencia de Erasmo y el humanismo cristiano en Cervantes resulta, desde luego, primordial y probablemente decisiva dentro de su mapa intelectual. Parece, en cambio, dudoso que pueda ser caracterizada como un gravitar continuo y sin alternativa, porque su sentido, en aquel momento español, era liberador y coincidente con la idea de un pensamiento no dogmático: venía así a abrir perspectivas y no a constreñirlas. Por lo demás, lo que a Cervantes le interesaba era la dimensión humana y relativa de los problemas, y no las soluciones de orden doctrinal, con las que nadie ha podido hacer buenas novelas. Erasmo nunca lo intentó.

Cervantes no será nunca apresado por cierta clase de redes, porque su arte consiste precisamente en el deslizamiento valorativo de cuanto narra. Y si no: ¿de cuántas maneras cabe enfocar un mero resumen argumental de *La gitanilla*? Sobre todo, es preciso rechazar la tentación de imaginarlo como un *scholar*, entregado al estudio con rigor, materiales y metodología al modo de los aquí desplegados por F. con tanta brillantez. En la mayoría de los casos sus esquemas conceptuales se proyectan a través de una expresión deliberadamen-

---

21 Los anotadores no han aclarado aquí su acepción de 'coito, fornicación', tan común en el habla de entonces como en la de ahora.

te ambigua y la técnica más depurada no puede reconstruirlos si no es entre amplios márgenes de riesgo extrapolador. El pensamiento de Cervantes ofrece una amplia coherencia, pero no rigideces. En realidad, la familiarización de Cervantes con Erasmo debió ser un irreconstruible proceso de lecturas aisladas, no exhaustivas ni cronológicas, paralelo a todo el curso de su vida. Proceso por definición abundante en lagunas e interregnos propicios tanto a olvidos y metamorfosis como a la reflexión crítica, cambios de foco y fluctuaciones estimativas. Esta matizada respuesta a un planteamiento en bloque del humanismo de Cervantes supone, desde luego, un nuevo y muy alto desafío a la pericia y laboriosidad de futuros investigadores. Pero también, es de presumir, una promesa de abundantes e insospechados logros.

III

La buenaventura de Preciosa.

Las poesías intercaladas por Cervantes en su obra en prosa constituyen una de las vetas menos trabajadas por la crítica. En conjunto, y con excepciones, ésta ha venido adoptando una actitud caracterizada por las preguntas que su más reciente editor prefiere dejar sin respuesta: "Los versos eran, en efecto, de obligada inserción en toda novela pastoril, ¿lo eran igualmente en toda la novela sin más? ¿No constituirían en ella, por el contrario, un estorbo? ¿No son precisamente novela y poesía géneros opuestos?"[1] En el caso particular de *La gitanilla*, dicha inercia ha quedado rota por el esfuerzo interpretativo de A. G. Forcione,[2] para quien representan una valiosa clave en

---

1 Vicente Gaos, introducción a Miguel de Cervantes, *Poesías completas*, Madrid, Castalia, 1981, t. 2, p. 11.

2 "Here we discover a marriage in which both partners exhibit a good deal of violence and lust, frequently scold and beat [?] one another, and appear to be yoked until death in a conjugal relationship plagued by tyranny, fear, jealousy and adultery. The brief picture of domestic chaos... might have reminded a seventeenth-century reader of Erasmus' popular colloquy on the miseries of unhappy married life, the *Uxor Mempsigamos*"; *Cervantes and the Humanist Vision*, Princeton University Press, Princeton, 1982, p. 138. "The elusive scene of Preciosa's visit to the lieutenant's 'sterile' house presents, then, through brief but powerful allusion, a fallen world of the court, just as the

relación con los más decisivos aspectos intencionales de la novela. Centrada ésta sobre un concepto refinadamente idealizado del matrimonio y el amor conyugal, dentro de un marco de signo erasmista, aclararían dichas piezas los últimos alcances doctrinales de la obra en un serio plano de formulación ilustradora para el lector.

No escapa, como veremos, a esta visión trascendente el tercero de estos poemas, que acoge la buenaventura dicha por Preciosa a la mujer del teniente (sin duda de corregidor) de la villa y corte.[3] Hay que reconocer que dicha pieza se perfila en principio como una salida inesperada, un brusco y casi traumático apearse del "idealismo" con que ha venido etiquetándose a *La gitanilla*. Es cierto que su heroína pasa a moverse en un terreno al parecer desconcertante y los críticos se hacen los desentendidos, mirando para otra parte, o lamentan, como tiene la sinceridad de confesar Francisco A. de Icaza,[4] el descarrío o tropiezo de Cervantes, inca-

poem to Doña Clara, which Preciosa recites amid this world, depicts a deeply flawed form of marriage and family life" (*ibid.* p. 212). Aunque presta alguna atención a estos poemas, no llega a mencionar la buenaventura Georges Güntert, "*La gitanilla* y la poética de Cervantes", *Boletín de la Real Academia Española*, 52 (1972), pp. 107-134

3 La buenaventura promete un rápido ascenso a corregidor de una ciudad importante. La crítica de los cargos de justicia solía restringirse, por motivos de elemental prudencia, a sus representantes de rango inferior, como observa Jean-Marc Pelorson, *Les 'letrados' juristes castillans sous Philippe III*, Université de Poitiers, 1980, p. 372. Es, pues, erróneo el calificar al teniente de "struggling bureaucrat", como hace Forcione (*op. cit.*, p. 138). O tenerlo por "one of the minor town officials", llamado a desempeñar un papel insignificante dentro de un episodio que es, en sí, de relleno (Jenniffer Lowe, *Two novelas ejemplares*, Tamesis Books, Londres, 1971, pp. 30 y 31). Colmo de ingenuidad el aducir, según hacen algunos, el estado ruinoso de la hacienda real como forma de justificar la ausencia de dineros en casa del teniente. En torno a éste no hay sino inmoralidad y todo el episodio del mismo forma parte, destacada pero no única, del particular *menosprecio de corte* desarrollado por Cervantes en esta novela..

4 "Y espiritada debía estar Preciosa cuando improvisaba o adaptaba al caso versos como los que dedica a la señora Tenienta, en los cuales puede estudiarse hasta que

paz de superar esta vez un irremediable conflicto entre realidad y literatura.

El que cabría calificar como *enfant terrible* de los poemas cervantinos es improvisado por Preciosa al leer la mano de la encumbrada señora:

> Hermosita, hermosita,
> la de las manos de plata,
> más te quiere tu marido
> que el rey de las Alpujarras.
> Eres paloma sin hiel;
> pero a veces eres brava
> como leona de Orán
> o como tigre de Ocaña.
> Pero en un tras, en un tris,
> el enojo se te pasa,
> y quedas como alfiñique,
> o como cordera mansa.

punto se imponía la realidad sobre el temperamento literario de Cervantes; ya que después de declarar y repetir que la gitanilla no consintió que 'las que fuesen en su compañía cantasen cantares descompuestos, ni ella los cantó jamás', la hace decir equívocos muy usados en las coplas populares de entonces, pero ajenos del todo al cárácter que en ella supone" ('*Las Novelas ejemplares' de Cervantes. Sus modelos vivos y su influencia en el arte*, Madrid, 1901, p. 106). En la misma vía escandalizada Agustín G. de Amezúa y Mayo: "Una nota tiene, empero, *La gitanilla*, excepcional y muy rara en Cervantes, que no hallaremos en el resto de sus Novelas, y que en cierto modo contradice al título de *Ejemplares* que guardaron las demás, a saber, la inclusión de ciertos pasajes maliciosos, picantes y equívocos. Todos ellos contiénense en la buenaventura que Preciosa lee en la mano de la mujer del Teniente de la Villa, aunque les sirva de excusa el ser imitación del estilo libre y desenvuelto que las gitanas empleaban en las suyas. Verdad es también que en aquellos tiempos tolerábanse más estas licencias en el verso que en la prosa" (*Cervantes, creador de la novela corta española*, Madrid, 1948, C.S.I.C., t. 2, p. 31).

Riñes mucho y comes poco:
algo celosita andas;
que es juguetón el Tiniente,
y quiere arrimar la vara.
    Cuando doncella te quiso
uno de muy buena cara;
que mal hayan los terceros,
que los gustos desbaratan.
    Si a dicha tú fueras monja,
hoy tu convento mandaras,
porque tienes de abadesa
más de cuatrocientas rayas.
    No te lo quiero decir...;
pero poco importa, vaya:
enviudarás, y otra vez,
y otras dos serás casada.
    No llores, señora mía;
que no siempre las gitanas
decimos el Evangelio;
no llores, señora; acaba.
    Como te mueras primero
que el señor Tiniente, basta
para remediar el daño
de la viudez que amenaza.
Has de heredar, y muy presto,
hacienda en mucha abundancia;
tendrás un hijo canónigo;
la iglesia no se señala.
De Toledo no es posible.
Una hija rubia y blanca
tendrás, que si es religiosa,
también vendrá a ser prelada.

Si tu esposo no se muere
dentro de cuatro semanas,
verásle corregidor
de Burgos o Salamanca.
    Un lunar tienes, ¡qué lindo!
¡Ay, Jesús, qué luna clara!
¡Qué sol que allá en las antípodas
escuros valles aclara!
    Más de dos ciegos por verle
Dieran más de cuatro blancas...
¡Agora sí es la risica!
¡Ay, que bien haya esa gracia!
    Guárdate de las caídas,
principalmente de espaldas;
que suelen ser peligrosas
en las principales damas.
    Cosas hay más que decirte;
si para el viernes me aguardas,
las oirás, que son de gusto,
y algunas son de desgracia.

Estamos ante la perfecta estilización de un documento folklórico (justo como el ensalmo para el mal de corazón de Andrés, un
poco más abajo), testimonio vivo sin duda de lo observado y visto
de primera mano.[5] El poema, sin embargo, no va tras la nota ambiental de ningún pintoresquismo o concesión al tema gitanesco,

5 El precedente recordado por Cervantes es sin duda el de la *Eufemia* (1567) de Lope
de Rueda, con una escena muy similar de la buenaventura dicha a una dama y su criada.
No abundan, al parecer, materiales de comparación dentro de la moderna investigación
de campo, pues ni ayudan ni apenas alcanzan la categoría de tal algún repertorio como
el de Manuel Díaz Martín, *Maldiciones gitanas* (Sevilla, 1901). Contemporáneamente
destaca el testimonio de tan buen observador popular como Lope de Vega en su comedia de 1603 *El arenal de Sevilla*. Su protagonista femenina (Lucinda) se hace pasar por

pues nada hay más ajeno a la "pandereta" que la honrada autenticidad del pandero de Preciosa. Lejos de constituir la novela un pretexto para su inserción, se han escrito aquellos versos muy a la mira de
aclarar el sentido de la obra y su protagonista bajo un criterio de so-
bria economía narrativa. Y contra lo que han creído algunos, la novela no es menos, sino tanto más *ejemplar* por ello.

Frente al carácter convencional y adaptable de este tipo de piezas folklóricas, la buenaventura de la gitanilla destaca por su carácter de improvisación frente al desafío de muy particulares circunstancias. Con su afirmación superadora del formulismo quiromántico
al uso, el poema refleja bellamente la doble naturaleza de Preciosa,
gitanilla y dama en grados simultáneos y eximios. Aparte de las pre-
dicciones de rigor en un recitado de esta clase (amores, hijos, heren-
cias), la pieza se centra sobre una etopeya y hasta cierto punto también prosopografía de doña Clara, sin perder al mismo tiempo de
vista a su marido el teniente. El acto adivinatorio mira a introducir
en la obra una nueva e inquietante realidad, que no ahorra los perfi-
les más negativos e hirientes. La señora, por lo pronto, se retrata
como inestable y dada a caprichosas explosiones temperamentales,
con los celos como la debilidad más disculpable de su complejo ca-

gitana y dice más de una "ventura", con uso de la moneda para el trazo de la cruz, etc.
En el pasaje más notable finge leer la mano de su rival en amores, pero, lejos del camino seguido por Preciosa, toma por el del común artificio escénico de "engañar con la
verdad", pues al fin y al cabo, no deja de ser una gitana falsificada. Por el contrario, es
una gitana auténtica la que en el *Aucto del finamiento de Jacob* (fechable hacia el tercer
cuarto del XVI) dice la "ventura" a un Bobo con las características fórmulas de adulación introductoria: "Cara de Pazqua florida, / cara de azucena y rroza, / donde vaz, per-
la precioza?" El foco de su profecía es asimismo chocarrero y fácil de creer: "También,
porque herez velludo, / zeraz dichozo y honrado; / zeraz trez vezes cazado / y de todaz
trez cornudo, / manzo y bienaventurado" (Leo Rouanet, ed., *Códice de autos, farsas y
coloquios del siglo XVI*, Barcelona, 1901, t. 1. p. 208). A todo se anticipa Gil Vicente
con su *Farsa das ciganas* (hacia 1521), cuya Giralda dice cosas como: "Porné ciento
contra treinta / Que de loz piez a la cinta / Tienez la buena ventura" (Gil Vicente,
Obras, Oporto, Lello & Irmao, 1965, p. 646).

rácter, en el que conviven las especies zoológicas de paloma, leona y tigre. Dibujo de un genio difícil, con el que no es de extrañar que acabe como arma mortífera, llamada a enviar tres o cuatro maridos al otro mundo. Quiere decir que esta semblanza de la pareja cortesana, realizada a través de medios cargados de humor, distará de ser ninguna broma y constituye una de las claves fundamentales para el lector inteligente de *La gitanilla*.

El poema busca sus fines a través de una retórica muy definida, que lo devana entre figuras muy reconocibles de la expresión burlesca de la época. Tenemos, en primer lugar, afirmaciones como "más te quiere tu marido / que el rey de las Alpujarras". Pero bajo el aspecto de una bella fórmula ponderativa se descubre un absoluto vacío: el esposo no necesitará quererla mucho para ganar la mano al inexistente rey granadino,[6] pues un amor medido por el término de comparación de cero no ha de llegar muy allá para sacar verdadera a la adivinadora. Lo mismo cabe decir de las lagrimillas de cocodrilo ante el anuncio de viudez, siempre eludible con el sencillo expediente de morir ella primero (un sacrificio de Alcestes muy poco verosímil en esta doña Clara), sólo que es también una estrategia de taimado circunloquio para introducir un "te mueras" tras el que acecha, al trasluz, un valor optativo en cuanto intención del hablante (giro "así te mueras..."). Idéntica jugada con aquella indiscreción acerca del íntimo lunar, que, con empleo de la figura etimológica, es *luna* y a la vez impúdico *sol* cuya contemplación desearían, perogrullescos, algunos ciegos. Aunque en este ejemplo hay también su

---

6 Las anotaciones de la edición de R. Schevill y A. Bonilla (*Novelas exemplares*, Madrid, 1922, t. 1) pretenden ver aquí una alusión al reyezuelo de la guerra de Granada don Fernando de Válor, figura popularizada por los romances de Ginés Pérez de Hita. Pero es conjetura más que improbable, por cuanto su *Segunda parte de las guerras civiles de Granada* no se publicó hasta 1619. "El rey de las Alpujarras" no figura aquí sino en cuanto mero signo de 'personaje fabuloso'.

dosis de ambigua malicia, con su abrirse a la perspectiva de alguna celada vida galante de ella, porque tales ciegos ¿lo son de los ojos de la cara o serán más bien ciegos de amor?

El dilema, apropiadamente *cornutus*, no necesita de respuesta para situar al personaje en un terreno de neto cariz erótico. Va muy acorde con una segunda serie de insinuaciones que culmina en aquella advertencia apicarada contra las caídas de espaldas, siempre citada por todos los críticos con gustoso escándalo. Porque salidas muy similares nos enteran, por ejemplo, de que, si bien su marido no la ama gran cosa, también ella, a su vez, no ha dejado de añorar a cierto galán con quien no la dejaron casarse. La serie hasta ahora comentada, con su oquedad sospechosa, podría ser calificada de "unas razones que ni atan ni desatan, y no significando nada. Pretende el que las dize, con su disimulación, engañar a los que le están oyendo", que es como define Covarrubias lo que en su tiempo llamaban *bernardinas*.[7] Son éstas un juego entre lo pleno y lo vacío, destinado a desconcertar o confundir al oyente, dejándolo indefenso para los fines genéricamente dolosos que procuran encubrir aquellas "palabras vanas" y "kasi mentiras", en equivalencia a "burlas, chanzas y adulaciones", según el testimonio de Gonzalo Correas. Preciosa domina a la perfección dicho recurso técnico, pero con estas salidas sobre los ciegos y las caídas de espaldas cultiva también, de un modo claro, la *pulla*,[8] en cuanto gran forma alternativa de la burla verbal en la época. Basada en una comicidad más agresiva e inme-

7 Gonzalo Sobejano, "*Bernardinas* en textos literarios del Siglo de Oro", *Homenaje a Rodríguez Moñino*, Madrid, Castalia, 1966, 2, pp. 247-259. También el excelente estudio de Monique Joly, *La bourle et son interpétation. Recherches sur le passage de la Facétie au roman (Espagne, XVIe-XVIIe siècles)*, Université de Lille, 1982, pp. 138-142.

8 J.P. Wickersham Crawford, "*Echarse pullas*: A Popular Form of Tenzone", *Romanic Review*, 6 (1915), pp. 150-164; Joly, *op. cit.*, pp. 246-267. "Por su parte, la pulla tiene una intención punzante, burlescamente ofensiva, de que la bernardina carece por lo general. El que echa pullas, más que engañar quiere humillar, avergonzar, vejar"; por lo

diata, calco en principio del lenguaje de carreteros y gentes del camino, consiste la *pulla* en un acercamiento calculado a la expresión de insulto desvergonzado o rafez. Y como se verá, la gitanilla se muestra temible al envolver a toda la casa del teniente en una espesa red de *pullas* según el modelo más clásico.

Frente a las graciosas, revueltas perogrulladas de sus *bernardinas*, las *pullas* de la buenaventura se suceden sobre todo en desarrollo lineal de un concreto periplo somático, abarcador de ambos cónyuges y contagiado de claros sentidos obscenos. Con harta intención está ausente de allí la cara, parte más noble del cuerpo y espejo del alma, como si quisiera decir que estos personajes no son más que una baja y elemental biología. Comenzando por las *manos*, el poema rinde su grotesco viaje en las frágiles *espaldas* de la señora, tras haber dado vista a sus *antípodas* y a cierto *sol*[9] no tan eufemísticos. *Pulla* antológica es la que denuncia los culpables jugueteos del teniente, demasiado aficionado como se sabe a "arrimar la vara". La frase se halla claramente calcada sobre otras como *doblar* o *torcer la vara*, muy usadas en la época a modo de perífrasis eufemísticas para 'injusticia, cohecho', aludiendo a *vara* como insignia de autoridad civil. Así, el mismo Cervantes en *Pedro de Urdemalas*: "De vos, Crespo, será tan bien regida / Que no la doble dádiua ni ruego" (Jornada primera). Y en Lope: (*El niño inocente de la Guardia*, acto I):

> Aquí, en Francia, son hombres de buen pecho
> los ministros, notarios y escribanos;

mismo son "más abundantes en novelas picarescas, comedias de enredo y entremeses que en obras literarias" (Sobejano, *op. cit.*, pp. 250 y 256).

9 "Entre los rayos de tu sol (*in cunno*)" (Pierre Alzieu, Yvan Lissorgues y Robert Jammes, *Floresta de poesías eróticas del Siglo de Oro*, Recherche France-Ibérie, Toulouse, 1975, 88, 16). *Sol*, símbolo de "generative heat, fertility", en Ad de Vries, *Dictionary of Symbols and Imagery*, North Holland, Amsterdam-Londres, 1974.

no hay hombre descompuesto o que presuma
torcer la vara, ni afrentar la pluma.

Sólo que la vara en este caso no se *tuerce* ni *dobla*, sino que se *arrima*[10] en toda su entereza y en un obvio sentido sexual, dando así causa justificada a los celos de la tenienta. La dicha *vara* se halla, de nuevo, determinada por su etimología, que no ofrecía ninguna duda para Covarrubias: *Latine virga, quasi verga, a virga*. Su verdadero sentido es, por supuesto, el de *verga* 'pene', no poco frecuente en la época.[11] Semejante *pulla*, situada al comienzo del poema y dirigida al esposo, equilibra a su final con la no menos arriscada del lunar cercano a los "oscuros valles"[12] de su mujer. *Antípodas*, con su implícito recurso a la idea de redondez, se orienta hacia las mismas fronteras anatómicas. Francesillo de Zúñiga había hablado de las amplias *antífonas*[13] de la obesa doña Germana de Foix.

Se agrupa otra serie no menos intencionada en torno a una idea extraña e inesperadamente eclesiástica. Pues resulta que la doña Cla-

---

10 *Arrimarse*, "llevar o practicar el queridaje o amancebamiento; relaciones amorosas no legalizadas", según José Luis Alonso Hernández, *Léxico del marginalismo del Siglo de Oro*, Universidad de Salamanca, 1976. Véanse también los textos correspondientes a *arrimada* y a *arrimadillas* en Alzieu, Lissorgues y Jammes, *op. cit.*

11 "Se llama también el miembro de la generación de los animales mayores" (*Dicc. Aut.*) Ejemplos en Alonso Hernández, *op. cit.* Para su lexicografía diacrónica, Camilo José Cela, *Diccionario secreto*, Alfaguara-Alianza, Madrid, 1971, t. 2. En 1588, el mismo Cervantes dio un soneto laudatorio para el libro del doctor Francisco Díaz titulado *Tratado de todas las enfermedades de los riñones, vexiga y carnosidades de la verga y urina*.

12 "Y aunque sintió haber entrado / el cura en el valle ajeno / *nunca me dijo / malo ni bueno*", Alzieu, Lissorgues y Jammes, *op. cit.*, p. 174.

13 "Y una noche estando con ella en la cama, tembló la tierra (otros dicen que las antífonas desta Reina)", *Crónica burlesca del Emperador Carlos V*, ed. Diana Pamp de Avalle-Arce, Barcelona, Crítica, 1981, p. 140. Es aquí aplicable la nota de Alzieu, Lissorgues y Jammes, *op. cit.*, 91, 15.

TRABAJOS Y DÍAS CERVANTINOS   89

ra tiene ya mucho andado, con "más de cuatrocientas rayas", para un incongruo destino de *abadesa*, que no puede hallarse más alejado de sus inclinaciones, no poco galantes como ya se ha visto. Lo mismo cabe decir de la hija aún no nacida, cuya belleza "rubia y blanca" no parecería tampoco anticipar una vocación de *religiosa* y menos aún el cargo de *prelada*, si no es ya a título de herencia biológica de su madre. Se reserva también para ésta el orgullo de ver al hijo *canónigo*, si bien podrá serlo en cualquier Iglesia menos en la de Toledo.

   Bajo un momentáneo aire de respetabilidad no dejaban de manifestarse aquí intenciones tan definidas como injuriosas. La asimilación *monja-ramera* se hallaba muy viva en la lengua popular del momento. En Juan de Luna (1620) leemos: "Al cabo de pocos días vi a la doncellica *religiosa* en la casa de poco trigo".[14] *Monja de la P.*[15] tenía un significado inconfundible y Quevedo se refirió, creador como siempre, a "las hermanitas del pecar",[16] mientras que se llamaba *ermita* a la 'botica de la ramera'.[17] *Abadesa* significaba, entonces como ahora, 'puta vieja' y, por extensión, 'alcahueta'.[18] Así, en la jornada primera de la *Tinelaria* (1517) de Torres Naharro:

14 *La segunda parte de la vida de Lazarillo de Tormes*, ed. E.R. Sims, Austin, University of Texas, 1928, p. 65.

15 Alonso Hernández, *op. cit.*

16 "Tasa de las hermanitas del pecar hecha por el fiel de las putas", *Obras completas en prosa*, ed. L. Astrana Marín, Madrid, Aguilar, 1945, p. 87.

17 Alonso Hernández, *op. cit.*

18 El *Dicc. hist.* aduce textos que se extienden de 1517 a 1942, correspondientes para la etapa contemporánea a varios repertorios hispanoamericanos y a escritores como Pío Baroja. "Las señoras abadesas" en contexto también obsceno, Jack Weiner, *El Cancionero de Sebastián de Horozco*, Berna, Herbert Lang, 1975, p. 207. "Pardon, je voulais dire de monastère" (Maupassant, *La Maison Tellier*).

BAR. ....
    Buscam'ora por allá
    una dessas putas viejas
BAR. ¿Abadessa?
ESC. Y aunque sea prioressa.

Preciosa se refiere, naturalmente, a un monjío de esta especie *non sancta*, pues reconoce en la señora cualidades rameriles en un grado de verdadera preeminencia abacial. Si llega a tener una hija, tampoco le es difícil vaticinar que ésta habrá de seguir los mismos ilustres pasos, como astilla que será de tal palo. Las que podemos llamar serie somática y serie eclesiástica o monjil terminan por coincidir de esta forma en una misma imagen fornicante de intenciones en alto grado vejatorias.

Hay un cambio de clave en lo relativo al hijo canónigo, porque la rotunda afirmación de que no lo será de Toledo significa, simplemente, que no podrá ofrecer las credenciales de limpieza de sangre que el famoso Estatuto del arzobispo Silíceo (1547) ha vuelto indispensables para el goce de cualquier beneficio en el primer cabildo del reino.[19] La gitanilla no está dispuesta a quedarse con nada dentro del cuerpo y recurre a *pullas*, si cabe, de aún más grueso calibre. Por si no hubiera dicho bastante de la tenienta, Preciosa la tacha, además, de ser *ex illis*, llamándola así, en su misma cara, *puta judía*. Hay cambio, pues, de clave, pero siempre sobre un mismo carril de infamia que consolida las dos obscenidades de sexo y de linaje, conforme a un claro paradigma de época.[20] La buenaventura se ha vuelto una denuncia

19 Amplia discusión y datos acerca del mismo en Albert A. Sicroff, *Les statuts de 'pureté de sang' en Espagne du XVᵉ au XVIIᵉ siécle*, París, Didier, 1960; "Los estatutos de limpieza de sangre", en Antonio Domínguez Ortiz, *Los judeo-conversos en España y América*, Madrid, Itsmo, 1971, pp. 79-104.

20 La asimilación de ambos deshonores queda perfectamente ilustrada por una anécdota que trae fray Juan de Pineda en sus *Diálogos familiares de la agricultura cristiana*: "Yo sé de uno de mi facultad [médico], que, llevándole a vistas con la criada de un

integral, burla deshumanizadora que arranca, una tras otra, las hojas de parra y sucesivamente expone a vista de todos las vergüenzas corporales del teniente y de su esposa. Tras ello, un verdadero ensañamiento sacará también a relucir las faltas de conducta privada y hasta las lacras de la misma sangre.

Tan agresivo proceder de la gitanilla responde, como veremos, a causas justificadas y no es caprichoso ni gratuito. Más aún, el poema queda integrado a la estructura narrativa, en cuanto culmen del episodio del teniente, por los segmentos transicionales que suponen la acogida y el adiós de Preciosa en casa de éste. Es allí donde surge el conflicto, cuya lógica correlativa provoca el recurso a un lenguaje ya militante, pero ceñido por el momento a un plano de virtualidad[21] semántica. Se imponen allí las que Mikhail Bakhtin llama, al tratar de las metáforas somáticas del lenguaje carnavalesco, "alogical spheres of unpublicized speech",[22] bajo las cuales la palabra más

---

caballero, después de parlar un rato en buena conversación, ella le dijo en secreto que no le quería engañar en cosa tan grave y que supiese había errado, aunque ninguno lo sabía, por tanto que viese lo que le complía; y él se lo agradeció mucho y la tuvo por muy discreta, y la dijo que él quería descubrirla otra falta en pago de la suya, que era un poco judío, y que no quería que ella lo supiese de boca ajena; y ambos se casaron y vivieron muy contentos" (ed. J. Meseguer Fernández, Madrid, Atlas, 1964, t. 4, p. 28).

21 Entra aquí en juego la teoría sobre el *virtuema* o sema variable y no denotativo formulada por B. Pottier, *Présentation de la linguistique. Fondements d'une théorie*, París, Klincksieck, 1967, p. 27. Como observa Pierre Guiraud, "il n'est guère de verbe actif, et plus particulièrement de verbe transitif, ni de nom d'agent, d'instrument ou de patient, qui ne contiene une image sexuelle en puissance, prête à se concrétiser au moindre clin d'oeil", *Sémiologie de la sexualité, Essai de glosso-analyse*, París, Parot, 1978, p. 109. Véase también "L'écriture-calembour" en su aplicación a la lengua del erotismo, en C. Delacampagne, "L'ecriture en folie", *Poétique*, 1974, núm. 18, pp. 160-175. Sobre la presencia en la obra de expresiones de doble sentido, desconcertantes incluso para los mismos personajes, Harri Meier, "Personenhandlung und Geschechen in Cervantes' *Gitanilla*", *Romanische Forschungen*, 51 (1937), pp. 153 y 160.

22 "All these alogical spheres of unpublicized speech are manifested in modern times only when the serious goals of language have been dropped, when men are placed in

usual e inocente desarrolla donde menos se espera un filo agresivo, adaptándose a semas insultantes y obscenos diestramente manipulados. Por supuesto, se halla de por medio el poder destructor de la imagen eufemística, origen de inesperadas pero no desconocidas polisemias que tocan ya en las mismas fronteras de la lengua como instrumento de comunicación. El resultado, válido para todo el episodio, son dos textos fundidos en uno que sólo revela su plenitud expresiva a través de una "lectura estereoscópica"[23] a la vista de dichas virtualidades. Es decir, de lo que hasta ahora ha rehusado hacer la crítica, pero divertía de lo lindo al lector contemporáneo. Y como opinaba don Alberto Lista, "todo el que hace reír tiene razón".[24]

La buenaventura acota después un espacio donde irrumpe, al fin, una libertad expresiva incompatible, al parecer, con la deferencia impuesta a Preciosa por el inconmesurable desnivel social de las

conditions of extreme familiarity and engage in an aimless and uncontrolled verbal game, letting their imagination run from serious lines of thougth" (*Rabelais and his World*, Cambridge, M.I.T. Press, 1968, pp. 421-422). "In these unpublicized spheres of speech all the dividing lines between objects and phenomena are drawn quite differently than in the prevailing picture of the world" (*ibid.*, p. 421). No es preciso encarecer la confirmada destreza mostrada por Cervantes en tal terreno (entremés de *El viejo celoso*, etc.). Véase también Donald McGrady, "The sospiros of Sancho's Donkey", *MLN*, 88 (1973), 335-337 y el estudio del mismo "Notas sobre el enigma erótico con especial referencia a los *Cuarenta enigmas en lengua española*", *Criticón*, 1984, núm. 27, pp. 71-108.

23 Claude Allaigre y René Cotrait, "*La escribana fisgada:* estratos de significación en un pasaje de *La pícara Justina*", *Hommage des hispanistes français à Noel Salomon*, Barcelona, Ed. Laia, 1979, p. 47. Aunque en modo alguno sea posible considerar la buenaventura de Preciosa como imitación de *La pícara Justina*, sí es cierto que no deja de ofrecer aquélla un fuerte sabor de época nada indiferente a las técnicas allí masivamente desplegadas por López de Úbeda. La polémica cercanía de ambos autores fue puntualizada en su día por Marcel Bataillon, "Urganda entre *Don Quijote* y *La pícara Justina*", en *Pícaros y picaresca*, Madrid, Taurus, 1969, pp. 53-90.

24 "Nueva edición de las obras festivas en prosa y verso de D. Francisco de Quevedo y Villegas", *Ensayos literarios*, Sevilla, 1844, p. 152.

personas a que ha de entretener. Lo que ocurre es que la gitanilla arde en su fuero interno desde el instante en que se da cuenta de que no ha de sacar de aquella casa más que hueros piropos a sus gracias naturales. Es claro que se están riendo de ella cuando le dicen no disponer de moneda de oro, plata ni cobre con que ni siquiera santiguar la quiromancia. Bajo apariencia inocente, la ofensiva se entabla en torno al menguado *ersatz* supuesto por el dedal de plata que ofrece una de las doncellas.

–Niña, ¿hará algo al caso que se haga la cruz con un dedal de plata?
–Antes –respondió Preciosa– se hacen las cruces mejores del mundo con dedales de plata, como sean muchos.
Uno tengo yo –replicó la doncella–: si éste basta, héle aquí, con condición que también se me ha de decir a mí la buenaventura.

Lo terrible en dicho texto es la ambigüedad que contagia la semántica de *dedal*. No es de olvidar que el campo de la costura, hilado, etc., ha estado desde siempre míticamente unido con la idea de la mujer como sujeto erótico,[25] de donde viene, por ejemplo, la *chanson de toile* en la tradición medieval francesa. Y mucho más cercano el caso de Celestina, bajo cuyo primer confesable oficio de *labrandera* "muchas mozas de estas sirvientes entraban en su casa a

---

[25] "There is a mystic connection between female initiations, spinning and sexuality. Even in developed societies, girls enjoy certain prenuptial freedom, and their meetings with boys take places in the houses where they gather to spin" (Mircea Eliade, "Spinning, Weaving, and Sexuality", en *Myths, Rites, Symbols*, New York, Harper Books, 1975, t. 2, p. 415). Sobre el *hilar* carnavalesco véase Agustín Redondo, "Tradición carnavalesca y creación literaria. Del personaje Sancho Panza al episodio de la ínsula Barataria en el *Quijote*", *Bulletin Hispanique*, 80 (1978), p. 63; y acerca de la *chanson de toile*, Pierre Jonin, "Les types féminins dans les *Chansons de Toile*", *Romania*, 91 (1970), pp. 433-466.

labrarse y a labrar camisas y gorgueras y otras muchas cosas" (auto I). Pero como derivado, a la vez que imagen complementaria, de *dedo* 'pene', *dedal* se usaba frecuentemente con el sentido de *cunnus*.[26] Entre muchas ilustraciones posibles, se impone citar aquí la muy gallarda de Góngora en su romance de 1585 "Ahora que estoy despacio":

> Comadres me visitaban
> que el pueblo tenía muchas;
> ellas me llaman compadre
> y taita sus criaturas.
>   Lavábanme ellas la ropa,
> en las obras de costura
> ellas ponían el dedal
> y yo ponía la aguja.

No menos también el diálogo en lengua española "muy claríssima" de *La Lozana andaluza* (Mamotreto segundo):

> TÍA. ...que aquel mercader que vino aquí ayer me dijo que cuando torne, que va aCáliz, me dará remedio para que vos seáiscasada yhonrada, mas querría él quesupiéredes labrar.
>
> LOZANA. Señora tía, yo aquí traigo el alfiletero, mas ni tengo aguja ni alfiler, que dedal no faltaría para apretar.

---

26 Así en el equívoco acertijo *A un dedal de oro*. "Es redondo y de un metal / tan dulce para las damas / que dejan de ser doncellas /por él y dentro un horado / tiene, y de fuera mil mellas. / Por éste un miembro humanal / se mete, y tan bien alcanza / que no le hiere la lanza / de un ojo, ni le hace mal" (Alzieu, Lissorgues y Jammes, *op. cit.*, p. 302). Para "dedo" *mentula*, véase *ibid.*, pp. 76 y 36; sobre *digitus y manus*, J.N. Adams, *The Latin Sexual Vocabulary*, Baltimore, Johns Hopkins University Press, 1982, p. 209.

Hablar en tales contextos de un dedal *de plata* es modo de encarecerlo como objeto de calidad y altamente deseable. Pero dicha mención del precioso metal establece, además, un puente de asimilación con las "manos de plata" de su señora la tenienta y los semas, como de costumbre escabrosos, que en aquellas van implícitas. Si la *plata* se dice ausente de las faltriqueras, no deja, en cambio, de hallarse al parecer bien escondida en las mismas personas.

Hay, pues, su poco o su mucho de desvergüenza en aquel "uno tengo yo", así como en la pregunta, no tan doncellil, sobre si puede "hacerse la cruz" con un "dedal de plata". Porque, en este plano del sobreentendido eufemístico, *cruz* asumía también más de un significado obsceno, entre ellos los de 'postura sexual' y 'genital femenino',[27] además de 'ingle' y del valor de *cruzar* como 'procreación animal'. Toda esta picardía era bien conocida del Arcipreste de Hita, como se ve en su zéjel de *Cruz cruzada*, y no menos también por Preciosa al garantizar lo que cabe muy bien hacer o no hacer cuando se dispone de un "dedal de plata". Y el mismo juego de *pulla* virtual en torno a la dilogía de *dedal* persiste, reanudado, en el momento de la despedida, cuando la dueña de éste reclama su devolución y obtiene condigna respuesta:

–Señora doncella –respondió Preciosa–, haga cuenta que se la he dicho, y provéase de otro dedal, o no haga vainillas hasta el viernes, que yo volveré y le diré más venturas y aventuras que las que tiene un libro de caballerías.

27 Claude Allaigre y René Cotrait, "Foissonnement du sens et niveaux de lecture dans la 'trova cazurra' de Juan Ruiz", *Revue des Langues Romanes*, 80 (1973), pp. 69 y 71. Y más claramente aún en el intercambio obsceno acerca de *cruz* entre caballero y dama en el Valladolid de hacia 1605, cuando ella responde: "Así debe ser, que la mía está en jardín y la vuestra en muladar" (Tomé Pinheiro da Veiga, *Fastiginia o fastos geniales*, trad. N. Alonso Cortés, Valladolid, 1916, p. 82).

El contexto, hasta ahora examinado vuelve asimismo malicioso este consejo sobre abstenerse de hacer precisamente *vainillas*, al menos por unos cuantos días. Con mucho donde elegir dentro de la amplia terminología de estas labores,[28] se recurre a un diminutivo de *vaina*. De nuevo, una lexía inserta en la serie del erotismo somático por la obvia sugestión etimológica a *vagina*. Su sentido no es, pues, sino un escepticismo implícito acerca de la oficial y pregonada "doncella" del dedal de plata, así como de todo su sospechoso *hacer*.[29] El ingenio de Preciosa sabe cómo callar, implacable, a todo adversario.

Es de notar cómo ambas zonas de asumida virtualidad expresiva han sido calculadas para servir de prólogo y epílogo al agresivo discurso de la buenaventura. Sin dejar de constituir un diálogo apropiado a la básica situación de recompensa negada, el lenguaje penetra en un terreno definido por la complicidad en torno a efectos cómicos de un erotismo crudamente somático. La hábil preparación en torno a *dedal*, lexía ligada conceptualmente al valor sexualizado de la mano, conduce sin transición brusca al "Hermosita, hermosita, / la de las manos de plata". Sin todo este previo discurrir sólo cabría ver en tales palabras una simple fórmula de cumplimiento a las blancas manos de la dama. Pero dentro de un contexto de tal naturaleza, el lector volverá sobre sus propios pasos para preguntarse si aquello de *manos de plata* no ha de esconder también su gota de ponzoña. Porque el sentido habitual de dicho elogio es, a su vez, encarecedor de una gran destreza o habilidad aplicada a exigentes o menudas tareas, como ilustra el *nom de guerre* de "Manitas de plata", asumido en nuestros días por un famoso

---

28 Explicada en Isabel Turmo, *Bordados y bordadores sevillanos (siglos XVI a XVIII)*, Sevilla, Laboratorio de Arte, 1955.

29 Abundantes ejemplos de "hacer" (*futuere, concumbere*, etc.) en Alzieu, Lissorgues y Jammes, *op. cit.*

guitarrista o *tocaor* flamenco.[30] Pero después de saber lo que ya se sabe acerca de la tenienta doña Clara, es válida cualquier perplejidad acerca de la clase de labor o instrumentos en que Preciosa desea adjudicarle tan alta distinción.

¿A qué apuntan estas páginas? La presentación del personaje dejó ya en claro que Preciosa "con todo esto era algo desenvuelta; pero no de modo que descubriese algún género de deshonestidad". Lo que se entiende por tal "desenvoltura" inculpable de la gitanilla va a quedar muy pronto aclarado por su rápida respuesta a la impertinencia de cierto "modorro" de la corte:

> Otro más humano, más basto y más modorro, viéndola andar tan ligera en el baile, le dijo: "¡A ello, hija, a ello! ¡Andad, amores, y pisad el polvito atán menudito!" Y ella respondió, sin dejar el baile: "Y pisárelo yo atán menudó!"

Los anotadores explican aquí, puntuales, la alusión al popularísimo baile del *polvico*, pero lo que ninguno añade es la conocida

---

30 De nombre Ricardo Ballado. De entre su discografía, Vanguard SD 79203. Las fórmulas adulatorias aparecen, por lo demás, como características de estas situaciones. La Gitana de la *Eufemia* de Lope de Rueda: "Dioz te guarde, zeñora honrada, Dioz te guarde, y una limoznica, cara de oro, cara de siempre novia, daca; que Dioz te haga prosperada y te dé lo que desseas, buena cara, buena cara!". (*Teatro*, ed. J. Moreno Villa, Madrid, Espasa-Calpe, 1984, p. 82). La Lucinda de *El Arenal de Sevilla* se dirige a sus clientes llamándolos "cara de rosa", "cara de pascua", "esa generosa mano", "mano de caballero" en el caso de unos capitanes, y "cara buena, cara hermosa" en el de una dama (su rival). Un caballero que se hace pasar por gitano pide allí entrada, suplicante, con un "ábreme, cara de plata". Tales expresiones debían considerarse como clichés de habla gitana, pues los personajes recurren a ellas a modo de máscara. La misma Lucinda confiesa que trae "estudiado el parlamento" (acto segundo) para fingirse gitana. Un cumplimiento acerca de la mano era también formulaico en estas prácticas de quiromancia. Así en la *Farsa das ciganas* de Gil Vicente: "Qué mano, qué siño, qué flúrez!", "Dáme acá, dulce serena, / esa mano cristalina", "O brancas manos de Izeu" (*Obras*, pp. 646 y 647).

acepción de *polvo*, 'coito, fornicio'. Podrá parecernos mucho atrevimiento para una jovencita, pero el *bon mot* de Preciosa no responde
sino a una moda del ingenio de la época y a lo que sabemos se espe-
raba de toda dama experta en usos de corte.[31] Por lo demás, la misma gitanilla va a dejar en claro poco después "que llega mi honestidad a mi desenvoltura".[32]

De este modo la quiromancia de Preciosa va mucho más allá de
acreditar la ya establecida "desenvoltura" de la muchacha. El poema
cifra una situación novelística de hondo significado y éste se halla
prefectamente servido por un ejemplo antológico conforme a la modalidad bufonesca de la literatura del "loco". Cervantes no deja de
seguir también aquí un rumbo prescrito por el humanismo cristiano,
gran defensor del concepto paulino de la locura sabia, elevado a su
máxima expresión por la *Moria* erasmiana,[33] y dentro del cual ha-

31 Como observa Alan S. Trueblood, "live conversation was already very much an art in its
own right, one inherited by the Spaniards from the Renaissance Italy", en cuanto una aplicación práctica de la literatura del ingenio: "The live conversations recorded in a work like
the *Fastiginia* of Pinheiro da Veiga prove how agile and daring actual talk could be" (*Experience and Artistic Expression in Lope de Vega. The Making of La Dorotea*, Cambridge,
Harvard University Press, 1974, p. 386). La respuesta de Preciosa no se halla, en efecto,
muy lejos del tono de la dada al discreto portugués (amigo personal de Cervantes) por unas
damitas vallisoletanas que comían cerezas (Tomé Pinheiro da Veiga, *op. cit.*, p. 66).

32 Esta "desenvoltura" de Preciosa es vista como epidesarrollo de un concepto escolásti-
co de castidad fundado en *temperantia* por J.L. Woodward, 'La gitanilla', *Cervantes. Su
obra y su mundo*, Actas del I Congreso Internacional sobre Cervantes, Madrid, Edi-6,
1981, t. 1, p. 448.

33 El carácter bufonesco de la *Moria* erasmiana ha sido objeto de intenso estudio a partir
del de Barbara Swain, *Fools and Folly During the Middle Ages and the Renaissance*,
Nueva York, Columbia University Press, 1932, pp. 135-156. Hitos de interés en la bibliografía posterior, Walter Kaiser, *Praisers of Folly. Erasmus. Rabelais. Shakespeare*, Harvard University Press, Cambridge, 1963; y Donald Gwyn Watson, "Erasmus' 'Praise of
Folly' and the Spirit of Carnival", *Renaissance Quarterly*, 32 (1979), pp. 333-353. Véase
también "Le morosophe ou fol-sage", en Maurice Lever, *Le sceptre et la marotte*, París,
Fayard, 1983, cap. 6. Para el caso particular de España, Martine Bigeard, *La folie et les
fous littéraires en Espagne 1500-1650*, París, 1972, pp. 8, 125 y 134-135.

bría de escribirse el *Quijote* mismo. Sondeaba además, en otro sentido, la plena responsabilidad de comprender, en discrepancia con sus tiempos, la realidad social del gitano,[34] vista en último término como un problema de dignidad humana.

Todo queda perfectamente cifrado en aquel divertido poema. La buenaventura concentra y resume sin vacilación la enemiga profesada por la gitanilla a cuanto se relaciona con el teniente y su "estéril" casa de la corte. Determina ésta un ámbito narrativo marcado de primera intención por un aire lujurioso torpemente material, donde todos viven una envilecida hipocresía y nada es como aparenta, desde la vida privada de los amos hasta el "dedal" de la supuesta doncella. Cervantes no ha podido concebir el episodio sino apuntando a blancos muy específicos, y es aquí donde encaja, oportuna, la reciente interpretación de A.G. Forcione, que ve en aquel cuadro la condena de un matrimonio pervertido, justo al uso de la vida de corte y reverso del ideal puesto a prueba por los jóvenes enamorados.

---

34 Como pone de relieve J.B. Avalle-Arce, "escribir una novela poblada por tipos literarios extrarradiados por las letras de la época, y que actuaban como definitorios de la novela a leer desde el propio título, todo esto constituía audacia y seguridad creativas" (Cervantes, *Novelas Ejemplares*, Castalia, Madrid, 1982, t. 1. p. 21). El compromiso cervantino con una objetividad de hecho favorable al grupo gitano es igualmente básica para los renovadores estudios de Marie Lafranque, "Encuentro y coexistencia de dos sociedades en el Siglo de Oro. *La gitanilla* de Miguel de Cervantes", *Actas del V Congreso Internacional de Hispanistas*, Burdeos, Instituto de Estudios Ibéricos e Iberoamericanos, 1977, pp. 549-561, y de Isaías Lerner, "Marginalidad en las *Novelas Ejemplares*. I *La gitanilla*", Lexis, 4 (1980), pp. 47-59. Para la tradición del gitano en la escena y el caso particular de *Pedro de Urdemalas*, Jean Canavaggio, *Cervantes dramaturge*, París, P.U.F., 1977, p. 123. Sobre el caso del gitano en el mapa de la marginación española de la época, cf. Jean Vilar, "Le picarisme espagnol: de l'interférence des marginalités à leur sublimation esthétique", *Les marginaux et les exclus dans l'histoire*, París, Union Générale d'Éditions, 1978, pp. 29-77; la característica "superstition divinatrice", p. 42. Para la situación del gitano de la época, las breves pero indispensables páginas de Antonio Domínguez Ortiz, "Documentos sobre los gitanos españoles en el siglo XVII", *Homenaje a Julio Caro Baroja*, Madrid, Centro de Investigaciones Sociológicas, 1978, pp. 319-326.

Pero aun si esto es básicamente aceptable, dista de justificar tanto la virulencia satírica de Preciosa como la modalidad expresiva por la cual ésta se rige. ¿Y de dónde conceder tanto relieve a un mero elemento de contraste? Porque la gitanilla no predica con su buenaventura contra esto ni aquello, sino que reacciona y sale airosa ante una situación y ante un personaje que tiene delante. Para entenderlo es preciso volver a las circunstancias de la novela y partir de un dato fundamental y presente desde el primer momento:

> Llegóse el tiniente, que era curioso, y escuchó un rato, y por no ir contra su gravedad, no escuchó el romance hasta la fin; y habiéndole parecido por todo extremo bien la gitanilla, mandó a un paje suyo dijese a la gitana vieja que al anochecer fuese a su casa con las gitanillas, que quería que las oyese doña Clara, su mujer.

Quiere decir con esto que el teniente ha ejercido con ellas la prerrogativa de su cargo y que Preciosa no va a su casa sino obligada y en cumplimiento de una orden. La situación ofrece de por sí un carácter tenso, pues, como miembro de un grupo hostilizado, el gitano tiende a distanciarse físicamente de una autoridad que acostumbra a mirar sólo como amenaza y no se halla a gusto junto a sus detentadores. En este caso, el alto oficial de la corte encarna para las gitanas un poder destructor y absoluto, con el que hay que contemporizar por encima de todo, haciendo de tripas corazón y poniendo a mal tiempo buena cara. En nuestros días, Cervantes habría enviado a Preciosa a actuar en casa de un jefe de la guardia civil. Este planteamiento de abusiva desigualdad, supone una coacción a prueba de buenas palabras y es clave de cuanto Preciosa hace y dice a lo largo de todo el episodio. La temperatura sube todavía muchos grados cuando aquélla se da cuenta de que, para colmo, habrá de salir de allí con las manos vacías. El diálogo que ocasiona la frustrada búsqueda de una solitaria moneda es, por supuesto, pura burla instantáneamente captada por la gitanilla. La idea de tanta penuria en torno al lucrativo y por lo común corrupto cargo es *per se* inaceptable para la muchacha, muy ajena en esto a la candidez con que los críticos modernos suelen darla por buena.[35] Por el contrario, reviste todo aquello el carácter de una broma premeditada, puesta de acuerdo tal vez con la esposa mediante el aviso de la visita de las gitanas. Tiende a confirmarlo así la perfecta continuidad con que el teniente prolonga después la comedia, declarándose también sin blanca. Su intención de siempre ha sido cumplir con Preciosa como con una mendiga, según traiciona al sugerir a doña Clara que le dé "alguna valoncica vuestra, o alguna cosita".

Ahora bien, Preciosa es lo que hoy llamaríamos una artista profesional, muy hecha, dentro de su humildad, a verse generosamente recompensada (como tanto remacha el texto) por su donaire, ingenio y belleza.[36] A falta de otras virtudes, la corte no es tacaña, al menos, con

35 Como el mismo Icaza (*op. cit.*, p. 112) con sus datos, que cree comparables, acerca de la absoluta pobreza que a veces caía sobre la misma casa real. Olvida mencionar, dentro de dicho cuadro, el contraste con la opulencia de favoritos y oficiales abiertamente dados al cohecho. Es claro que *La gitanilla* no censura al rey, sino a una administración corrupta y al mal ejemplo de la corte, entendiendo por tal la alta esfera madrileña. Por lo demás, es también de notar que la *Farsa das ciganas* de Gil Vicente ilustra la misma situación de falta de generosidad por parte de las damas a quienes han dicho la buenaventura, y así la despedida de las gitanas Cassandra, "Señuraz, con benedición / Os quedad, puez no dais nada" y Lucrecia, "No vi gente tan honrada / Dar tan poco galardón" (*Obras*, p. 650).

36 El detalle de la abundante recompensa económica de Preciosa sólo ha sido comentado por Güntert, para quien constituye una extensión de la básica imagen narrativa Preciosa = joya = Poesía y por ello "nunca se exhibe en público sin cobrar, pero al mismo tiempo se distingue de su ambiente por conservar entera su pureza en medio de una vida libre, demasiado libre, como es la de los gitanos" (*art. cit.*, p. 109). Sin necesidad de ir tan lejos, la ganancia de Preciosa en la corte se acredita como un rasgo realista, hábilmente puesto a contribución por la estructura narrativa. En cuanto a la vida ejemplarmente casta de Preciosa, es útil recordar que las abundantes quejas y legislación de la época no acusan nunca de liviandad a las gitanas. La fidelidad conyugal de éstas era una realidad observa-

unas dotes privilegiadas para el canto y la danza. La gitanilla aborrece, por eso, el tener que hacer su oficio contra su voluntad, divirtiendo a su natural enemigo y, para colmo, de balde. Sus jornadas por plazas y casas nobles de Madrid han de verse como duro trabajo, ejercido con la mayor honradez personal y artística, en desempeño de una seria responsabilidad hacia los intereses de su aduar. Y en esta caracterización de la actividad "laboral" de Preciosa surge, de nuevo, un testimonio firme del exacto conocimiento cervantino de las estructuras sociales del grupo gitano. Las cosas apenas han cambiado y recientes estudios de campo insisten también en el prescrito carácter estable y cotidiano de la aportación económica de la mujer gitana, por contraste con la más voluminosa, pero aleatoria función de la actividad masculina.[37]

ble hasta el punto de constituir un tópico particularmente molesto para Lope, que les encontraba aquel gran "defecto". Así los capitanes que miran a una guapa gitana en *El arenal de Sevilla*: Cast. "¡Bella mujer!". Faj. "Hay de aquestas / algunas limpias y hermosas". Cast. "Sí, pero muy desdeñosas / y notablemente honestas, / que tienen extraña ley / con sus maridos" (acto segundo). No cabe decir, pues, que en este aspecto resulte Preciosa una criatura inmune a la influencia del medio ambiente, como mantiene Frank Pierce, "*La gitanilla*: A Tale of High Romance", *Bulletin of Hispanic Studies*, 54 (1977), p. 284. La realidad en esto era, pues, totalmente opuesta a lo que creen Franz Rauhut ("Consideraciones sociológicas sobre *La gitanilla*", *Anales Cervantinos*, 3 (1953), p. 146) y más aún Joaquín Casalduero, con su "nada de gitanismo, sino platonismo tridentino" (*Sentido y forma de las "Novelas Ejemplares"*, Madrid, Gredos, 1969, p. 73).

37 "La mujer tiene como único estímulo positivo el ganar dinero, mientras que cualquier otra motivación tiene un carácter negativo, de presión. Como ya comentamos a su tiempo, en su propio sistema de valores y según los modelos tradicionales, la mujer está más estimulada a ganar dinero que el hombre, sea cual sea la forma" (Equipo Giems, *Los gitanos al encuentro con la ciudad: del chalaneo al peonaje*, Madrid, Edicusa, 1976, p. 178). La buenaventura y otras actividades adivinatorias, a la vez que exclusivamente femeninas, se estudian aquí bajo el epígrafe de *Mendicidad* y se caracterizan por su retribución a voluntad del cliente (p. 83). La consideración de estos hechos permite acotar, una vez más, el contraste entre Preciosa y la otra "gitanilla" Belica de *Pedro de Urdemalas*, la cual se niega a bailar si no es ante el rey y con miras a ser su concubina, para escándalo de su buena compañera Ynés. Se pone así de manifiesto que esta fría y calculadora Belica no es, en absoluto, gitana, sino un miembro al uso de la alta nobleza a que pertenece por su

Sólo así se comprende lo que allí ocurre y la profunda ruindad de la conducta del teniente, que impone, abusivo, a las gitanas un servicio personal, como si ya tuvieran éstas que estarle agradecidas por el mero hecho de no enviarlas a la cárcel. Quiere decir que no estamos sino ante una faceta más de la honda preocupación de Cervantes y otros ingenios contemporáneos (Mateo Alemán, Suárez de Figueroa, etc.) por la obvia degradación de la justicia,[38] cuyos oficiales crecen en arrogancia a medida que se vuelven más corruptos. Preciosa considera al teniente por lo menos capaz, como casi todos, de venalidad, con su "coheche... y no haga usos nuevos", lo mismo que antes dijo también que su vara no se hallaba a prueba de ciertos "arrimos". La novela entera muestra el trato parcial y discriminatorio de que son objeto los gitanos, obligados incluso a depositar fianzas por el mero derecho a acampar en un término concejil.[39] La prisión de un supuesto

nacimiento: "Aunque tan sólo sospecha su ascendencia aristocrática, revela el desprecio tradicional que esta clase social siente por el trabajo ordinario" (Stanislav Zimic, "El gran teatro del mundo y el gran mundo del teatro en *Pedro de Urdemalas*", *Acta Neophilologica*, 10 [1977], p. 78). Desacredita todo esto las interpretaciones de *La gitanilla* como otra *Fuerza de la sangre*, donde las virtudes de Preciosa se justificarían por el carácter inextinguible de su noble prosapia. Pero Cervantes no en vano se ha tomado el trabajo de aclarar que los padres de Constanza, nobles que sólo ven el lado socialmente ventajoso del matrimonio de ésta, distan mucho de ser como ella. Cervantes muestra aquí, una vez más, su baja opinión de la aristocracia tomada como grupo social.

38 El blanco a que apunta Cervantes es tan obvio como para hacer exclamar a González de Amezúa: "¡Hacer usos nuevos llamaba Cervantes a administrar recta y austeramente la justicia! ¡Qué idea tendría él de la venalidad y corrupción de la de su tiempo!" (*op. cit.*), p. 28. Las claras intenciones de Cervantes acerca de este punto son bien resumidas por Isaías Lerner, *art. cit.*, pp. 52-53. Sobre la obsesión cervantina con la justicia, Francisco Olmos García, "El caballero cervantino, juez ejemplar", *Beiträge zur Romanischen Philologie* (Sonderheft, 1976), pp. 114-123.

39 Rafael Salillas señalaba el dato acerca de tales fianzas como totalmente único, fuera de su fidedigna documentación por Cervantes (citado por Julián Apráiz, *Estudio histórico-crítico sobre las 'Novelas ejemplares' de Cervantes*, Vitoria, 1901, p. 24).

gitano se realiza, como sabemos, con lujo de insultos y bofetadas por parte de justicias que no recatan su odio y el mismo desenlace de la obra ilustra a las claras que la justicia no es igual para todos.[40] No se olvide que don Quijote había aconsejado a Sancho un trato digno de los reos: "Al que has de castigar con obras no trates mal con palabras, pues le basta al desdichado la pena del suplicio, sin la añadidura de las malas razones" (II, 42). Y hasta el más que rústico Juan Rana, candidato a la alcadía de Daganzo, incluye entre sus promesas electorales:

> Nunca deshonraría al miserable
> Que ante mí le trajesen sus delitos;
> Que suele lastimar una palabra
> De un jüez arrojado, de afrentosa,
> Mucho más que lastima su sentencia,
> Aunque en ella se intime cruel castigo.
> No es bien que el poder quite la crianza,
> Ni que la sumisión de un delincuente
> Haga al jüez soberbio y arrogante.

Pero en el desenlace de *La gitanilla* se ha de ver todavía a un corregidor, padre de Preciosa, envilecerse como tal juez con esta clase de lenguaje, supuestamente bromista y sin duda harto bien ensayado:

> –¿Cómo está la buena pieza? ¡Que así tuviera yo
> atraillados cuantos gitanos hay en España, para
> acabar con ellos en un día, como Nerón quisiera
> con Roma, sin dar más de un golpe! Sabed, ladrón
> puntoso, que yo soy corregidor desta ciudad, y ven-

---

40 Observación de Franco Meregalli, "Le *Novelas ejemplares* nello svolgimento della personalità di Cervantes", *Letterature Moderne*, 10 (1960), p. 344.

go a saber, de mí a vos, si es verdad que es vuestra
esposa una gitanilla que viene con vosotros.

La buenaventura de Preciosa representa entonces una oportunidad liberadora, en cuanto terreno de excepción en que cobrarse las
cuentas pendientes llamando a las cosas por sus nombres. La presentación ingeniosa salta por encima de la materia rafez, al mismo
tiempo que la intensifica y legitima con el poder vivificador de la
risa. Si todo esto suena hoy extraño y escandalizaba a la crítica posi-
tivista, no ocurría así con la conciencia literaria de la época, hondamente familiarizada con la figura del "loco" o bufón de corte y con
su estética de paradoja.[41] Es preciso entender que el gitano compartía con el loco (y con el judío) una reconocida indignidad o anomia
en cuanto ente de existencia marginada,[42] lo cual bastaba para hacer
de él un bufón nato. Pero, además, dicho ser y no ser le ungía al mismo tiempo con el carácter numinoso de un contacto directo con lo
sobrenatural, de donde también el compartir el don profético atri-

41 Las categorías de ambigüedad, ambivalencia e ironía, reductibles al planteamiento lógico de la paradoja, resumen el legado del Renacimiento activo en toda la tradición moderna, según la tesis de Rosalie L. Colie en su brillante estudio *Paradoxia
Epidemica: The Renaissance Tradition of Paradox*, Princeton, Princeton University
Press, 1966; sobre el carácter paradójico de la literatura de la locura erasmista, véanse pp. 15 y *ss*.

42 La afinidad funcional del "loco" respecto al judío y al gitano, por compartir con
ellos una *infamiae macula*, con la consecuente marginación social, es puesta de relieve
por Anton C. Zijderveld, *Reality in a Looking-Glass: Rationality Through an Analysis
of Traditional Folly*, Boston-Londres, Routledege & Kegan 1982, pp. 86, 113 y 115.
Zijderveld, a su vez, confiesa su perplejidad al encontrar muy escasa evidencia histórica en confirmación de su análisis (p. 115). Al igual que todos los críticos estructuralis-
tas de la literatura del "loco", no tiene la menor noticia del desarrollo de ésta en España
ni del apoyo que en ella podrían encontrar sus mismas tesis. Es curioso cómo en *El arenal de Sevilla* cuando el protagonista y su criado han de disfrazarse de gitanos, comenta este último: "¿No te agradas / de verme en forma de loco?" (acto tercero).

buido a los dementes,[43] origen sin duda de la creencia popular puesta a contribución en la costumbre de la buenaventura. Esta supuesta
facultad adivinadora transforma a Preciosa en mera voz del Hado y,
deshumanizándola en cuanto instrumento o *medium*, la absuelve al
mismo tiempo de responsabilidad en sus palabras. Reducida así a
nada, puede asumir *toda* su humana plenitud y responder a la burla
de que es objeto con otra aún más agresiva y cáustica, como si de repente hubieran cedido por milagro todas las barreras sociales. Tan
cumplida pericia no ya en decir la buenaventura, sino en el ejercicio
del arte bufonesco, se ve que forma parte, por lo tanto, de las "gita-
nerías" transmitidas por la gitana vieja. Preciosa se vuelve allí por
partida doble una "loca", que al ejercer los privilegios de la locura
lúcida conduce, como mandan los cánones, a un despliegue irreverente al servicio de la verdad moral, entendida como un absoluto incorruptible. Y desde luego, también a muchas carcajadas.

---

43 Sobre la idea, universalmente aceptada, del loco cual vehículo de inspiración divina véase Enid Welsford, *The Fool. His Social and Literary History*, Londres, Faber &
Faber, 1935, p. XI. La literatura medieval objetiva en Merlín la figura del loco profético (Penélope B.R. Doob, *Nebuchadnezzar's Children: Conventions of Madness in
Middle English Literature*, New Haven, Yale University Press, 1974, p. 155). El humanista aragonés Jerónimo de Mondragón, al hacer en 1599 un elogio del loco directamente inspirado en Erasmo, recordaba cómo "los turcos los respectan como a santos" (*Censura de la locura humana y excelencias della*, ed. A. Vilanova, Barcelona,
Selecciones Bibliófilas, 1953, p. 151). La noción del carácter sacro de los enfermos
mentales no se había desvanecido en la España de la época, como observa Juan José
López Ibor, "Ideas de Santa Teresa sobre la melancolía", *Revista de Espiritualidad*,
22 (1963), p. 439. En *El príncipe melancólico* (hacia 1588-1595) de Lope de Vega,
un fingido loco dice al rey: "No puedes ver tú mi pecho / porque soy casi divino" (jornada segunda). En *El halcón de Federico* (entre 1601-1605) el loco Perote formula
con gracia la profecía, rigurosamente cumplida, de que el protagonista cobrará a la
dama con un halcón. El mismo origen se reconoce a la irresponsabilidad de la censura del loco: "He was not therefore expected to obey any code, and in this respect medieval tolerance gave the idiot considerable freedom to speak and act in ways for
which others would have been severely punished", Walter Kaiser (*Praisers of Folly.
Erasmus. Rabelais. Shakespeare*, p. 7).

El loco de corte encarnaba entonces la noción del entretenimiento y pasatiempo aristocrático en su forma más pura y refinada.[44] Sociológicamente, el bufón surgía de las filas indiferenciadas
de los *entertainers*, en especial de los profesionales, como Preciosa, del canto y del baile.[45] La entrada ocasional de la gitanilla en dicho papel es, por tanto, espontánea y casi obligada como forma de
acreditar su discreción y entereza mediante una prueba de fuego
para sus dotes de ingenio y dominio de las últimas fronteras de su
oficio. Tanto su actitud, profundamente adversaria bajo una apariencia de total sumisión, como su recurso a los temas del aspecto
inferior del cuerpo,[46] no representan sino su destreza en el manejo
de una gramática literaria bien aprendida. El máximo arte del bufón
consistía, convencionalmente, en zaherir bajo fórmulas externas de
adulación cortesana y el oficio del truhán de corte se comparaba así
al de los perros por su habilidad para "lisonjear mordiendo".[47]

44 El "loco", según el clásico libro de Enid Welsford, "has always been one of the great
recreations of mankind and particularly of civilized mankind" (*op. cit.*, p. XI). El bufón
ejercía sobre todo a la hora de la comida de su señor y como escribe Jerónimo de Mondragón, "parece que los locos tienen de sí... cierta propiedad o virtud oculta para atraher i
ganar las voluntades o las gentes, porque vemos que cada cual se deleita mucho con
ellos, i de los príncipes son tan queridos i estimados. He visto io a príncipes, dexar seca-
mente a hombres mui sabios, por sólo conversar con locos..." (*Op. cit.*, p. 177).

45 Zijderveld, *op. cit.*, p. 5. Sobre la presencia de la actividad musical en la iconografía
de la locura bufonesca, véase Maurizio Bonicati, "La temática della follia in chiave
moralistica: Sebastian Brant e Hieronymus Bosch", *L'Umanesimo e la follia*, Roma,
Abete, 1971, p. 36.

46 "The Grotesque Image of the Body and its Sources", Mikhail Bakhtin, *op. cit.*, cap.
5. Sobre la obligada comicidad obscena del "loco" véase William Willeford, *The Fool
and his Scepter. A Study in Clowns and Jesters and their Audiences*, Evanston, Northwestern University Press, 1969, p. 216.

47 La adulación esperada de los bufones era uno de los tópicos más usuales en la condena moral de éstos. Favorecía este concepto una clásica comparación del truhán con el perro, adulador, pero también capaz de *morder* murmurar, zaherir. El *León prodigioso* de

Preciosa no ha podido ir más allá en este arte, por excelencia cortesano, de insultar con la lisonja y su reverso, que es lo mismo, de lisonjear con el insulto. Para nosotros, su buenaventura cuenta hoy como prodigio del lenguaje al servicio de un concepto de género, problema técnico allí resuelto con la más elegante eficacia. No hay que olvidar que *bernardina* y *pulla* constituían recursos elementales de la comicidad bufonesca, pero que por lo común distan de dar tanto de sí, muy en contraste con los complejos casos de mestizaje y virtualización semántica ya analizados. La *bernardina*, en particular, ilustraba el habla inconexa de la locura, mientras que la *pulla* era considerada una de las piedras angulares del *mester* truhanesco.[48] En la buenaventura de Preciosa, la primera es un elemento de distracción, que entrega a la víctima inerme ante el cuchillo de la lengua bufonesca. Ello es posible porque, a la vez, ésta misma se halla *ab initio* neutralizada y existe al precio de carecer de verdadera capacidad de injuriar o, dicho de otro modo, de existir en cualquier plano que no sea el de *flatus vocis* de un "loco", es decir, puro no ser desde un punto de vista de dinámica social.[49] Como en el caso de su cercano pariente Tomás Rodaja, sus pullas son "las del bufón cuya función de catarsis social era imprescindible al buen equilibrio de la organización estamental".[50]

Cosme Gómez de Tejada los presentaba así embutidos en pellejos caninos, pues "¿quál otro es el oficio de viles truhanes, sino lisonjear mordiendo?", Joly, *op. cit.*, p. 296.

48 *Ibid.*, p. 255. La dependencia de la *bernardina* respecto al *disparate* (fundamental para el lenguaje de la locura) no escapa a la atención de Sobejano, *art. cit.*, p. 241.

49 Lo mismo que rey y bufón son una *coincidencia oppositorum*, el valer todo o nada del segundo queda recogido por la función del *joker* de la baraja, según aguda observación de Willeford, *op. cit.*, p. 212. No menos interesante el caso de la comedia de Lope *El valor de las mujeres* (hacia 1615), donde una dama se hace pasar por bufón bajo el nombre de *Valor*: "Valor sin algún valor", le increpa en cierto momento otro personaje.

50 Jacques Joset, "Libertad y enajenación en *El licenciado Vidriera*", *Actas del VII congreso de la Asociación Internacional de Hispanistas*, Roma, Bulzoni, 1982, 2, p. 617.

El teniente y su esposa conocen perfectamente la clase de refriega que provocaron y en la que salen escaldados, justo como ocurre también a los duques en la segunda parte del *Quijote*. Porque el juego bufonesco llevaba en su centro el trueque de papeles, o sea la burla del burlador y la infamia del exaltado a manos del infame,[51] conducente a una inversión de polos entre príncipe y bufón. Esto es ni más ni menos lo que se entendía por una partida bien jugada y digna de incorporarse al *jestbook* particular de un "loco" de primera clase. Su desenlace era inapelable y los usos cortesanos exigían una aceptación que hoy llamaríamos "deportiva", pues nada había menos ortodoxo desde el punto de vista social que el dignificar a semejante adversario, reconociéndole la dimensión humana de responsable por sus hechos y dichos,[52] *Libenter enim suffertis insipientes: cum sitis ipsi sapientes*, había predicado San Pablo a los corintios (II, 11, 19). Y un personaje de nuestro Lope (*El bobo del colegio*, I):

El verte medio truhán
apenas me determina
para enojarme contigo.

Sobre el bufón como elemento funcionalmente conservador en el seno de sistemas políticos de signo absolutista, véase Zijderveld, *op. cit.*, p. 120.

51 Sobre la afinidad intercambiable de Rey, Sacerdote y Bufón en el seno de una sociedad autoritaria tradicional y sus funciones intercambiables, véase Welsford, *op. cit.*, pp. 195 y 272. Para el ejemplo en esto señero de *King Lear* véanse Josephine W. Bennet, "The Storm Within: The Madness of Lear", *Shakespeare Quarterly*, 13 (1962), pp. 135-155; Willeford, *op. cit.*, pp. 208-225. Ayuda a comprender este aspecto de la radical agresividad del bufón el comentario de este último: "Thus the office of the jester fulfills some of the same functions as the ritualized rebellion in which political subjects express actual and possible resentments against authority. The fact that the rebellion encouraged implies that the social institutions and the persons in power are strong enough to tolerate it; thus it serves the interest of authority and of social cohesion" (*ibid.*, p. 155).

52 Es cierto que el bufón de corte pagaba a menudo con palizas y hasta con la vida, pero esta clase de venganzas se tomaban dentro del más absoluto anonimato. Nadie ha

Cervantes quiere que todo quede en su sitio y no deja de introducir su propio reclamo acerca de una lección magistral conforme a los cánones de la literatura bufonesca. La gitanilla ha demostrado, una vez más, ante aquellos seres sin rostro, "que hazer el loco a su tiempo es el maior saber de todos".[53] En términos de época ha sido todo aquello un gran despliegue no de vulgaridad, sino de cortesanía. La desvergüenza del bufón no era en realidad suya, sino reflejo de quienes le pagaban y que, en este caso, ni siquiera eso hacían. Un "loco" creador o de legítimo ingenio era un hallazgo excepcional, ávidamente buscado, para ofrecerlo, como joya viviente, a algún príncipe,[54] y es justo el caso de *El licenciado Vidriera*, cuya fama "llegando a noticia de un príncipe o señor que estaba en la corte, quiso enviar por él, y encargóselo a un caballero amigo suyo que estaba en Salamanca que se lo enviase". La buenaventura de Preciosa es acogida como corresponde a buenos catadores, con el tributo de la risa y una no velada admiración, porque lo han gozado a fondo con aquel lucimiento a pleno riesgo de su ingenio. Todos han entendido muy bien a la gitanilla, porque nadie es allí bobo y están hechos al trato y rituales del vivir palaciego. El teniente sabe reconocer el tesoro que tiene ante sí y reacciona acorde y previsible, entablando un diálogo perfectamente ilustrador por ambas partes. Nada desearía él tanto como la oportunidad de hacer valer en la corte las gracias de la gitanilla:

sabido jamás quien fue el Grande que mandó asesinar a don Francesillo de Zúñiga. El *Narrenschiff* (1494) de Sebastian Brant considera (n. 68) loco a todo el que toma en serio y se ofende por la burla del "loco".

53 Jerónimo de Mondragón, *op. cit.*, p. 179.

54 Zijderveld aduce el ejemplo del famoso Thoni, bufón de Enrique II, Francisco I y Carlos IX, regalado a los reyes de Francia por su descubridor el duque de Orleans (*op. cit.*, p. 104). Sobre intercambios de locos entre príncipes, véase Lever, *op. cit.*, p. 144. En la citada comedia de Lope *El valor de las mujeres* se presenta al descubridor del "loco" en acto de ofrecérselo al príncipe: "Os traje la mejor pieza / que hay en el húngaro reino, / en

–Mucho sabes, Preciosa –dijo el tiniente–. Calla, que yo daré traza que sus Majestades te vean,
porque eres pieza de reyes.

–Querránme para truhana –respondió Preciosa– y yo no lo sabré ser, y todo irá perdido. Si me
quisieren para discreta aún llevarme hían; pero
en algunos palacios más medran los truhanes que
los discretos. Yo me hallo bien con ser gitana y
pobre, y corra la suerte por donde quisiere.

Pieza de reyes dice el *Diccionario de autoridades*, "se llama
comúnmente el truhán o bufón, y assí al que es sabandija palaciega
se dice que es pieza de rey". Maestra en la grande y (hay que decir)
noble tradición de la bufonería renacentista, Preciosa la rechaza al
mismo tiempo, acogiéndose al lado más estricto de una polémica
moral de la época.[55] Todo esto tiene su importancia, porque la historia tradicional de la niña robada y su final anagnórisis asigna a ésta
(según el relato bizantino de *Apolonio de Tiro*) un papel de juglaresa
que en la versión de *El Patrañuelo* de Timoneda, obviamente conocida por Cervantes,[56] pasa a darla a conocer como *La Truhanilla* y

materia de locuras / y graciosos desconciertos, / sabe tañer y cantar, / sabe hacer famosos
versos" (acto segundo).

55 El argumento de las inmerecidas recompensas y fortuna de los truhanes en la corte
constituía un tema de obligada diatriba moral en la época (sin excluir al mismo Cervantes), conforme a la cara y cruz del tema bufonesco. Planteamiento y abundantes datos en Monique Joly, "Fragments d'un discours mythique sur le bouffon", en *Visages
de la folie (1500-1650)*, eds. A. Redondo y A. Rochon, Université de Paris II, Sorbonne Nouvelle, 1981, pp. 81-91.

56 La relación de *La gitanilla* con el relato bizantino de Apolonio de Tiro fue advertida
por Fitzmaurice-Kelly en su *Historia de la literatura española* (1898). Menéndez Pelayo
(*Orígenes de la novela*, t. 2) se mostró favorable, con más acierto, al precedente supuesto
por la patraña XI de *El Patrañuelo* (1567) de Juan de Timoneda, en cuanto reelaboración

probablemente sugirió la idea de dar a conocer a Preciosa como centro de un episodio de esta clase. Pero esta otra *gitanilla* de nuevo cuño no quiere saber nada de príncipes ni de cortes, porque su vocación, como sabemos, no es de truhana (ni aun en el sentido de sabia predicadora de la risa), sino de enamorada y esposa. Contra su naturaleza hecha para la ternura, el bufón cortesano ha de ser en la vida real un sujeto cruel y despiadado,[57] porque el de truhán es un terrible oficio, que termina por deformar y encallecer el alma. Y aquí entra el factor decisivo de que la brillante actuación de Preciosa en casa del teniente no nazca más que *secundum quid* de ninguna libre voluntad, sino que se perfile como única alternativa de reivindicar, al menos por un momento, su acorralada dignidad humana ante los orgullosos detentadores de *todo* el poder.

Tampoco el licenciado Vidriera quería para sí tal oficio, "que yo no soy bueno para palacio, porque tengo vergüenza y no sé lisonjear". Pero a modo de hermano gemelo, y en lo que constituye una típica opción cervantina,[58] el ejercer de público bufón por las esquinas y plazas de la corte viene a ser para Rodaja la única manera de hacerse aceptar como sabio. El sentirse un vidrio a punto de quebrar en cada instante era sin duda un sentimiento típico y más común de lo que parece entre los españoles de la época. Curiosamente, el no menos truhanesco Antón de Montoro se había anticipado siglo y medio para

coetánea de dicha fábula medieval. Para una historia de la cuestión véase G. de Amezúa, *op. cit*, t. 2, pp. 17-18. Sobre la amalgama en la obra de elementos bizantinos y picarescos, superados en una nueva fórmula, Avalle Arce, introd. a *Novelas ejemplares*, t. 1, p. 24.

57 Como observa Zijdervel, los bufones de corte solían ser en la realidad "spiteful creatures", ligados al príncipe por una relación parasitaria, que los obligaba a actuar como "moral opportunists", *op. cit.*, p. 112.

58 M. Joly habla por esto de la notable serie de relativos "antibufones cervantinos", personajes "amuseurs" como Berganza, Vidriera y la misma Preciosa, pero que por razones morales rechazan entrar de lleno en la truhanería viciosa o profesional (*La bourle et son interprétation*, p. 313).

titularse "esta triste de redoma / sin vasera" en su queja a don Alonso de Aguilar "cuando la destrucción de los conversos en Córdoba".[59] Es el precio de una sociedad dividida entre puros e impuros y no se dan casualidades en todo esto, pues hoy sabemos del mecanismo enloquecedor con que la sociedad española hacía del mester bufonesco un lugar geométrico del judeoconverso[60] y, por analogía, de todo desterrado interior, llamárase gitano o algún talento crítico y disidente (¿no hay algo de gitanesco también en la vida de Cervantes?). En equivalencia de una imposible protesta, Preciosa se ha visto forzada a salir del difícil paso por un camino muy transitado, no menos pronta que otros a vivir del fardel de pullas que lleva a cuestas. En esencia ha procedido igual que Montoro o Villalobos y Cervantes maneja el caso como un ejemplo orgánico que equivale a un análisis acusador del sistema excluyente. La discreta conducta de la gitanilla en casa del magistrado, así como su quiromancia de doña Clara, representan ya de este modo la confrontación de dos Españas: por el momento nada más que un vidrio indefenso entre puños amenazadores. Al tensar, creadora, el lenguaje hasta su mismo punto de ruptura, la buenaventura de *La gitanilla* no hacía sino reflejar la situación de una sociedad en trance, a su vez, de interno y catastrófico desgarro.

---

59 *Cancionero*, ed. Emilio Cotarelo y Mori, Madrid, 1900, p. 87. El vidrio sin protección se consideraba entonces como una expresión tópica de la idea de peligro: "Qué andáis más peligroso / que redoma sin vasera" lo dijo ya Juan de Mena, atacando a cierto *miles gloriosus* (Alberto Várvaro, *Premesse ad un'edizione critica delle poesie minori di Juan de Mena*, Nápoles, 1964, p. 101). Sobre la olla de barro como símil de la fragilidad biológica del hombre y sus orígenes bíblicos, Alfred G. Garvin, "The Man Who Thought Himself Made of Glass and Certain Related Images", *Studies in Philology*, 67 (1970), p. 399.

60 Francisco Márquez Villanueva, "Jewish 'Fools' of the Spanish Fifteenth Century", *Hispanic Review*, 50 (1982), pp. 385-409; Stephen Gilman, "A Generation of *Conversos*", *Romance Philology*, 33 (1979), pp. 87-101.

IV

El mundo literario de los académicos de la Argamasilla

La Primera Parte del *Quijote* (1605) nace y muere entre los paréntesis de dos series de poemas burlescos: los diez del principio, con la profecía de Urganda y elogios de los protagonistas, y los seis epitafios a los mismos por unos grotescos académicos de la Argamasilla. Tanto el conjunto como las piezas de tan estrafalario cancionero han sido verdaderos instrumentos de tortura para la crítica, puesta en trance de igualarse con la menguada academia en un desesperado recurso a las artes de la conjetura. Pero incluso los lectores contemporáneos, capaces de entender alusiones irremisiblemente perdidas para nosotros, se desconcertarían no poco ante unos poemas suscritos por Amadís de Gaula, Orlando Furioso o el Caballero del Febo, y no se diga ante los epitafios de unos personajes que la obra no da todavía por muertos. Antiguos y modernos compartiríamos, sin duda, una misma admiración hacia el virtuosismo creador de unos versos tan deliberadamente malos. De acuerdo con los principios más básicos del humorismo moderno, Cervantes consideraba suprema gala del arte la presentación racional de lo absurdo y caótico, las *necedades* hechas a propio intento o *de industria*, y por faltar en este último punto sabemos que no se decidió a coronar el libro excepcional de *Tirante el Blanco* (I, 6).

Una y otra serie de poemas, que llamaremos preliminar y epilogal, ofrecen un tratamiento coherente de los efectos de perspectivismo, ambigüedad y dislocación tempoespacial que constituyen el espinazo de la novela.[1] Los paladines redivivos, que resultan haber leído todos el *Quijote*, se declaran admiradores aprendices de sus personajes (sin olvidar a Rocinante). Tales elogios introducen al lector desprevenido en un mundo de vértigo, inducido por su contemplación a través de una serie de sucesivas lentes inversoras. Y así, por ejemplo, la sorpresa del homenaje nostálgico de Oriana a Dulcinea del Toboso:

> ¡Oh, quién tuviera, hermosa Dulcinea,
> por más comodidad y más reposo,
> a Miraflores puesto en el Toboso,
> y trocara sus Londres con tu aldea!

La señora Oriana envidiando a Dulcinea, Miraflores trocado por el Toboso, Londres que emula a una aldea manchega. Junto con personajes de fábula que loan a otros tan "de carne y hueso" como don Quijote y Sancho, o con la idea de unos héroes míticos al corriente de la última novedad del mercado de libros, estamos ante una acumulación de efectos de *mundo al revés*[2] y, en cuanto tal, de un tema básico

---

1 P.L. Ullman, "The Burlesque Poems which Frame the *Quijote*", *Anales Cervantinos*, 9 (1961-1962), p. 213. Sobre el carácter moderno de las técnicas literarias fundadas en enigma, ambigüedad y paradoja: B.C. Bowen, *The Age of Bluff, Paradox and Ambiguity in Rabelais and Montaigne*, Urbana, 1972, pp. 5-6. También, R.L. Colie, *Paradoxia Epidemica: The Renaissance Tradition of Paradox*, Princeton, 1966, p. VII.

2 H. Grant, "El mundo al revés", *Hispanic Studies in Honour of Joseph Manson*, Oxford, 1972; "Images et gravures du monde a l'envers dans leurs relations avec la pensée et la littérature espagnoles", en *L'image du monde renversé et ses représentations*

del humanismo nórdico. A la salida del libro, la naturaleza única y no convencional de éste queda paradójicamente enaltecida por los epitafios que de una academia desenterrada esculpe a los héroes inmortalizados por gracia de la que el Monicongo se veía obligado a llamar

La musa más horrenda y más discreta
que grabó versos en broncínea plancha.

Con todo esto Cervantes echa a risa la costumbre de los elogios preliminares, que sólo servía para complicarles la vida a los poetas de entonces. No sabemos, por ejemplo, qué clase de compromiso le forzaría a dar un soneto para el libro del médico Francisco Díaz *Tratado de todas las enfermedades de los riñones, vexiga y carnosidades de la verga y urina* (Madrid, 1588).[3] Y en las astas de tan imposible encargo, Cervantes tomó, socarrón, la escapatoria gerundiana de encarecer la habilidad con que el doctor Díaz transformaba en pepitas de oro los cálculos renales. En cuanto a la serie argamasillesca, sacada de los cimientos de "una antigua ermita" (I, 52), no es menos claro su carácter de solfa de las falsificaciones granadinas, según observó en su día Américo Castro[4] y han venido confirmando otros investigadores.

littéraires de la fin du XIe siècle au milieu du XVIIe, ed. J. Lafond et A. Redondo, París, 1979, pp. 17-73.

3 *Obras sueltas de Cervantes*, t. VII de *Obras completas*, Madrid, Real Academia Española, 1923, p. 237. Lope contribuyó también otro soneto a la obra del doctor Francisco Díaz, que al parecer se hallaba muy bien relacionado con el mundo literario (J. Millé y Giménez, "Apuntes para una bibliografía de las obras no dramáticas atribuidas a Lope de Vega", *Revue Hispanique*, 74 [1928], p. 352). Sobre la costumbre de los versos preliminares y burlas de que eran objeto, J. Simón Díaz: "Los apellidos en la poesía de los Siglos de Oro", en *Revista de Literatura*, I (1952), pp. 47-55.

4 "El *Quijote*, taller de existencialidad", *Revista de Occidente*, 52 (julio, 1967), pp. 1-13. F. Márquez Villanueva, *Fuentes literarias cervantinas*, Madrid, 1973, p. 249. L.P. Harvey, *The Moriscos and Don Quixote*, Londres, King's College, 1974.

Con independencia de satirizar la vida literaria y la credulidad beata y patriotera, Cervantes seguía, además, la pauta dada por el *Baldus* de Teófilo Folengo (Merlín Cocai), la epopeya en latín macarrónico que cuenta entre los grandes logros del Renacimiento italiano y que constituía entonces el ápice y dechado de toda literatura burlesca.[5] Su versión Toscolana (1521) ofrece en un preliminar la historia de su hallazgo por cierto médico de pueblo llamado Acuario Lodola. En el curso de una expedición científica, *magister* Lodola y sus colegas los boticarios Salvanellus Boccatorta, Dimeldeus Zucconus, Ioannes Baricocola y Butadeus Gratarogna desembarcaron en tierras de Armenia y, cuando se dedicaban a herborizar, dieron con una caverna en cuyo seno hallaron once enormes sepulcros correspondientes al paladín Baldo y a sus fieles compañeros, ilustrados con sendos epitafios debidos a Merlín Cocaio. Curiosos acerca de este inaudito poeta, desentierran un sarcófago que contiene todas sus obras en "arte macaronica", las cuales sumaban una ingente cantidad de libros, cartapacios y papelotes. Pero por causa de un súbito terremoto, no tuvo tiempo Lodola de rescatar más que la colección allí publicada bajo el título de *Maccheronee* y cuya pieza fundamental es el admiradísimo *Baldus*.

Folengo reelabora allí el motivo bastante común del libro hallado en una sepultura, a la vez que el mito fantasmal de la tumba póntica de Ovidio,[6] repetidamente descubierta a la vez que perdida para siempre. De la mano de dichos temas nacía también la idea de la despedida a los

5 Para bibliografía general y estudio de su relación con Cervantes: F. Márquez Villanueva, "Teófilo Folengo y Cervantes", en *Fuentes literarias cervantinas*, pp. 258-358.

6 Sobre la repetida leyenda del hallazgo de un libro en la tumba de su autor (Dictis y Dares, San Bernabé, etc.), E. Grey, *Guevara, a Forgotten Renaissance Author*, La Haya, 1973, pp. 25-26. J.B. Trapp, "Ovid's Tomb. The Growth of a Legend from Eusebius to Lawrence Sterne, Chateaubriand and George Richmond", *Journal of the Warburg and Courtauld Institutes*, 36 (1973), pp. 35-76.

personajes en *Epigrammata* que se recogieron con puntualidad como epílogo de las *Maccheronee*. Surgía así el elegante artificio del encuadre unitario de la obra, iniciada y terminada en una misma nota enigmática, que pulsa un pedantón ridículo, salido no se sabe de dónde para aquel propósito. Prueba del acierto de Folengo es su eco en otra obra maestra, el *Gargantúa* (1533) de Rabelais. Aquí es un desconocido Jean Audeau quien comienza por excavar una gran tumba de bronce donde encuentra nueve botellas, una de las cuales contiene la supuesta genealogía de Gargantúa, que resulta ser una *fatrasie* o composición del género de nuestros *disparates*[7] titulada *Les Franfeluches antidotées*. Al final del libro se refiere cómo al abrir los cimientos de la abadía de Théleme apareció una gran lámina de bronce con el texto del *Enigme en prophétie*, poema relativo a un juego de pelota, pero no menos abstruso que aquel otro de *Les franfeluches*.[8]

Como casi toda persona culta de su tiempo, Cervantes conocía el *Baldus* y muy en particular los epigramas finales de éste, pues hace la cita textual de uno de ellos (*Ad Falchettum*) cuando compara a Rocinante (I, 1) con el caballo de Gonela, que *tantum pellis et ossa fuit*.[9] La idea de justificar el *Quijote* de 1605 como salido de entre

---

7 M. Tetel, *Etude sur le comique de Rabelais*, Florencia, 1964, p. 8. Sobre el similar *disparate* español, B. Periñán, *Poeta Ludens. 'Disparate', 'perqué' y 'chiste' en los siglos XVI y XVII*, Pisa, 1979. M. Chevalier et Robert Jammes, "Supplément aux`Coplas de disparates", *Mélanges offerts á Marcel Bataillon, Bulletin Hipanique*, 64 bis (1964), pp. 358-393. En Inglaterra se da el paralelo del *medley*; J.R. Long, "The Ballad Medley and the Fool", *Studies in Philology*, 67 (1970), pp. 505-516. Sobre el origen y naturaleza de la expresión fatrásica, Paul Zumthor, "Fatrasie et coq-à-l'àne (de Beaumanoir à Clément Marot)", en *Mélanges à Robert Guiette*, Anvers, 1961, pp. 5-18.

8 Tetel, *Etude sur le comique de Rabelais*, p. 8. Sobre el aprovechamiento por Rabelais de textos similares, J. Plattard. "Rabelais et Mellin de Saint-Gelais", *Revue des Etudes Rabelaisiennes*, 9 (1911), pp. 90-108.

9 La relación queda demostrada por V. Camera de Asarta, "Consideraciones sobre un punto dudoso del *Quijote*", *Revista de Filología Española*, 45 (1962), pp. 179-180.

los terrones del suelo manchego cruzó sin duda por la mente de Cervantes, pero (al igual que la de los archivos e historiógrafos de la Mancha) la aceptó nada más que en soslayo y consagró toda su atención a la alternativa de Cide Hamete y su traslado en romance. El artificio del encuadre enigmático le sedujo, en cambio, por completo y, en notable coincidencia con Rabelais, lo resolvió por fusión de la pedantería grotesca con el tema del *mundo al revés*, parte de la literatura humanística basada en la figura del "loco" y en todo lo que ésta significaba para el advenimiento de la modernidad literaria.[10]

Acuario Lodola y sus compañeros boticarios forman un ridículo senado similar al del Monicongo, el Paniaguado, el Caprichoso, el Burlador, el Cachidiablo y el Tiquitoc. Pero no hay que olvidar una diferencia fundamental, y es que Lodola y sus adláteres son médicos y boticarios de Cipada, pero no académicos ni de la Argamasilla. Aún así, la metamorfosis no es demasiado imprevisible, pues las academias tanto italianas como españolas gustaban sobremanera de los escarceos macarrónicos y hasta los desdichados de la Argamasilla se dejan caer con algún latinajo vergonzante, como el *hoc scripserunt* o el *in laudem Dulcineae del Toboso*. Y más aún, al desaparecer Acuario Lodola de la versión posterior del *Baldus* (Cipadense) vino a ocupar su puesto

10 En especial la idea de una finalidad lúdica como ideal programático para la literatura culta, de acuerdo con las conclusiones de J. Lefevbre, *Les Fols et la folie. Étude sur les genres du comique et la création littéraire en Allemagne pendant la Renaissance*, París, 1968. Bibliografía general sobre el tema y sus relaciones con el *Quijote* en F. Márquez Villanueva, "El caballero del Verde Gabán y su reino de paradoja", en *Personajes y temas del 'Quijote'*, Madrid, 1975, pp. 147-227. "La locura emblemática en la Segunda Parte del *Quijote*", en *Cervantes and the Renaissance*, Papers of the Pomona College Symposium, Easton, 1980, pp. 87-112 (incluidos ambos en este volumen). Precisa añadir ahora la valiosa colección de estudios sobre *Folie et déraison ála Renaissance*, Colloque International, Bruselas, 1976. Para otras raíces españolas, F. Márquez Villanueva, "Planteamiento de la literatura del 'loco' en España", *Sin Nombre*, 10 (1980), pp. 7-25. Por último los estudios de A. Redondo y A. Rochon en *Les Visages de la folie (1500-1650)*, París, 1981.

de ridículo introductor cierto Niccolò Costanti, alias el *Scorruciato* o *Iracundo*, y por tanto un típico nombre de académico a la italiana.

Las academias representan una forma de vida intelectual iniciada en la Italia del *Quattrocento* entre humanistas platonizantes. Los tres siglos posteriores vieron la floración de miles de academias por todos los rincones de aquella Península, gloriosas y duraderas, como en el caso de la *Crusca, Il Cimento* o *I Lincei*, efímeras, y semianónimas en mucho mayor número. Dedicadas en inmensa mayoría a tareas literarias, las hubo también cultivadoras de toda·clase de ciencias, artes y diversiones.[11] La academia requería como cabeza un príncipe auténtico o proclamado por tal, unas leyes (por lo común imitadas de las Doce Tablas), un nombre altisonante y un jeroglífico con divisa alusiva. Para bien o para mal, las academias impartieron un tono y sabor homogéneos a la cultura italiana desde mediados del XV hasta finales del siglo XVIII. Chicas, grandes o ínfimas tenían como base una misma plétora ambiental de cultura clásica y de personas profundamente respetuosas del saber, tanto en sus manifestaciones más excelsas como en las más mediocres.

¿Y en España? *Spain is different.* En España, de donde como decía Lope, nada dejaba de intentarse, algunas tertulias de poetas empezaron a titularse academias a fines del siglo XVI,[12] y el armar y asistir a academias, con frecuencia caseras o de una sola sesión, fue pasatiempo de sociedad en el Madrid del siglo XVII.[13] La más

11 Catalogadas por M. Maylender, *Storia delle Academie d'Italia*, Bolonia, 1926-1930, 5 vols.

12 Para información general sobre las academias españolas se dispone de los libros de J. Sánchez, *Academias literarias del Siglo de Oro español*, Madrid, 1961 y de W.F. King, *Prosa novelística y academias literarias en el siglo XVII*, Madrid, 1963.

13 Es de advertir cómo la nobleza va perdiendo a lo largo del siglo XVII su interés en las academias, que bajo Carlos II son ya más que nada un entretenimiento burgués, organizado por comerciantes, asentistas y pequeños funcionarios de la corte, según datos

longeva y afortunada de todas las españolas, llamada de los *Nocturnos*,[14] trabajó en Valencia (un ambiente muy italianizado) entre 1591 y 1594, y aunque presidida por un familiar del Santo Oficio, escuchó multitud de poemas verdísimos, en los cuales descollaba el canónigo Francisco de Tárrega. En Madrid se erigió ya una *Imitatoria* hacia 1586 y es muy posible que Cervantes se hallara entre los fundadores, pues lo eran también otros amigos suyos[15] y él mismo refiere (*Coloquio de los perros*) cierta antológica sandez de uno de sus miembros, un tal Mauleón, "poeta, tonto y académico de burla". Pero en todos los intentos académicos prevalecieron los piques, insultos y pendencias más feroces. Los árcades terminaban a veces a bofetada limpia y hasta Lope, que era la gran estrella de las academias y no tenía chico estómago, se declaraba asqueado de éstas. Los próceres que las presidían, en lugar de imponer el respeto y dignidad de su estado, tomaban parte en las rencillas y se divertían como en un reñidero de gallos.[16] Asistía a las academias casi nada más que

de M.S. Carrasco Urgoiti, "Notas sobre el vejamen de academia en la segunda mitad del siglo XVII", *Revista Hispánica Moderna*, 31 (1965), pp. 97-111. Dicha orientación aburguesada es significativa y enteramente similar a la proliferación de academias que hacia las mismas fechas se da entre los sefardíes de Holanda. Véase H.V. Besso, "Dramatic Literature of the Spanish and Portuguese Jews of Amsterdam in the XVIIth and XVIIIth Centuries", *Bulletin Hispanique*, 39 (1937), p. 232. Ambiente algo distinto, aunque siempre anclado en el vejamen y su espíritu, tenían también las academias zaragozanas estudiadas por Aurora Egido, "Las academias literarias de Zaragoza en el siglo XVII", en *La literatura en Aragón*, Zaragoza, 1984, pp. 103-128. De la misma autora, sobre el vejamen universitario, "*De ludo vitando*. Gallos áulicos en la Universidad de Salamanca", *El Crotalón. Anuario de Filología Española*, I (1984), pp. 609-648.

14 *Cancionero de la academia de los Nocturnos*, ed. P. Salvá y F. Martí Grajales, Valencia, 1905-1906, 4 vols.

15 Sánchez, *Academias literarias del Siglo de Oro*, p. 28.

16 M. Romera Navarro, "Querellas y rivalidades en las academias del siglo XVII", *Hispanic Review*, 9 (1941), p. 498.

gente del oficio y faltaba el auditorio de buenos aficionados, esa clase media intelectual que apenas existía ni en las Letras ni en el cuerpo de la sociedad española. El contraste en esto de las academias de Italia y España es, sencillamente, el de sus respectivos niveles de cultura clásica, desmedrada aquí y rebosante allá. En España sólo existió un remedo del espíritu académico: esa heroica determinación a vivir de puertas adentro en un mundo intelectualmente superior,[17] o incluso de su remedo cuando ello no era posible.

Cervantes fue un asiduo académico. Su nombre, como vimos, se asocia de un modo espontáneo con el de la primera academia madrileña. Sus años en Italia debieron familiarizarle con una realidad tan inseparable de la vida literaria en la otra Península, y el *Persiles* rinde tributo al prestigio de la academia *degli Intronati*, "que estaba adornada de eminentísimos académicos, cuyos sutiles entendimientos daban que hacer a la fama a todas horas y por todas las partes del mundo" (III, 19).[18] Durante sus años sevillanos, segregado por su

17 Una relación sobre los orígenes de la academia sienesa *degli Intronati*, escrita en fecha anterior a 1584, explica cómo fue establecida en tiempos de guerra y barbarie por ciertos espíritus selectos que "si disposero di fondare una congregazione nella quale, lasciando, per quanto le forze del loro ingegno comportavano, tutti e' noiosi e schivi pensieri e tutte le altre cure mondane, solo e con ferma intenzione si dessi opera alli esercizi delle lettere così volgari come greche e latine, leggendo, disputando, componendo, interpretando, scrivendo, e, per dirlo in uno, facendo tutto che per imparare far si suole... E da un fermo loro proponimento di fingere di non intendere e non curarsi di nissuna altra cosa del mondo, lo' (loro) piacque di pigliar nome d'Intronati" (Maylender, *Storia delle Accademie d'Italia*, III, pp. 355-356).

18 Cervantes sufrió un lapso de memoria al radicar a los *Intronati* en Milán y no en Siena (Maylender, III, pp. 350-62). Se trataba, en efecto, de una de las más ilustres academias de Italia, cuya tarea favorita consistía en restaurar la comedia clásica. Según Cervantes, los *Intronati* discutían a la sazón "si podía haber amor sin celos". Aunque esta clase de investigación no parece haber sido predilecta de los *Intronati*, la academia *degli Invigoriti* de Padua discutió, entre otros capítulos de doctrinal erótico, *Se la gelosia tolga o accresca perfezione all'amore?* (Maylender, III, p. 371).

baja posición social de las tertulias con pretensiones del pintor Francisco Pacheco y del rico veinticuatro Juan de Arguijo, es probable que acudiera a las reuniones (sin duda más divertidas) que en algún hospitalario bodegón o bajo el santo cielo celebraba un variopinto grupo de literatos semiindigentes (Juan de Ochoa, Juan López del Valle, Alonso Alvarez de Soria, Luis Vélez de Guevara). Rodríguez Marín quiso llamar a este virtuoso senado *Academia de Ochoa*,[19] pero por cuanto sabemos podría haberse titulado, con igual o mayor justicia, *Academia del Soneto Burlesco*.

Cervantes asistió también a las academias que proliferaron en Madrid al regresar la corte tras el paréntesis vallisoletano, y en 1612 Lope leyó en una de ellas con anteojos prestados por Cervantes y que por cierto parecían "huevos estrellados mal hechos".[20] Entre los últimos hallazgos textuales se encuentra precisamente un soneto de tema semiobsceno, gemelo de otro de Bartolomé Leonardo de Argensola,[21] con todo el aspecto de un típico encargado de academia. Es preciso sentar, al mismo tiempo, la relativa modestia de la vida académica de Cervantes,[22] pues cuanto cabe deducir apunta hacia

19 F. Rodríguez Marín, "Lope de Vega y Camila Lucinda", *Boletín de la Real Academia Española*, I (1914), p. 256. Aunque no existe mención expresa ni contemporánea de la presencia de Cervantes en dicho grupo de poetas sevillanos, su alta probabilidad e indicios de haber participado en la tarea colectiva (casi siempre sonetos burlescos) son hábilmente rastreados por el mismo erudito en *El Loaysa de 'El celoso extremeño'*, Sevilla, 1901, pp. 128 y ss.

20 A. González de Amezúa, *Lope de Vega en sus cartas*, Madrid, 1941, III, p. 95.

21 J.M. Blecua, "Un nuevo soneto atribuido a Cervantes y un romance del conde de Lemos", *Boletín de la Real Academia Española*, 27 (1948), pp. 197-200. La culta, rebuscada, y obscena alusión a Plinio, así como el otro poema de Argensola, quedan estudiados por L. Astrana Marín, *Vida ejemplar y heroica de Miguel de Cervantes Saavedra*, Madrid, 1958, VII, pp. 753-755.

22 Según J. Brooks, Cervantes carecía de bagaje intelectual para participar con brillantez en las lides académicas ("*El mayor imposible* of Lope de Vega Carpio", en *University of*

una participación tibia y morigerada, sin actuar nunca de estrella, centro ni cabeza de facciones.

Nada sabemos de su posible participación en la academia que los poetas tránsfugas de Madrid formaron en la corte vallisoletana muy hacia la fecha del primer *Quijote*.[23] Pero fue el llorado maestro Marcel Bataillon quien formuló una tesis de máximo interés en relación con los poemas que nos ocupan, los cuales serían obra de "un cenáculo quijotizante de Valladolid, disfrazado de *Academia de la Argamasilla*".[24] Nos hallaríamos, pues, ante la "mixtificación colectiva" de una academia burlesca, con Cervantes como centro, en aquellos alegres días de que el portugués Tomé Pinheiro da Veiga nos legó tan animada crónica.[25]

La idea de Bataillon abre ricas perspectivas y encaja con notable solidez en el planteamiento del Prólogo del *Quijote*. Cervantes se burlaba de los sonetos preliminares y, en especial, de Lope, cuya *Arcadia* (1598) se adornó con trece poemas que, prohijados a aristócratas, amigos e incluso amantes de turno, exageraban el autoelogio hasta el punto de proclamarse un dios Apolo.[26] Cervantes, que le había dado un soneto ya algo socarrón para los preliminares de *La Dragontea* en las

---

Arizona Bulletin, V [1934], n. 7, p. 20). Juicio obviamente erróneo, pues a Cervantes no le faltaban (en buena hora) sino dotes de personalidad y carácter para aquella casta de "public relations". El *Viaje del Parnaso* no ha sido aun estudiado en cuanto obra maestra de una literatura "académica" en su más noble sentido.

23 King, *Prosa novelística y academias literarias*, pp. 39 y ss.

24 "Urganda entre *Don Quijote y La pícara Justina*", en *Pícaros y picaresca*, Madrid, 1969, p. 88.

25 *Fastiginia o fastos geniales*, trad. N. Alonso Cortés, Valladolid, 1916.

26 Igual ocurre con la mayor parte de poemas de *El peregrino en su patria*. En ambos casos, la recurrencia temática de la asociación de Lope con Apolo y el juego de imágenes

Rimas de 1602, se encontró allí en la incómoda compañía de elogiantes tan inauditos como el Príncipe de Fez (es decir, un "preste Juan de las Indias"). Lejos de enmienda, *El peregrino en su patria* (1604) insertó nueve sonetos, uno de ellos de Camila Lucinda que, como era público, no sabía leer. A manera de epílogo reproducía también otro soneto de Luis Martín de la Plaza, pero colgado, en acto de generosa amistad, a su admirador el "poeta sastre" Juan de Castellanos, coplero analfabeto y muy ajeno a tan altas empresas poéticas.[27]

Después de aquello, ¿por qué no habían de celebrar al *Ingenioso hidalgo* Amadís, Oriana y el Caballero del Febo? En maniobra muy característica, Cervantes procederá a la inversa de Lope. Cuenta con la colaboración gustosa y no mentida de buenos amigos poetas, pero (a tono también con la naturaleza paradójica del libro) opta por pregonarlos de apócrifos y fabulosos. Claro que el lector más discreto debe de entrar en la confidencia de este escamoteo y por ello el Prólogo, que lamenta su penuria de celebridades a que saquear o prohijar sonetos, apunta a su vez un fácil remedio: "Aunque si yo los pidiese a dos o tres oficiales amigos, yo sé que me los darán, y tales, que no les igualasen los de aquellos que tienen más nombre en nuestra España". Noble y cortesana manera de agradecer en público

---

basadas sobre *vega* desmienten la supuesta multiplicidad de autores. Sin estudiar aún en cuanto obras suyas, una y otra serie integran un cancionero de autobombos del mayor interés para el conocimiento humano de Lope. Su espíritu es del todo afín al despliegue de vanidad que selló el papel de Lope en los certámenes por la elevación de San Isidro a los altares, cuando llevó al extremo su idea obsesiva de ser, no ya el primer poeta de España, sino el mismo dios Apolo; J. de Entrambasaguas, "Las justas poéticas en honor de San Isidro y su relación con Lope de Vega", *Anales del Instituto de Estudios Madrileños*, 4 (1969), p. 91.

27 O. Jörder, "Luis Martín de la Plaza pro und contra Lope de Vega. Eine Harmloshintergrundige Sonetteranche", *Zeitschrift für Romanische Philologie*, 70 (1954), pp. 98-103. Sobre Castellanos, F. de B. San Román, *Lope de Vega, los cómicos toledanos y el poeta sastre*, Madrid, 1935.

el favor prestado por unos buenos colegas. Y no se olvide que el poeta de más nombre en aquellos días no era otro que Lope de Vega.

Cervantes mismo nos autoriza así a encontrar dos o tres colaboradores en la travesura poética de los preliminares. Y uno de ellos fue casi identificado por el mismo Bataillon en la persona del vate madrileño Gabriel Lobo Lasso de la Vega (1558-1615), personaje afín a Cervantes por varias razones además de la cercanía generacional y todavía muy poco estudiado.[28] Su *Manojuelo de romances* de 1601 ofrece una curiosa alternancia de piezas imitadas del romancero viejo con otras sobre diversidad de temas satírico-burlescos, artificio del que se halla tan satisfecho como para recomendarlo al lector en su prólogo:

> He dado, Lector discreto,
> en florearme a mi salvo,
> sin atarme a los preceptos
> que enseña el divino Horacio;
> y en mezclar gordo con magro,
> para que no te empalague
> que es deleitable lo vario (p. 7).

Comenta Bataillon que tan singular ocurrencia justifica bien el título académico de "el donoso poeta entreverado", en este caso de carne y tocino, de burlas y de veras, de antiguo y de moderno.[29]

28 Los datos bibliográficos más completos vienen dados por E. Mele y A. González Palencia en el prólogo a su edición del *Manojuelo de romances*, Madrid, 1942. Según ambos editores, debió ser amigo de Cervantes, a quien menciona en sus *Varones y hombres doctos* (p. XXI). Es, a su vez, celebrado entre los buenos poetas por el *Viaje del Parnaso*: "Con este mismo honroso y grave celo, / Bartolomé de Mola y Gabriel Laso / llegaron a tomar del monte el suelo" (v. 295-98). Aspecto de cierto interés en relación con el uso por Cervantes de este apellido, de que no logran hallar mucho fundamento las investigaciones genealógicas (Astrana Marín, *Vida Ejemplar y heroica*, I, p. 29).

29 Según las anotaciones de la edición Schevill-Bonilla (I, p. 427) lo de *entreverado* vendría por aludir "al asunto entremezclado del poeta que trata de Sancho entreverado

Pero hay también otros indicios en favor de dicha identificación, uno de los cuales ayudaría de paso a resolver el enigma del desconocido *Solisdán*. Autor de un soneto a don Quijote en la serie preliminar, no es, como sus vecinos, ningún astro del firmamento de los libros de caballerías. Tal vez por ello es el único que se da cuenta de la locura del hidalgo manchego, que pasa inadvertida para los inocentes paladines. Ante tamaña perplejidad proponía Paul Groussac,[30] allá en 1903, que Solisdán habría de ser localizado en el *Amadís*, donde en efecto aparece un tal *Lassindo*, escudero de Bruneo de Bonamar, armado caballero en la misma promoción de Gandalín y cuyo nombre suena cercano al del enigmático sonetista, además de ser claro anagrama suyo. No vamos a enredarnos en discutir esta hipótesis, pero sí apuntaremos que *Lassindo* era el nombre poético elegido por Lasso de la Vega en sus poemas de amor petrarquista.[31] En nueva coincidencia, el soneto

---

con Rocinante, juntando lo gordo con lo flaco". Para Ullman el Entreverado había de ser "a literary character" y, más concretamente, el mismo Guzmán de Alfarache ("The Burlesque Poems which Frame the *Quijote*", p. 220).

30 *Le 'Don Quichotte' d'Avellaneda*, París, 1903, p. 149. Según J. García Soriano, *Solisdán* encubre a Alonso de Castillo Solórzano, gran admirador y compinche de Lope, conocido en las academias como el *Solo, Alisolán, Solisdán* y el *Donoso* (hipótesis abierta a múltiples objeciones) (*Los dos 'Don Quijotes'. Investigaciones acerca de la génesis de 'El ingenioso hidalgo' y de quién pudo ser Avellaneda*, Toledo, 1944, p. 225). Para Astrana Marín, *Solisdán* ha de ser, por fuerza, un personaje caballeresco como los demás de la serie preliminar, y por ello debe tratarse de una errata por *Solimán*, caballero mencionado en el *Amadís de Gaula* (*Vida ejemplar y heroica*, V. p. 589). En cuanto a su soneto "no tiene más explicación que hallarse escrito por quien no conocía del *Quijote* ni de sus personajes sino sus nombres, como suele ocurrir con los versos de circunstancias pedidos para los preliminares de las obras" (*ibid.*, p. 589).

31 *Manojuelo de romances*, p. 134 (a su dama, la desconocida Marintia). Varios romances de Lassindo aparecen también en el *Romancero general*, ed. A. González Palencia, Madrid, 1947, II, n. 980, p. 118; n. 1053, p. 160 (a Marintia); n. 1096, p. 194. Gabriel Lasso lamentaba cómo los recopiladores de romanceros se habían apoderado de muchos poemas suyos "de que hicieron almodrote" (*Manojuelo de romances*, p. 40). La

de Solisdán está escrito en *fabla*, esto es, en el pastelón de lengua medieval que así llamaban en la época:

> Maguer, señor Quijote, que sandeces
> vos tengan el cerbelo derrumbado,
> nunca seréis de alguno reprochado
> por home de obras viles y soeces.

Cuando el autor del *Manojuelo* pergeñaba sus romances a lo
viejo, que es lo que debía de entender por *gordo* o tocino del más ran-
cio, lo hacía también en el más disparatado sentido de fabla épica:

> El potentoso Africano
> con sus huestes y pendones
> nos alongó de Castilla
> Por causas que el cielo esconde;
> afuyentados venimos
> de su sañudo rigore,
> si este es castigo del cielo,
> no nos aflijamos, none,
> que hoy nos fostiga y acosa,
> y si hoy tiene saña Diose
> mañana estará piadoso,
> que no es vengativo, none (p. 26).

Pero lo más curioso de Gabriel Lasso de la Vega (y lo que ex-
trañamente no advirtió Bataillon) es que éste era también encarniza-
do enemigo de Lope de Vega. Autor de tragedias y reducido por ello

identificación de tales piezas constituye una de las muchas tareas pendientes en torno al
romancero de esa época, en el que también hubieron de deslizarse algunas obrillas de
Cervantes.

a abastecer a los cómicos de simples letras para cantar, maldecía las comedias y sembró el *Manojuelo* de crueles alusiones a la persona y obra de Lope, al que llamaba "el poeta Juan Ciruelo".[32] Blanco favorito de sus chocarrerías era el romancero artístico bajo disfraz a la morisca, que le parecía el colmo de la ridiculez. Baste citar su brutal recuerdo del destierro de Lope y de su romance del *Potro rucio*, que tantos sinsabores costó al Fénix:

> Salga, podenco harón,
> de entre jaras y alcornoques;
> deje el prolijo destierro,
> ansí en galera le doble;
> válgate el diablo por Moro,
> que ansí has cansado a los hombres
> con tu larga soledad
> y melancólicas noches;
> el potro rucio te dé
> en la barriga seis coces,
> y quien "amén" no dijere
> en malas galeras bogue (pp. 30-31).

Aunque la probable intervención de Lasso de la Vega proyecta bastante luz sobre los poemas argamasillescos, no cabe perder de vista que estaríamos siempre ante un caso de auténtica colaboración, y no del mero reparto de trabajos que era usual en las acade-

---

32 Atacándolo por el gusto en los romances moriscos y por sus anacronismos (*Manojuelo de romances*, p. 182). Lasso dice haber destruido en cierta ocasión muchos papeles poéticos, tanto propios como ajenos, entre los que se contaban "quexas de Belardo muchas" (p. 152). Lope hizo algunos versos para el libro de Lasso *Elogios en loor de don Jaime de Aragón, don Fernando Cortés y don Alvaro de Bazán*, Zaragoza, 1601, según los datos de Millé ("Apuntes para una bibliografía de las obras no dramáticas atribuidas a Lope de Vega", p. 361). Pero no quiso incluirlo para nada en *El laurel de Apolo*.

mias. Pero fueran quienes fuesen sus posibles contertulios (Bataillon sugiere también a Pedro de Medina Medinilla)[33] es Cervantes quien imprime el propio sello a la tarea. Léxico y fraseología son muy suyos, y el soneto del Monicongo, que remata "Yace debajo desta losa fría", es virtualmente el mismo (salvo por la burla) que escribió *En la muerte de Fernando de Herrera*.[34] Hay que decir también que el soneto en *fabla* de Solisdán es parecido, pero muy superior a cuanto en esto puede ofrecer el *Manojuelo de romances*.

Por lo que hace a la misma academia de la Argamasilla, ha de verse en ella una culminación del tema de la burla manchega, tan destacada en la Primera Parte del *Quijote* (nombres de la aldea y del caballero, archivos, anales, etc.). Lo específico de la sátira movió en el siglo XIX a fantasear sobre los motivos de Cervantes para aborrecer el lugar de Argamasilla, bien sea de Alba o de Calatrava.[35] Surgió así la leyenda de la prisión del autor en la casa de Medrano de Argamasilla de Alba, mil veces desmentida[36] y mil veces rediviva. El viejo cervantista sevillano don José María Asensio y Toledo[37] prefirió creer por su cuenta y riesgo en la existencia real de la acade-

33 "Urganda entre *Don Quijote y La pícara Justina*", p. 88. Las razones para ello son tenues y subordinadas a la previa aceptación de que la profecía de Urganda hace burla de Francisco López de Úbeda y de su caricatura al advenedizo don Rodrigo Calderón.

34 *Obras sueltas de Cervantes*, p. 251.

35 Rodríguez Marín expuso en 1916 las razones que le movían a inclinarse por la Argamasilla de Calatrava ("La cárcel en que se engendró el *Quijote*", ed. *El ingenioso hidalgo*, Madrid, 1949, IX, p. 42).

36 J. Givanel i Mas, "Algunas llegendes cervantines d'Argamasilla de Alba i el Toboso", en *Homenatge a Antoni Rubió i Lluch*, Barcelona, 1936, pp. 175-191. Aún así, la "prisión de Cervantes" en Argamasilla de Alba figura en un sello del estado español entre las emisiones de 1975 (valor de 1 pta.).

37 "Los académicos de la Argamasilla", en *Cervantes y sus obras*, Barcelona, 1902, pp. 485-488.

mia, postulada como prosaica tertulia de rebotica con prematuro sabor de pueblo azoriniano.

La academia manchega no puede ser entendida, por otra parte, sin referencia al sentido propio de *argamasa*, que en Cervantes sirve siempre como término antonomástico para encarecer la noción de 'dureza', lo mismo en el caso de un corazón desamorado que en el de un queso añejo.[38] Para mayor gravedad (y haciéndose eco a su manera del *teneros ne tange poetas* de Ovidio)[39] Cervantes consideraba a los poetas, según su *Viaje del Parnaso*, como casta idealmente mollar:

> Son hechos los poetas de una masa
> dulce, suave, correosa y tierna (I, 91-92).

Una academia de la *argamasilla* es lo mismo que un consistorio de ingenios proverbialmente duros y, en cuanto tales, negados para el cultivo de la delicada flor de la poesía. Y es preciso considerar también el ejemplo de la pujante academia florentina *della Crusca* o del "salvado", rebosante en su principio (1582) de espíritu bromista y que parece titulada aposta para lanzar la imaginación cervantina por el previsible carril de una metamórfosis que de *crusca* saltase a *masa* (idea de panificación) y *argamasilla*, empalmando ya con la conocida burleta manchega.

En materia de academias a la italiana no había límite para lo estrafalario, y cuando Cervantes no hacía de espejo es porque se revestía de profeta, pues en el siglo XVIII se reunió en Módena una academia *dei Congetturanti* y se trataba, para mayor desdicha, de una academia de galenos.[40] Otro tanto cabe decir de los nombres de aca-

38 C. Fernández Gómez, *Vocabulario de Cervantes*, Madrid, Real Academia Española, 1962.

39 *Remedia Amoris*, v. 757.

40 Maylender, *Storia delle Accademie d'Italia*, II, p. 78.

démicos, que a veces no diferían mucho de los de la Argamasilla. Pero con el catálogo de sus árcades Cervantes nos legó también una risueña tipología de los bajos fondos académicos en todo tiempo y lugar: un ingenio bozal,[41] un paniaguado, un caprichoso, un burlón, un pirata o plagiario,[42] algún ser ambiguo, que no es carne ni tocino, y un pesado tan insoportable como el tic-tac del reloj.

Los académicos de la Argamasilla tienen su sede oficial en la serie de poemas epilogales, pero tampoco dejan de rondar por la serie preliminar. Entre el desfile de los barbas caballerescos hace una fugaz aparición la oreja apicarada de "el donoso, poeta entreverado", que estropea la marcha solemne de tanto soneto con la irreverencia poética de sus *cabos rotos*. Nadie sabe quién es ni de dónde se ha escapado, pero su musa hampona basta para tiznarle de alguna complicidad fraudulenta en la profecía de Urganda. Espía, desertor o impaciente, el Entreverado tiene su lógica *alma mater* en la misma Argamasilla, que de este modo se halla también implicada en el crimen poético de los preliminares. A la manera de una novela policíaca, el lector habrá de esperar hasta la última página del libro para que se le levante una minúscula punta del velo.

Serie preliminar y serie epilogal se hallan ligadas, en efecto, por su respectiva participación en subgéneros bien definidos de lite-

---

41 Como anota Rodríguez Marín, Monicongo era topónimo y también apelativo de los negros originarios del actual Congo. El *monicongo* era sin duda un epítome de lengua e inteligencia rudas, y como tal aparece en la literatura de *disparates*: "Pasó un negro polidiyo / con su getica de ongo; / dixo: `Soi de Monicongo, / y soy un poco branquiyo; / Francisquiyo, / gente siamo / no entisnamo; / no querer dar çapato mi amo, / turubuey, / çapato de rey / cagayero como Rey, / turi negro juri a gras, / *y trescientas cosas más*" (Chevalier et Jammes, "Supplément aux *Coplas de disparates*", p. 372).

42 Naturalmente, el Cachidiablo con su recuerdo del famoso corsario argelino. En las academias no era infrecuente la presentación de obras apócrifas o plagiadas. Hasta un poeta de la fama de Tárrega leyó como suyo, en la de los Nocturnos, un conocido poema de Lupercio Leonardo de Argensola (King, *Prosa novelística y academias literarias en el siglo XVII*, p. 98)

ratura "académica". Responden una y otra a los dos polos temáticos del elogio y vejamen, con que se abrían y clausuraban los actos académicos. Y si tenemos en cuenta que en medio va todo el universo poético de la Primera Parte del *Quijote*, resultaría que la de la Argamasilla ha celebrado entonces la más fecunda sesión académica de todos los tiempos. A pesar de sus perplejidades, no anduvieron los comentaristas nada descaminados acerca de este punto fundamental. Don Clemente Cortejón señalaba en 1905 el mutuo contrapeso de ambas series en cuanto parodias de los usos académicos: "Sí, al principio versos laudatorios; al terminar, composiciones que díranse más bien... de maleante vejamen; allí sonetos de autoridades... aquí, títulos más propios de un conjuro de diablos que de personas devotísimas del saber".[43] Aún más agudo estuvo don Diego Clemencín al observar que el verdadero Presidente o Príncipe de la Argamasilla no podía ser otro que el propio don Quijote.[44] De ahí que los sonetos preliminares no elogien (sino en soslayo) al autor ni a su doctrina, como pedía la costumbre, sino a don Quijote como prócer vivo y allí presente, y por extensión a los demás personajes del libro, sin excluir a Rocinante. El molde de dicha ocurrencia se encuentra, también puntual, en los sonetos de homenaje al Presidente, uno de los ejercicios más obligados en toda academia y del que conservamos abundantes ejemplos.[45] Síguese de aquí la estupenda noticia de que Amadís, Oriana y demás turiferarios son también académicos de la Argamasilla, o al menos invitados de honor a sus sesiones, muy de acuerdo en esto con las costumbres del día. Su presencia es muy necesaria, pues sin ellos no habría podido haber fiesta

[43] *El ingenioso hidalgo don Quijote de la Mancha*, Madrid, 1905, p. 374.

[44] *El ingenioso hidalgo don Quijote de la Mancha*, Madrid, 1833, III, p. 533.

[45] Así, en la de los *Nocturnos*, los de Esteban Cortés (I, p. 169) y Cosme Damián Tofino (IV, p. 145). Numerosísimos ejemplos italianos en el catálogo de Maylender.

completa. El solemne acto habría quedado manco, porque los académicos de número no sirven para el elogio ni el generoso reconocimiento de lo bueno y heroico. No dominan otro menester que el de la detracción y befa que campean en sus epigramas. Hasta el Entreverado hubo de emboscarse en medio de los paladines caballerescos para disentir y aguar la fiesta con el veneno de sus dos epitafios. Porque tienen esta insana manía de escribir epitafios, de enterrar toda cosa viva, aunque sea de naturaleza tan inmortal como los personajes del *Quijote*. Y esto cuando son ellos quienes acaban de ser desenterrados de los cimientos de una antigua ermita, como los cadáveres putrefactos que literaria y moralmente son. La docta y manchega academia se perfila así como el ámbito más loco, perverso y antivital que pueda concebir la inteligencia humana.

En este antro académico se produce no una rebelión contra el legado clásico, sino un terremoto tan vejatorio y destructor de éste como de los personajes allí "celebrados". De acuerdo también en esto con uno de los sentidos latentes en los macarrones de Folengo, no nos hallamos ante meros epitafios burlescos, sino ante el asesinato de una tradición epigráfica venerable para todo buen humanista.[46] Un soneto clásico, epitafio de Dante y atribuido en tiempos a Bocaccio (*Dante Alighieri son, Minerva oscura*),[47] es igualmente profanado por el Paniaguado y después por el Burlador. Al cabo de tantas Lauras, corresponde a la triste Dulcinea ser evocada, no en la plenitud de su belleza ni a los acordes paganos del *Carpe diem*, sino en todo el horror del sepulcro y del cuerpo descompuesto: "Esta que veis de rostro amondongado", pregonará el Paniagudo con la carcajada siniestra del violador de tumbas. En académico contubernio

46 F. Saxl, "The Classical Inscription in Renaissance Art and Politics", *Journal of the Warburg and Courtauld Institutes*, 4 (1940-1941), pp. 19-46.

47 W.T. Avery, "Elementos dantescos del *Quijote*" *Anales Cervantinos*, IX (1961-1962), p. 22.

con su colega el Tiquitoc, no parará hasta aniquilar del todo a la señora del *Quijote*, primero en la fealdad de la muerte, pero después
difamándola con el "alta de pechos", pincelada que roba de la famosa descripción de las cortesanas Lamia, Laida y Flora en fray Antonio de Guevara, y también con el malévolo recuerdo de sus "asomos
de dama", palabra que empezaba a tomar sentido peyorativo en la
lengua conversacional.[48] Con la distancia que va de elogio a vejamen como previos puntos de vista, Oriana habría querido para sí la
impoluta castidad del amor de Dulcinea.

Una lógica paralela decreta que el lenguaje de estos poemas no
pueda escapar tampoco a su tortura en el potro académico. Los guar-
dianes del buen decir se apean a un léxico vulgarista y apicarado
(*calvatrueno, amondongado, tacaño, borrico, majadero, rolliza,
tantico*),[49] modismos chabacanos como *dejar a cola* e inversiones
caricaturescas al modo de *bien molido* y *mal andante* o la mucho
más sútil de *castiza ralea*, con su involucración de los problemas
del "linaje". Todo ello anda revuelto, a la vez, con los cultismos más

48 Así, Quevedo en *El mundo por dentro*, al tratar sobre la hipocresía que ha venido a
reinar en los hombres: "El verdugo se llama miembro de la justicia, y el corchete,
criado. El fullero, diestro; el ventero, huésped; la taberna, ermita; la putería, casa; las
putas, damas; las alcahuetas, dueñas; los cornudos, honrados" (*Sueños y discursos*,
ed. F.C.R. Maldonado, Madrid, 1972, p. 166). El tema del afeamiento de Dulcinea es
puesto a cuenta de una contaminación de la ascética barroca en el estudio de F. Sánchez Escribano, "Del sentido barroco de la diosa de la hermosura en el *Quijote* y en la
literatura española del siglo XVII", *Anales Cervantinos*, III (1953), pp. 121-142. Requiere dicho juicio una importante matización, pues en Cervantes son casi siempre
personajes más o menos rafeces los que se complacen en dicho juego con la fealdad.

49 Ejemplos de la burla mantenida en el *Quijote* contra el léxico arcaizante y vulgarista, en la que Cervantes se muestra buen discípulo del purismo que había predicado Fernando de Herrera en sus *Anotaciones a Garcilaso*. En relación con ellos es de notar el
paralelismo de un romance del *Manojuelo* (n. 25, pp. 68-70) en que se finge una peti-
ción de Cortes para el destierro de multitud de vocablos de "tosca gerigonza", entre los
cuales figuran algunos (*cogote, panza, oíslo*, etc.) bien característicos del lenguaje
chistoso y sanchopancesco del *Quijote*.

sobajados de la lírica italianizante, el libro pastoril y albores de la poesía barroca: *broncínea, horrenda, diamantino, invito, frenético, herboso, aula* y hasta *mármores* (así a lo latino).

Los académicos se pavonean de unos conocimientos elementales de mitología y literatura italiana, y el Monicongo decide hacer a Jasón "de Creta" (y no de Tesalia) nada más que porque así le conviene para rimar con *veleta* y *Gaeta*. El paño de los clásicos es para ellos una guardarropía de efectos facilones, en actitud similar a la que adoptan ante la literatura de última hora. Hay que sonreir ante la forma como el Burlador remata en un trimembre lapidario *à la dernière*: "Y al final paráis en sombra, en humo, en sueño". El Caprichoso (que por hacer honor a su nombre es el único en desviarse del patrón vejatorio) se arranca con un preámbulo de gran lujo, a la manera de Pedro Espinosa o Luis Martín de la Plaza:

> En el soberbio trono diamantino
> que con sangrientas plantas huella Marte.

Pero como no sabe qué hacer con tan exaltado monumento, don Quijote se limita a usarlo de percha para sus armas. Sabio en la imitación, el Burlador termina el cuarteto con un brioso "os juro y certifico", sabiéndose respaldado con el "yo lo fío" de la Égloga Tercera de Garcilaso, en la que no ha sabido pescar sino justo su único ripio de solemnidad.

Los sonetos de los paladines ofrecen efectos similares, aunque de tonalidad algo más pálida, y sus finales tienden a seguir la fórmula garcilasiana del acorde amortiguado.[50] Caso aparte son, en cambio, los poemas de Urganda y del Donoso Entreverado, esto es, todo lo escrito en versos de *cabo roto*. Se trata de un mundo estilístico

---

50 R. Lapesa, *La trayectoria poética de Garcilaso*, Madrid, 1968, p. 163.

aparte, caracterizado por el abuso de giros sentenciosos y muletillas coloquiales. Urganda, no en vano sabihonda, viene de la obsesión erasmista con el coleccionismo de proverbios, y su poemazo encaja en el género de los refranes ingeniosa o disparatadamente encadenados, según el modelo de las *Cartas de refranes* (1545) de Blasco de Garay. La profecía de tan huidiza señora, dirigida esta vez al libro y no a los personajes, la sitúa un poco al margen de la academia de la Argamasilla y ofrece máxima importancia para la intelección general del *Quijote*.

La broma de los versos de *cabo roto* era una invención reciente, nacida en Sevilla y fruto muy típico de sus academias apicaradas. Su introductor en aquella ciudad fue un cierto Alonso Alvarez de Soria, poeta maleante cuya soltura de lengua y vida facinerosa le condujeron a la horca en 1603.[51] Los versillos de Urganda se nos ofrecen, pues, como una referencia básica de jaques andaluces, y de ahí su abundancia en términos tahures (*puntos, envidar, flores, figura, levas*). Los versos de cabo roto se acreditaron pronto, en los primeros años del siglo XVII, como armas de ventaja en las reyertas de la *poetambre*.

Desde los tiempos de Hartzenbusch y La Barrera[52] los versos de Urganda han venido interpretándose como una sátira contra Lope. Por

51 Rodríguez Marín, *El Loaysa de 'El celoso extremeño'*, pp. 131 y ss. Como miembro conspicuo del desenfadado grupo de poetas sevillanos, Alvarez de Soria era también un maestro del soneto burlesco. Los que escribió, hallándose preso en la cárcel real, contra el desdichado Cristóbal Flores de Alderete ofrecen incluso cierto aire de familia con los de la Academia de la Argamasilla. En el estrambote de uno de ellos se lee, por ejemplo: "... es la causa Beatriz, / Oriana gentil deste Amadís, / que aunque vejuda y pálida, / es alcahueta vil..." (*ibid*., p. 186). Sobre orígenes e historia de los versos de *cabo roto*, así como su uso por Lope de Vega, O. Jörder, *Die Formen des Sonnetts bei Lope de Vega*, Halle, Saale, 1936, pp. 129-149.

52 C.A. La Barrera, *Obras de Lope de Vega. Nueva biografía*, Madrid, Real Academia Española, 1890, I, pp. 123 y ss. La alusión a Lope es dada por segura en las anotaciones de Rodríguez Marín. Nuevo estudio en dicho sentido, dentro del cuadro de las

otra parte, el viejo Asensio y Toledo[53] reconstruyó por primera vez la
lluvia de sátiras con que un grupo de poetas de Sevilla (poco más o
menos la *academia de Ochoa*) atacó a Lope cuando vino a residir en
la ciudad en 1601, y a la cual contribuyó Cervantes con algunas de las
piezas más atrevidas. La defensa de Lope en el prólogo de Avellaneda
y su protesta contra los "sinónimos voluntarios" del *Quijote* hicieron
lo demás para producir acerca de ello un raro estado de unanimidad
entre los cervantistas. La aplicación a Lope ofrecía dos sólidos puntos
de apoyo: la risa de sus "jeroglíficos" en los escudos de sus libros (las
diecinueve torres de *La Arcadia* y *El peregrino en su patria*) y la acusación de corto en letras latinas, que tanto escoció siempre al Fénix.[54]

Contra estas respetadas conclusiones vino a alzarse el estudio
de Bataillon a que nos hemos referido anteriormente. Las levadas de
esta Urganda jaquetona no buscarían ya el cuerpo de Lope, sino el
del médico Francisco López de Úbeda, al que Cervantes guardó singular aborrecimiento hasta el fin de sus días y cuya *Pícara Justina*
(1605) venía a competir muy a destiempo con su todavía inédito *Ingenioso hidalgo*. Argumento básico de Bataillon es que la pulla contra los "indiscretos hierogli-" tendrían más clara referencia al escudo amañado del semiaventurero don Rodrigo Calderón, que por
motivo de la dedicatoria, figuraba en el frontispicio de *La pícara*.

academias madrileñas y de la dilatada historia de las relaciones entre Cervantes y Lope,
en García Soriano, *Los dos 'Don Quijotes'*, pp. 130 y ss. El ataque contra Lope en la
profecía de Urganda es también puesto de relieve por S. Zimic, "Cervantes frente a
Lope y a la comedia nueva. (Observaciones sobre *La entretenida*)", *Anales Cervantinos*, XV (1978), p. 49.

53 "Desavenencias entre Miguel de Cervantes y Lope de Vega", en *Cervantes y sus
obras*, pp. 266-291.

54 Punto ampliamente documentado por J. de Entrambasaguas, "Una guerra literaria
del Siglo de Oro. Lope de Vega y los preceptistas aristotélicos", en *Estudios sobre
Lope de Vega*, Madrid, 1946, I, pp. 318 y ss.

No podemos comentar aquí en detalle la riqueza de saber y de ingenio derrochada por el viejo maestro en favor de esta tesis favorita, que representa el estudio más detenido hasta la fecha de la profecía de Urganda. En abstracto nada tiene de extraño que Cervantes quisiera burlar de *La Pícara* y de su autor, y nuestra opinión es que ciertamente ni una ni otra salieron incólumes de los preliminares del *Quijote*. Pero ello no hace perder validez a la sátira antilopesca, porque los dardos cervantinos serían tan aplicables, en todo caso, a uno como a otro autor. Bataillon es algo olvidadizo de que la discordia entre Cervantes y Lope venía de los primeros años del siglo y que el Fénix había levantado estandarte contra el *Quijote* en el verano de 1604.[55] El escándalo por los escudos y motes en los libros lopescos arrastraba ya una larga historia y sólo podía encresparse aún más con la publicación de *El peregrino en su patria*, precisamente en Sevilla y en 1604. Lope se atrincheraba allí tras una plétora de frontispicios,

---

55 En la famosa carta donde tilda a Cervantes de pésimo poeta y hace burla del *Quijote* todavía inédito, amplia y acertadamente estudiada ahora por N. Marín, *"Belardo Furioso. Una carta de Lope mal leída"*, *Anales Cervantinos*, 12 (1973), pp. 3-37. De las dos posibilidades aquí expuestas, parece más probable que Cervantes reaccione en los preliminares del *Quijote* contra la aviesa carta de Lope, más bien que Lope contra éstos. Marín rechaza la tesis de que en la burla antilopesca del *Quijote* colaboraran otros poetas, pues "la obra de Cervantes es tan personal y unitaria que me parece imposible imaginarlo pidiendo colaboración para unos sonetos *falsos*" (p. 25, nota). Lo que esta objeción olvida es precisamente el carácter de tarea al estilo académico en alguna tertulia poética identificada con Cervantes. El mismo crítico resalta, por otra parte, la general hostilidad hacia Lope del mundo literario de Valladolid, en el que no se atrevió a hacer acto de presencia, como gato escaldado tras la mala acogida por parte de los poetas de Granada y Sevilla. Tales observaciones sacan ventaja a las de Bataillon, para quien el alejamiento de Lope de Toledo es sólo de achacar a sus amores con Micaela de Luján, que le distraerían de reyertas con los poetas de la flamante corte. Pero contra ello se levanta la carta de agosto de 1604, testimonio irrecusable de cómo Lope tiene la mirada fija en los pujantes poetas de Valladolid, ambiente cortesano de inédito y más refinado espíritu, donde sabe que nunca ha de ser aceptado. De ahí el oponerle el prestigio conservador de Toledo como otra Corte natural de España, sede muy idónea para su propia altiva (aunque aislada) monarquía y suprema instancia judicial en materia de famas literarias.

escudos y divisas de increíble agresividad y megalomanía que hacen de este libro, como observa J.B. Avalle Arce,[56] un blanco ideal para la sátira de Urganda. Por otra parte, la edición de las *Rimas* de 1602[57] ostenta en cada una de sus tres partes otras tantas dedicatorias y portadas con un escudo no menos mentiroso y "jeroglífico" que el de

56 *El peregrino en su patria*, Madrid, 1973, introducción, p. 17, nota. Sus múltiples y pesados jeroglíficos fueron diestramente leídos por Hartzenbusch en su estudio de 1862, "Cervantes y Lope en 1605", reproducido por La Barrera, *Obras de Lope de Vega. Nueva Biografía*, pp. 119 y ss. Los emblemas y jeroglíficos, a la zaga de Alciato y Horo Apolo, fueron un verdadero sarampión tardío del bajo Renacimiento español (K. L. Selig, "La teoría dell'emblema in Ispagna: i testi fondamentali", *Convivium*, 23 [1955], pp. 409-421). La composición de emblemas, jeroglíficos y acertijos eruditos fue uno de los más típicos pasatiempos de las academias (King, *Prosa novelística y academias literarias*, pp. 55, 64, 69 y 160). La moda de los libros atiborrados de jeroglíficos llega a su apogeo, a la vez que a su parodia, en *La pícara Justina*, como estudia J.R. Jones, "'Hyerogliphics' in *La pícara Justina*", *Estudios literarios a Helmut Hatzfeld*, Barcelona, 1974, pp. 415-429. El mejor y más agudo de los emblemas españoles fue inventado por Mateo Alemán como cínico frontispicio para su *Pícaro*, según explica, J.H. Silverman, "Plinio, Pedro Mejía y Mateo Alemán: la enemistad entre las especies hecha símbolo visual", *Et Caetera*, n. 14 (marzo-abril 1969), pp. 25-31. La trasnochada moda de los jeroglíficos representa una más entre tantas rupturas como se dieron entre Cervantes y las cosas aceptadas de su tiempo. Los modestos emblemas de sus portadas corresponden sólo a una marca de fábrica de sus impresores.

57 Reproduce la portada Astrana Marín, *Vida ejemplar y heroica*, V, p. 479. Para la complicada historia bibliográfica de las *Rimas*, J.M. Blecua, ed., Lope de Vega, *Obras poéticas*, Barcelona, 1969, I, pp. 3-10. Digna de especial recuerdo es en esto la rarísima edición sevillana de 1604, cuyo frontispicio ostenta "nel mezzo grande stemma in legno: un Centauro con arco sul punto di saettare, e intorno: *Salubris sagita a Deo missa*" (A. Restori, "Obras de Lope de Vega", en *Zeitschrift für Romanische Philologie*, 22 [1898], p. 99). Cervantes dio, como se sabe, un soneto laudatorio para las *Rimas* de 1602, lo cual supone, a juicio de Bataillon, un serio obstáculo a que los preliminares del *Quijote* burlen de Lope y su obra: "Era poco digno de Cervantes introducir en el libro del día una máquina de guerra contra las publicaciones lopescas de la víspera o la antevíspera, a las que había dado su aplauso" ("Urganda entre *Don Quijote* y *La pícara Justina*", p. 79). Pero dicha objeción descuida el punto fundamental de que el soneto "laudatorio" resulta ya bastante burlón, tanto de "la santa multitud de los amores" de Lope como por su indiscriminada fecundidad en libros "de ángeles, de armas, santos y pastores" (*Obras sueltas*, p. 225).

don Rodrigo Calderón: el de Juan de Arguijo, poeta indiferente para con Cervantes y que, según hoy sabemos,[58] debía su rango y opulencia a la trata de negros que ejerció su progenitor.

Una sátira contra los latinajos de un romancista muy alejado de emular al legendario Juan Latino[59] podría aplicarse al autor de La pícara igual que, por desgracia, a muchos otros contemporáneos. Pero nadie de entre éstos la merecía mejor que Lope, en consonancia además con la general censura a que se le somete en el Prólogo de 1605: los sonetos apócrifos, la mezcla de lo divino y lo humano (de nuevo, El peregrino en su patria) y, sobre todo, la erudición de acarreo y seudoclásica, pues "con estos latinicos y otros tales os tendrán siquiera por gramático; que el serlo no es de poca honra y provecho el día de hoy". López de Ubeda, por último, era persona de escaso relieve y anónima fuera de un reducido círculo de literatos profesionales. Lope, en cambio, había llegado a ser una figura pública, cuya vida, obras y aventuras andaban en boca de todos.

Si bien es cierto que La pícara Justina imprimía por vez primera una buena cosecha de versos, como allí dice, de "pies cortados" (tercetos, sextillas, séptimas, seguidillas, liras), no hay que perder de vista que éstos habían nacido ya al calor de la sátira antilopesca, con una décima del desvergonzado Alonso Alvarez de Soria contra

58 S.B. Vranich en Juan de Arguijo. Obra poética, Madrid, 1971, p. 8. Para las estrechas relaciones entre Lope y Arguijo en 1602-1604 y la posible ayuda económica del rico poeta sevillano para la publicación de obras del Fénix, S. Montoto, Lope de Vega y don Juan de Arguijo, Sevilla, 1935.

59 Sobre la aplicación del recuerdo del humanista negro a Lope y sus raídas letras clásicas, J. Millé y Giménez, "Un epigrama latino de Lope de Vega", Revue Hispanique, 51 (1921), p. 175. La conexión de dicha pulla de Urganda con el tema de los latines en el Prólogo es puesta de relieve por J. López Navío, "Génesis y desarrollo del Quijote", en Anales Cervantinos, 7 (1958), p. 186. Datos generales sobre Juan Latino en V.B. Spratlin, Juan Latino, Slave and Humanist, New York, 1938.

El peregrino en su patria y la amistad de Lope con Arguijo.[60] Por lo demás, en los *cabos rotos* de Urganda hay alusiones singularmente ceñidas a este libro, y Cortejón observó lo aplicable de

> "¡Qué don Alvaro de Lu-,
> Qué Anibal el de Carta-,
> Qué rey Francisco en Espa-
> Se queja de la Fortu-!"

a la llorona y "humillada" dedicatoria de *El peregrino en su patria*, volcando a los pies del marqués de Priego sus "desdichas peregrinas, hábito con que me visitaron el tiempo y la fortuna en los brazos de mis padres". La misma autocompasión, tan característica de Lope, era burlada también en una pieza del *Romancero general* de 1600, que no escapó a la diligencia de Rodríguez Marín como inspiración de aquellos otros versos:

> Preguntóme cierta dama
> este Belardo quién era
> y cuando su suerte supo
> me dixo de esta manera
> "¡Miren qué grande de España
> para que a lástima mueva;

---

60 La Barrera, *Obras completas de Lope de Vega. Nueva biografía*, p. 117. Rodríguez Marín, *El Loaysa de 'El celoso extremeño'*, p. 167. Al llegar a este punto parece obligado estudiar la guerra de "sonetadas" que se siguió por mucho tiempo, con *El Hermano Lope, bórrame el sone-*, por Cervantes (según algunos de Góngora o de Almendárez) y la puerca respuesta de Lope en *Pues nunca de la Biblia digo le-*. Pero la caldeada polémica ha tenido ya muchos cronistas (Asensio, La Barrera, Rodríguez Marín, García Soriano y últimamente N. Marín) y sólo anotaremos ahora la identificación popular entre Cervantes y los versos de *cabo roto* que revelan las quintillas de esta modalidad puestas en boca de don Quijote en una mascarada zaragozana de 1614 (inserta por García Soriano, *Los dos 'Don Quijotes'*, p. 185).

qué pérdida de la armada;
qué muerte de rey o reyna!"[61]

Precisa añadir que el anónimo romance tiene toda la andadura
de Lasso de la Vega, que como sabemos fue saqueado a fondo en dicho centón. Muestra, además, su característico desdén contra la blan-
denguería del Fénix, pues a su modo de ver el género romanceril pedía fazañas que celebrar, y no pequeña crónica galante como la de
aquellos otros *romances llorosos*,[62] por los que Góngora le apodaba
también *Antón Llorente*.[63] En *La entretenida* (de redacción muy cercana a la Primera Parte del *Quijote*) comparte Cervantes esta misma
burla de la blandura lacrimosa del Fénix,[64] y tampoco falta en ella un

61 Del romance *Toquen apriesa a rebato* en *Romancero general*, ed. A. González Palencia, Madrid, 1948, I, n. 584, pp. 375-376 (absurdamente atribuido a Lope). La base
tanto del texto de Urganda como de este otro pasaje es una *fisga* de fray Domingo de
Guzmán contra fray Luis de León a cuenta de una cátedra salmantina, según fue ya ad-
vertido por Gallardo (La Barrera, *Obras de Lope de Vega. Nueva biografía*, p. 124,
nota). Bataillon apunta sagazmente cómo dicho modelo era también familiar para Lasso
de la Vega: "Mirad qué sceptro de Henrico... / Ved qué Alexandro triunfante, / o qué
conquista de Egipto, / o qué mudar las columnas / desde Gibraltar al Chino" ("Urganda
entre *Don Quijote y La pícara Justina*", p. 83, nota; *Manojuelo*, p. 243). La vecindad de
los tres textos es favorable, de nuevo, a la tesis de alguna intervención de Gabriel Lasso
de la Vega en la profecía de Urganda, y aún más de haber sido aquél autor del romance
antilopesco *Toquen apriesa a rebato*.

62 "Bueno está, basta lo escrito / que ya no hay diablo que sufra,/ tantos Romances llorosos
/ con que la paciencia apuran./ Melancolizan los hombres,/ y las mujeres, en suma / lloro-
sas, moquiteando,/ mil pañizuelos ensucian" (*Romancero general*, II, n. 1034, p. 147).

63 "Ensíllenme el asno rucio / del alcalde Antón Llorente", romance contrahecho al de
Lope "Ensíllenme el potro rucio / del alcalde de los Vélez" (*Romancero general*, p.
13). El sostenido ataque de Góngora contra el lírico lloriqueo de Lope queda resumido
por el c. XII de García Soriano, "Más sátiras y parodias de Góngora. El 'yegüero llorón'" (*Los dos 'Don Quijotes'*, pp. 87 y ss.).

64 Zimic, "Cervantes frente a Lope y a la comedia nueva", pp. 83-84. Particular interés
reviste la idea aquí expuesta de que el romance *Oídme, señor Belardo* (*Romancero general*, n. 394, p. 237) pudiera ser del mismo Cervantes, en vista de sus coincidencias

soneto de *cabos rotos* por partida doble (*Si de un lacá la fuerza pode-ró*). La primera alusión de Urganda encaja con limpieza en toda esta serie temática y continúa apuntando hacia la colaboración de Gabriel Lasso en su concepto de enemigo cordial de Lope.

La profecía de Urganda no es la única composición en *cabos rotos* de los preliminares, pues aparecen también en otras del Donoso Entreverado (es decir, el probable Gabriel Lasso). Son dos décimas con epitafios a Sancho y a Rocinante, que parecen pretexto para mencionar respectivamente a *La Celestina* y al *Lazarillo*. La presencia de tales poemitas sí que podría explicarse bien por la necesidad de responder a una impertinencia de *La pícara Justina*. López de Ubeda, que conocía el *Quijote* antes de su publicación, hacía cantar vanidosamente a su Pícara:

> Soy la reyn de Picardi,
> Más que la rud conoci,
> Más famo que doña Oli,
> Que Don Quixo y Lazari,
> Que Alfarach y Celesti.[65]

Era lógico que Cervantes se ofendiera de ver a su don Quijote como pedestal de la entrometida *Pícara*, y mucho más de su rapto o transposición violenta al género picaresco, que le merecía tantas reservas. En digna respuesta, el Entreverado asocia el *Lazarillo*, como cabeza de dañada serie, con la paja y cebada del pienso de Rocinante, pero enaltece a *La Celestina* con el famoso juicio[66] de

con *La entretenida* y la profecía de Urganda (p. 85, nota). Hay que puntualizar, sin embargo, que con igual o mejor lógica podría ser también de Gabriel Lasso.

65 Ed. J. Puyol, Madrid, Bibliófilos Madrileños, 1912, II, p. 202.

66 M. Criado de Val, "Melibea y Celestina ante el juicio de Don Quijote", *Anales Cervantinos*, 4 (1954), pp. 187-197.

Libro, en mi opinión, divi-
Si encubriera más lo huma-.

López de Úbeda ha mostrado su escaso juicio al agrupar *La Celestina* con aquellos otros libros, que figuradamente podrían ser pasto de rocines. La inclusión de su *Quijote* sería tan desacertada como la de *La Celestina*, y en todo caso tan egregia compañía sólo podría redundar en honor y realce de su propia obra. Pisamos el terreno de la sátira literaria personal, reservada en uno y otro caso a los versos de *cabo roto* (arma privativa de esta clase de lides) y a cierta intervención del Entreverado. Pero el ajuste de cuentas con López de Úbeda se hace fuera de la profecía de Urganda y bajo módulo mucho más modesto que el aplicado a los lomos del gran Lope.

¿Cuántos "sinónimos voluntarios" podrá haber en esta serie preliminar? Sin la imposible exégesis de algún contemporáneo redivivo no podremos pasar de la certeza de que hay más de uno. Las posibilidades tentadoras son infinitas, y los críticos que se han precipitado a las conclusiones más dispares tienen la excusa de que aquellos versos enigmáticos están allí justamente para provocar este tipo de "académicos" ejercicios. La mención por Solisdán de alcahueterías frustradas y de infidelidades de Dulcinea hacen de veras cavilar, y de allí han saltado algunos a considerar a Lope "modelo vivo" de don Quijote, con Camila Lucinda haciendo de Dulcinea y Tirso de Sancho Panza.[67] Menos temeraria es la sospecha de que Orlando, tan imitado por Lope en su comedia de *Belardo el furioso*,

---

67 La identificación de Camila Lucinda con Dulcinea en los sonetos preliminares, originada en Hartzenbusch y La Barrera, es desarrollada, con argumentos a veces convincentes y a veces forzados, por García Soriano (*Los dos 'Don Quijotes'*, cc. X y XI). Las probables y valiosas alusiones quedan desorbitadas en el sentido de una *clef* para todo el *Quijote* por López Navío ("Génesis y desarrollo del *Quijote*") que extiende sus entusiasmos hasta identificar a Sancho Panza con Tirso de Molina.

no lleve alguna intención al hablar de "mal suceso" en amores, lo mismo que los gallardos endecasílabos:

> Orlando soy, Quijote, que, perdido
> por Angélica, vi remotos mares.

Conceptos de facilísima aplicación a la vida de Lope, reciente cantor, por cierto de *La hermosura de Angélica* (que era la de Micaela de Luján)[68] y cuyos amores con Elena Osorio le habían arrastrado a los peligros de la jornada de Inglaterra. Y lo de Amadís con aquello de "Tu sabio autor, al mundo único y solo", ¿aludirá a Cervantes en un disculpable autoelogio, o más bien al *Aut unicus aut peregrinus* de la vanidosa divisa de Lope en *El peregrino en su patria?*[69]

Todos estos interrogantes llevan ya un siglo sobre el tapete de la crítica, pero todavía cabe plantear otros algo menos ambiciosos y

---

68 Los preliminares de este poema se complacen en presentarlo como un extenso piropo a su amante: "Bolued a estar bien conmigo, / Pues nunca me ayude Dios / Si no he sacado de vos / Quanto de Angélica digo". Llueven en ella los elogios a Angélica-Micaela enlazados con los de Lope, y así cierta doña Ysabel de Figueroa: "Agrauio, Angélica bella, / Se hiziera a vuestra hermosura, / A no ser vuestra pintura, / Del que sólo pudo hazella: / Vuestro espejo se vee en ella, / Dicha a muger, que halló / Un Medoro que la amó / después de tanto sucesso, / Un Roldán que perdió el seso / Y un Lope que la pintó" (*La hermosura de Angélica. Con otras diuersas rimas*, Madrid, Pedro Madrigal, 1602).

69 El eco ridiculizado de *El peregrino* fue visto ya por Hartzenbusch y La Barrera (*Obras de Lope de Vega. Nueva biografía*, p. 125). Pero no cabe dudar de que Cervantes recordaba también los elogios aparecidos en las *Rimas* de 1602, donde el amigo de Lope Juan de Piña decía cosas como "Tiene en vuestra vega Apolo, / Por ser vuestro ingenio solo / Alma de su entendimiento". Y más aún cierto soneto de don Diego de Agreda y Vargas, donde se lee: "Que tenéis el Parnaso sacro en pesso" y "Las nueue hermanas y el diuino Apolo, / Teniéndoos en el mundo han descuidado / De mostrar su furor santo y profundo. / Y en vos como el de Arabia *único y solo* / el peso de sus ciencias han cargado / Haziéndoos un nueuo Hércules del mundo" (*Ibid.* f. 332 v).

tal vez no tan aleatorios. No sabemos, verbigracia, por qué Cervantes echaría mano de caballeros tan poco afamados con don Belianís de Grecia[70] o el del Febo. Pero merece la pena considerar que el título completo de éste último libro, original de Diego Ortúñez de Calahorra y principio de una serie iniciada en 1562,[71] era *Espejo de Príncipes y Caualleros en el qual se cuentan los inmortales hechos del Cauallero del Febo y de su hermano Rosicler, hijos del grande Emperador Trebacio*. Lo curioso es que Lope tenía, no un hermano, pero sí un cuñado de nombre Luis de Rosicler.[72] Y claro está que el Fénix no era hijo de ningún emperador, sino de un modestísimo artesano del bordado, lo cual conduce de nuevo a la sátira de sus ridículas pretensiones nobiliarias.[73]

Particularidad también de ambas series de poemas es la presencia sostenida de una burla equina: caballos que dialogan, que son ensalzados en mármoles, el llevar y traer de la palabra *paja*. No podemos captar del todo su verdadero significado, pero no cabe dudar que estamos ante un tejido de alusiones. En relación con sus posibilidades hay que recordar la rechifla de los poetas contra Lope, iniciada por Góngora y Gabriel Lasso con la parodia y excomunión de su romance

70 Escrito por Jerónimo Fernández y publicado en 1547, su única particularidad radica en el exagerado número de heridas que, sin deterioro irreparable, sufre el héroe y señor del libro (L.F. de Orduna, "*Belianís de Grecia* según los anotadores del *Quijote*", *Anales Cervantinos*, 12 [1973], pp. 179-186).

71 H. Thomas, *Las novelas de caballerías españolas y portuguesas*, Madrid, 1952, pp. 92 y ss.

72 Su biografía y aficiones astrológicas fueron documentadas por A. Tomillo y C. Pérez Pastor, *Proceso de Lope de Vega por libelos contra unos cómicos*, Madrid, 1901, pp. 269-279.

73 El mejor y más claro estudio de este aspecto del Fénix continúa siendo el de A. Morel Fatio, "Les origines de Lope de Vega", *Bulletin Hispanique*, 7 (1905), pp. 38-53.

morisco del *Potro rucio*.[74] Tal vez por ello Lope ponía, a su vez, de *rocines* a sus enemigos, y así la *Epístola a Barrionuevo*, hacia 1603:

> La pluma se entorpece, tiembla el aire
> de ver tantos rocines matalotes
> beber el agua que Helicón reparte.[75]

Varios años después, en su sonetazo de *cabos rotos*, Lope llamará a Cervantes "frisón" de su apolínea carroza, y la insultante burla caballuna no se extinguió del todo, en torno al autor del *Quijote*, en el mundillo infame de las academias de la corte.[76] Góngora, a su vez, había pasado sobre Lope un juicio lapidario: "Potro es gallardo, pero va sin freno".

Y finalmente, el caso de las *Rimas* de Lope en su versión de 1604, libro que remata con medidas colmadas de "epitafios fúnebres", poemillas de un conceptismo desangelado, que a veces no son más que pretexto para alguna fría salida de tono acerca de ilustres figuras históricas:

DE ENRIQUE DE INGLATERRA

> Más que desta losa fría
> cubrió, Enrique, tu valor

---

74 Como observa García Soriano, la vida literaria de aquellos años permite acotar una marcha temática a partir del romance morisco del *Potro rucio*, burlado por el paródico *Asno rucio* de Góngora (y por los ataques de Gabriel Lasso). De ahí al Pegaso que campea entre los jeroglíficos del frontispicio de *El peregrino en su patria*, para rematar en el estoico Rocinante (*Los dos 'Don Quijotes'*, p. 85).

75 *Rimas*, en *Obras poéticas*, ed. J.M. Blecua, I, p. 233.

76 Es probable que hubiera todavía otra agarrada, en torno al epitafio de Babieca, entre Castillo Solórzano y Cervantes (García Soriano, *Los 'Don Quijotes'*, pp. 259-260).

de una mujer el amor
y de un error la porfía.
    ¿Cómo cupo en tu grandeza
querer, engañado inglés,
de una mujer a los pies
ser de la Iglesia cabeza?[77]

En un terreno firme, el jactancioso soneto de don Belianís de
Grecia *Rompí, corté, abollé, y dije y hice*, se hace eco de uno de
aquellos epitafios, pergeñado para la sepultura de un *miles gloriosus*
en coplejas indignas de Lope y aun de nadie que se titule poeta:

DE FILONTE, BRAVO

Hendí, rompí, derribé,
raje, deshicé, rendí,
desafié, desmentí,
vencí, acuchillé, maté.
    Fui tan bravo, que me alabo
en la misma sepultura.
    Matóme una calentura,
¿cuál de los dos es más bravo? (p. 254)

(Sólo que el no menos jaque don Belianís cede allí la palma a
don Quijote).
    Tanto el catálogo de los "sinónimos voluntarios" como la defini-
tiva exégesis de tantos enigmas es probable que nos eludan todavía
por mucho tiempo. Pero aún así, lo que acerca de ello sabemos es más
que bastante para dar fe de una honda preocupación con Lope en el

---

77 *Rimas*, ed., cit., p. 247.

Quijote de 1605. Lo imperdonable a estas alturas sería seguir explicando un hecho de tal magnitud a través de meras incompatibilidades
y celos profesionales. Todo esto no era un juego para Cervantes, harto consciente, en un plano de máxima responsabilidad, de la importancia de Lope como fenómeno literario y de sus irreversibles consecuencias. Una persona de la edad y formación de Cervantes había de
ver el proceso de la poesía española como el de un río desviado de su
cauce histórico (cauce culto y "académico" en el mejor sentido del
término) por el alud creador de Lope. La comedia nueva había pasado a ser *velis nolis* el foco del esfuerzo literario español y era inútil el
querer ignorarlo. Cervantes había visto la metamorfosis de la poesía
en un ejercicio funámbulo, realizado para un público circense a muchas varas de un firme suelo de cultura clásica. La literatura de "comediaje" y de romances que hoy llamamos "artísticos" podía entenderse como un desastre de tanto bulto como para no escapar tampoco
a la sátira chocarrera de su probable colaborador Gabriel Lasso:

> Porque llegando a tratar
> ahora de los Romanos,
> lo que de ellos se estima
> son los melones y gatos (p. 39).

El autor del *Quijote* retrocedía con alarma ante la idea de una
literatura *romancista*,[78] desvertebrada de clasicismo y de serias aspiraciones intelectuales, a la vez que contagiada del libertinaje personal de Lope, con el que parecía formar un solo cuerpo temático.

---

78 Don Quijote condena ante el Caballero del Verde Gabán a "los poetas que son meros romancistas, sin saber otras lenguas ni otras ciencias que adornen y despierten y
ayuden a su natural impulso" (II, c. 16). Y en *Viaje del Parnaso*: "Pero ciertos poetas
de romance, / del generoso premio hacer esperan, / a despecho de Febo, presto alcance"
(VIII, pp. 106-108).

Demagogia destructora de toda clase de puentes para los poetas fieles a un arte superior y que los condenaba a la pena de ser sus únicos lectores y sus únicos críticos: el solipsismo tristísimo que nos pinta el *Viaje del Parnaso*[79] y al que ni el humor cervantino logra sobreponerse.

Cervantes no tiene querella contra el público de los corrales de comedias, sino con el deterioro intelectual y humano de las Letras españolas. La idea de una literatura de masas era opuesta a los principios del humanismo y del *arte* neoaristotélico. Lo que contaba no era el vulgo, que lo mismo aplaude y paga a cualquier volatinero, sino el juicio insobornable de los doctos, y por eso el simple éxito editorial no podía consolar nunca a Cervantes de la indiferencia de quienes deberían entender y no entienden, porque se dejan ir con la corriente, que aquí es la llana vega de Lope. Era un ejemplo precoz de *La trahison des clercs*, o para usar el término exacto, la traición *de los académicos*. De esos académicos de la Argamasilla, con los cuales anda de algún modo revuelto Lope, y que no ven la hora de enterrar vivo a don Quijote y cacarear sobre su sepultura.

Es el fenómeno mismo de la admiración monopolizada por Lope, en la que no hacían mella las reservas de unos cuantos poetas, aunque fueran del calibre de Cervantes y Góngora. El Fénix no dejará por ellos de ser la estrella de las academias, justas y cenáculos poéticos, demasiado dispuestos a refrendar el *es de Lope* que encarecían comadres y lacayos. Y no es sólo que las academias le colmen de lisonjas, sino que coronan también su estética literaria, hasta el punto de establecer una relación simbiótica con la nueva comedia y su mun-

---

79 Ante una situación de absoluto desinterés ambiental, Cervantes se verá puesto en trance de autoelogiarse como protesta contra la hostilidad colectiva hacia una literatura selecta y de altas miras clasicistas. Discretas observaciones sobre dichas razones vitales del pesimismo literario cervantino en E.L. Rivers, "Cervantes' *Journey to Parnassus*", *Modern Language Notes*, 85 (1970), pp. 243-248.

do corralero.[80] El gracioso de Lope adoptará la fría comicidad del vejamen académico y los interludios líricos con que se pretendía dignificar la comedia se muestran en estricto acuerdo con el gusto y canon oficial: el soneto petrarquista, las glosas, adivinanzas, y divisas de aquella poesía de juguete con que se identificaban las academias.

Toda esta situación era absurda desde un punto de vista de academicismo a la italiana. Cuando las academias de allá eran casi el único refugio de la tragedia a lo antiguo, las de España consagraban el triunfo de la comedia sin reglas ni preceptos. Un conocido texto de Cristóbal Suárez de Figueroa en su *Plaza universal de todas ciencias y artes* lamentaba que no hubiera en España academias para el estímulo de la poesía,[81] y lo dice en 1615, cuando más florecen las academias madrileñas en torno a Lope. Pero no era sólo su famoso genio atrabiliario y llevaba su razón, pues Cervantes, mucho más radical y clarividente, lo había dicho ya diez años antes: no es que no existieran las academias, sino que en España resultaban argamasillescas. La academia del Monicongo y compinches equivale así a un profundo juicio sobre el estado de las Letras españolas, y también sobre la sociedad *conflictiva* que les servía de base, y donde no reinaban ni la razón del filósofo ni la caridad de Cristo.

En perspectiva histórica, el pesimismo cervantino se hallaba más justificado en este último aspecto de sociología literaria que en el puramente artístico. Es preciso reconocer que su enjuiciamiento

---

80 "It is clear that Lope's plays were in many respects agreeable to the tastes of the critics of the time. He was doing surpassingly well what they were attempting in the academies" (Brooks, "*El mayor imposible* of Lope de Vega Carpio", p. 23). Sobre la correlación entre la comicidad del teatro y la cultivada en las academias, W.F. King, "The Academies and Seventeenth-Century Spanish Literature", *PMLA*, 75 (1960), p. 373. En las academias se representaron también comedias (King, *Prosa novelística y academias literarias*, p. 61). Lope ofrece escenas de academias, favorablemente presentadas en muchas de sus comedias (Brooks, *ibid.*, pp. 17 y ss.).

81 King, *Prosa novelística y academias literarias*, pp. 95-96.

de Lope es unilateral y se presta, a su vez, a consideraciones irónicas, porque el *Quijote* no se hallaba menos falto de credenciales ante
el arte neoaristotélico, según el Fénix le había de echar en cara con
toda justeza. Y por lo mismo, los *crusconi*, los *arcadi*, los *intronati* [82] e Italia en general, se distinguirían durante más de dos siglos en
su indiferencia, no ya hacia Cervantes, sino ante toda modernidad literaria bajo sus formas de novela, ensayo y drama.

El esperpento argamasillesco sí es plenamente válido como cifra de un mundo literario en el que Cervantes se negó a entrar con
plena deliberación. El vejamen fue sin duda el género de mayor interés y vitalidad a que, dentro de su escala, dieron origen las academias españolas. Pero aquella clase de comicidad, que de hecho supone una claudicación ante la picaresca,[83] parece hecha adrede para
marcar la distancia del humor cervantino. Al llegar a este punto resulta obligado detenerse para la fácil consideración de la absoluta
modernidad del *Quijote*, pero también puede ser de provecho recordar que Cervantes era en aquellos días un autor retrasado, supervi-
viente de otra generación ya gastada y heredero inmediato de un humanismo de leche y miel garcilasiana. Representaba, sobre todo, el
clima intelectual de la época del Emperador, cuando la *intelligentsia*
española era sesuda e irenista, no retorcida y peleona como la que
vino después y hoy se suele etiquetar de "barroca". Y hay que decirlo precisamente por el primero de todos los vejámenes conservados,
escrito por Santa Teresa para una academia mística que celebró en

---

82 Casi alcanza un valor simbólico la producción de pésimos melodramas basados en
temas cervantinos por G. Gigli a fines del XVII. Era éste uno de aquellos *Intronati*
tan respetados por el *Persiles*, conocido con el nombre académico de *l'Económico*
(R. Flaccomio, *La fortuna del 'Don Quijote' in Italia nei secoli XVII e XVIII*, Paler-
mo, 1928, pp. 35-40).

83 Sobre la progresiva identificación de la picaresca decadente con los géneros y estilos
académicos ofrece abundantes datos King, *Prosa Novelística y academias literarias*,
pp. 160-180.

amor y compaña de sus mejores amigos, y donde algo cervantino parece latir detrás de la puerta:

> *Del Sr. Francisco de Salcedo.* Y lo peor es
> que, si no se desdice, havré de denunciar de él a
> la Inquisición, que está cerca. Porque después de
> venir todo el papel diciendo: esto es dicho de San
> Pablo y del Espíritu Santo, dice que ha firmado
> necedades. Venga luego la enmienda; si no, verá
> lo que pasa.[84]

Con su inmenso saber y recursos, no cayó Cervantes (como los italianos) en la tentación de endiosar la literatura ni considerarla un universo aparte. Vio en ella, antes que nada, un hecho humano y relativo, y por eso podía comulgar en este otro arte de la monja escritora, que no supo latín ni leyó a los tratadistas, pero entendió mucho de amor divino y de condiciones humanas. Por lo mismo, pudo Cervantes reirse y jugar con la poesía, lo cual es muy distinto de vejarla o tratarla como un trasto, según escandalizaron los malhechores de la Argamasilla, en escuadra con muchos castizos contemporáneos de carne y hueso. Y por ello también, no cabe otra definición ni mejor laurel para el *Quijote* que proclamarlo aquí *el poema de la literatura en el hombre.*

---

84 *Obras completas*, ed. E. de la Madre de Dios y O. Steggink, Madrid, 1962, p. 1095. Celebrada en 1577, la academia teresiana figura entre las más precoces de las españolas, a pesar de lo cual no llega a ser mencionada en los modernos estudios acerca de éstas.

V

La tía fingida: literatura universitaria.[1]

Tras haber constituido durante el siglo XIX y parte del actual una de las cuestiones batallonas, y aun la gran piedra de escándalo de todo el cervantismo, *La tía fingida* y el problema de su autor se encuentran hoy día en virtual punto muerto.[2] Se han acallado en

1 Una versión muy resumida y sin notas del presente estudio ha sido publicada en la revista *Anthropos*, Barcelona, 98-99 (julio-agosto, 1989), pp. 77-80.

2 La complicada historia de su descubrimiento, publicación y oscilaciones de la crítica a lo largo del siglo XIX es objeto de un razonado estudio, aún vigente, por R. Foulché-Delbosc, "Étude sur *La tía fingida*", *Revue Hispanique*, 13 (1899), pp. 256-306. Hitos de la bibliografía posterior son los estudios o ediciones de Julián Apráiz, *Juicio de 'La tía fingida'*, Madrid, Real Academia Española, 1906; Adolfo Bonilla y San Martín, *'La tía fingida'*, Madrid, Victoriano Suárez, 1911; Francisco A. de Icaza, *De cómo y por qué 'La tía fingida' no es de Cervantes y otros nuevos estudios cervantinos*, Madrid, 1916; J.T. Medina, *Novela de 'La tía fingida'*, Santiago de Chile, 1919; M. Criado de Val, *Análisis verbal del estilo. Indices verbales de Cervantes, de Avellaneda y del autor de 'La tía fingida'*, Madrid, C.S.I.C., 1953; Luis Astrana Marín, *Vida ejemplar y heroica de Miguel de Cervantes Saavedra*, Madrid, Instituto Editorial Reus, 1953, 5, pp. 391-408. Lamenta la paralización de la crítica en torno a la obra Alan Soons, "Characteristics of the Late Medieval *Facetia* in *La tía fingida*", *Instituto Universitario Orientale. Annali Sezione Romanza*, 12 (1970), pp. 275-279 (275).

buena hora las polémicas, pero la naturaleza y valor de la obra también parecen haber caído entre los intersticios de la crítica hasta un grado quizás excesivo.

Continuamos, desde luego, sin "prueba" a favor ni en contra de la paternidad de la novela y las opiniones más autorizadas remiten el problema al terreno de la pura convicción personal en uno u otro sentido.[3] Pero es preciso ser aquí, de una vez, sinceros. Las condiciones de su presencia en el desaparecido manuscrito sevillano de Porras de la Cámara, junto a versiones alternativas de *Rinconete y Cortadillo* y *El celoso extremeño*, así como las amplias coincidencias en materia de léxico, sintaxis y fraseología,[4] constituyen una

3 Así, típicamente, J.B. Avalle-Arce en su edición: "Es mi opinión, tan conocida como subjetiva, que Cervantes no la escribió. Pero esto no debe afectar para nada la opinión del lector" (Miguel de Cervantes, *Novelas ejemplares*, Madrid, Castalia, 1982, 3, p. 33). Se refieren a esta edición los textos aquí citados, conforme a la versión del manuscrito de Porras de la Cámara.

4 Dicha metodología suscita hoy, casi en general, una escéptica desconfianza. Es preciso aclarar, sin embargo, que los resultados obtenidos por las rebuscas comparatistas de Apráiz, Bonilla y J.T. Medina en el aspecto fraseológico y lexicográfico con la obra de Cervantes alcanzan una densidad y abundancia casi humanamente incompatibles con tesis adversas a una pluma común. Es de notar que lo discutible aquí no es la estricta aceptación ni rechazo de dicha metodología, sino la eventual llegada de la misma a un grado de rendimiento en que la convicción de una conciencia crítica no predispuesta acaba por abrirse paso. En el caso de *La tía fingida* la cota de coincidencias obligaría, vista de cerca, a pensar en la alternativa de imitaciones o pastiches realizados adrede. Lo parco, descolorido y forzado del paralelo despojo de Salas Barbadillo practicado por Icaza se vuelve un argumento que habla por sí mismo en contra de su tesis negativa. Plantea el mismo erudito el problema en sus conclusiones finales: "Resumiendo: *La tía fingida* es trabajo paciente de copia y acomodación, en el marco reducido de una intriga novelesca rudimentaria, de escenas y conceptos sacados de los *Razonamientos* y de las *Celestinas*..." (p.168). Y donde más bien sería de enmendar por "sacados de Cervantes y su obra". Criado de Val es, por el contrario, tajante en sus convicciones: "La conclusión evidente que, en relación con el problema crítico de *La tía fingida*, se desprende de nuestro análisis, es la de no haber podido ser Cervantes su autor. Tampoco su principal imitador, Avellaneda, coincide con su esquema verbal y debe ser radicalmente excluido del problema" (*Análisis verbal del estilo*, p. 117). Criado de Val mira con simpatía

abrumadora suma de puntos en favor de una cercana relación con Cervantes. Frente a todo esto, cualquier argumento negativo ha podido sonar en algún momento a bueno. Para D. Francisco A. de Icaza bastaba la huella eventual de los consejos de la Nanna a su hija la Pippa para que *La tía fingida* no pudiera avecindarse en el canon cervantino, pues ¿cómo imaginar al glorioso autor regodeándose hasta aquel punto con los *Ragionamenti* del Aretino?

La resistencia histórica al acercamiento de ambos nombres debe mucho a gazmoño prejuicio contra una obra que ha sido a veces calificada en los términos más duros. La consagración por la fama tiende siempre entre nosotros a realizarse conforme a un molde todavía hagiográfico, con elevación a altares, culto a las reliquias y piadoso velo corrido sobre flaquezas y pecados. En su fama oficial Lope hubo de ser, como se sabe, un fervoroso y ejemplar sacerdote, y la misma Real Academia Española hizo cuanto pudo para silenciar por mucho tiempo el testimonio irrefutable de los documentos en contrario.[5] En el caso de Cervantes se ha preferido confinar a la letra diminuta de los pies de página (si no ya ignorar por completo) la evidencia de su fama juvenil de poeta obsceno, su vicio tahúr o la tendencia de las mujeres de su familia a una vida irregular como meretrices de buen tono, importante dato sociológico acerca de la escasa auotoestimación que en aquélla predominaba. En un plano estrictamente literario, se olvida cómo el carnaval y la bufonería constituían en aquel momento géneros por completo legítimos y que

hacia el propio Porras de la Cámara como posible autor, pero su opinión dista de haber sido aceptada por la comunidad cervantista. Además de basarse sobre la exclusiva, estrecha base del uso de tiempos del subjuntivo, su planteamiento no puede superar el problema previo de la provisionalidad y eventual grado de fidelidad de la copia llegada a las manos del eclesiástico sevillano.

5 Agustín González de Amezúa, *Lope de Vega en sus cartas*, Madrid, Real Academia Española, 1941, 3: liv.

Cervantes cultivaba, a conciencia, con todo entusiasmo. La crítica se
ha pasado más de un siglo mirando para otro lado con tal de no dar
cuenta ni razón de la buenaventura con que la castísima gitanilla Preciosa fustiga y ajusta sus cuentas a la esposa del Teniente de Madrid,
pieza antológica del mester del "loco" de corte[6] y al lado de la cual
resultan harto pálidos los supuestos atrevimientos de *La tía fingida*.
Si ésta se centrara sobre algún tema patriótico o devoto (digamos Lepanto o algún misterio de Nuestra Señora), en vez de hacerlo sobre
un tema picante, las dudas y controversias serían sin duda menores.
    Vista sin anteojeras ¿qué es entonces *La tía fingida*? Desde el
punto de vista técnico cabe responder que una novelita elemental,
basada en una transparente estructura dramática. El tema de impos-
tura era uno de los más básicos del teatro menor de entremeses y
bailes, con frecuente inclusión de tal o cual *fingido* (desde "cocine-
ros" o "viudas" hasta "químicos") en multitud de títulos,[7] sin olvidar entre ellos *El vizcaíno fingido* de cierto Miguel de Cervantes. Un
entremés "traducido" al plano narrativo, conforme a lo que puede
haber sido etapa primeriza en un largo y frecuentado viaje cervantino desde el drama a la novela. "Conténtese con su *Galatea* y comedias en prosa; que eso son las más de sus novelas: no nos canse",[8]
murmuraba en la época la malevolencia simplista, pero tal vez no

6 Francisco Márquez Villanueva, "La buenaventura de Preciosa", *Nueva Revista de Filología Española*, 34 (1985-1986), pp. 741-768. Estudio incluido en el presente volumen.

7 Corresponde esta observación a Icaza, *De cómo y por qué 'La tía fingida' no es de Cervantes*, p. 129. Había también anotado con anterioridad su corte "entremesil" Apráiz, *Juicio de 'La tía fingida'*, p. 17.

8 Alonso Fernández de Avellaneda, *El ingenioso hidalgo don Quijote de la Mancha*, ed. F. García Salinero, Madrid, Castalia, 1971, p. 53. Se ha intentado, a partir de la misma idea, identificar las distintas *Novelas ejemplares* con los títulos de comedias perdidas de Cervantes; Miguel Herrero García, "Una hipótesis sobre las *Novelas ejemplares*", *Revista Nacional de Educación*, 10 (1950), pp. 33-37. Para el caso del *Quijote*, José M.

descaminada, del turbio Avellaneda. Un entremés o comedia em-
brionaria, iniciada con escena de serenata nocturna, seguida de obligados *quid pro quos* relativos a la historia de sobrina y tía. Acción
centrada sobre aventuras nocturnas en la morada de ambas mujeres,
con el habitual recurso al *slapstick* en el agarre de las dos viejas alcahuetas. Desenlace no menos previsible, con llegada de la justicia e
ida a la cárcel de toda la *non sancta* compañía. Semejante "entremés" de *La tía fingida* no sería, en sí, mejor ni peor que los otros
muchos que entonces se escribían a modo de munición industrial
para el consumo de los corrales de comedias. Tampoco mucho más
desvergonzado, en cuanto al tema, que tanta moneda corriente en
aquella literatura abierta sin reparo a las mayores barbaridades y sa-
les gordas.[9] Pero en todo caso, mucho menos cínico y verbalmente
naturalista que aquel otro entremés titulado *El viejo celoso*.

Nótese, además, que casi todo el escándalo de *La tía fingida* viene a vueltas de unas cuantas palabras como *flor*, *viña*, *jardín*, *cerradura*, *postigo* en dilogías eróticas de lo más común en la época,[10]
además del mal entendido (conforme a un artificio también teatral) de
pringue por "trilingüe". Cuando la dueña asegura al estudiante "generoso" que para él "no habría puerta de su Señora cerrada" (p. 358),

Martín Morán, "Los escenarios teatrales del *Quijote*", *Anales Cervantinos*, 24 (1986),
pp. 27-46. Para otros aspectos de composición y estilo, Jill Syverson, *Theatrical Aspects
of Cervantes' Prose: A Study of 'Don Quixote'* (tesis doctoral, Harvard University,
1979). Los trasfondos dramáticos de la novela corta han sido objeto de estudios como el
de Nina M. Scott, "Honor and Family in *La fuerza de la sangre*", *Studies in Honor of
Ruth L. Kennedy*, Chapel Hill, Estudios de Hispanófila, 1977, pp. 125-132.

9 Véase "El entremés y sus temas", en Hannah E. Bergman, *Ramillete de entremeses y
bailes*, Madrid, Castalia, 1970, pp. 12-19.

10 Se hallan, con excepción de la última, en Pierre Alzieu, Robert Jammes, Yvan Lissorgues, *Poesía erótica del Siglo de Oro*, Barcelona, ed. Crítica, 1984. *Postigo* se autoriza con un texto de Alfonso Álvarez de Villasandino en Camilo José Cela, *Diccionario
del erotismo*, Barcelona, Grijalbo, 1982.

el vocablo se juega igual que en el caso de la señora Belerma, cuya palidez no se debería en modo alguno al "mal mensil, ordinario de las mujeres, porque ha muchos meses, y aun años, que no lo tiene ni asoma por sus puertas" (*DQ*, 2, 23). Dentro de un claro *double standard*, ciertas cosas pasan por chocarrerías si se hallan en *La tía fingida* y como grandes donosuras si aparecen en el *Quijote*.

Es preciso corregir a continuación que la relativa simplicidad estructural de *La tía fingida* no basta a negarle su medida de dignidad artística ni su neta adscripción final a una clara perspectiva de orden novelístico. El esquema entremesil que acaba de ser esbozado deja en cierto momento de ser eficaz y no le hace entera justicia. El desenlace de la novelita no puede ser más distinto y contiene además un germen de problematización que no solían admitir en la época la comedia ni su público. Sin ánimo de volver a polémicas hace ya mucho superadas,[11] sus conclusiones de fondo se acreditan similares a la "ejemplaridad" muy auténtica, pero no sermonaria ni convencional, que sella toda la colección publicada en 1613.[12]

La tía fingida está llena de pinceladas narrativas perfectamente ajustadas a lo que es preciso llamar un firme encuadre semiológico. La justicia, tanto civil como poética, no ajusta allí cuentas más que con las infames explotadoras, y siempre ha sido obvio que el relato

11 Américo Castro, "La ejemplaridad de las novelas cervantinas", *Hacia Cervantes*, Madrid, Taurus, 1967, pp. 451-474. Para Bonilla "*La tía fingida* no es ni más ni menos ejemplar que otras novelas cervantinas" (*La tía fingida*, p. 156).

12 No es en esto fácil de compartir el juicio de Soons según el cual la obra y su "profanation of wholesome values and its ultimate disregard for whether virtue is taught or vice reproved, obliges us to situate it outside the class of the *exemplum* and also that of the *novela*", ("Characteristics of the Late Medieval *facetia* in *La tía fingida*", p. 275). Menos aún el extremoso juicio de William Byron, para quien la obra "is not merely obscene; it is pointlessly obscene" (*Cervantes: A biography*, New York, Doubleday, 1978, p. 481). También Astrana Marín: *El celoso extremeño* podía quedar adecentado con ciertos retoques, "pero *La tía fingida* no admitía arreglo, para 'sacar algún ejemplo provechoso'" (*Vida ejemplar y heroica*, 5, p. 392).

trata a la pecadora "sobrina" con una buena dosis de simpatía.[13] Contra los prejuicios de mayor arraigo social en la época, un estudiante enamorado se vuelve de espaldas a toda consideración de honra, conveniencia o provecho para casarse sin más con una mujer de tan inequívoca historia. A contrapelo también de otras ideas aceptadas o populares, la cabra no tirará esta vez al monte (como hará la Leandra del *Quijote*) y se ganará, a título de prueba para una buena esposa, hasta el cariño de un suegro puesto al tanto de lo realmente sucedido.

La "ejemplaridad" de la obra no es trivial ni tampoco recóndita. Al llegar su desenlace queda claramente enunciada bajo la fórmula corroborante de "tal fuerza tiene la discreción y la hermosura" (p. 370), tesis casi indistinguible por lo demás de la que ofrece en su final *La española inglesa*: "Esta novela nos podrá enseñar cuánto puede la virtud y cuánto la hermosura...".[14] Si en la cortesana Esperanza hay sobre todo belleza y no excesiva virtud, media en cambio el interés de la prioridad cronológica de *La tía fingida*, fechable hacia los primeros años del siglo XVII y en cualquier caso anterior a 1609-1611, en que debió de escribirse la otra novela también ejemplar.[15] La anglo-española Isabel da, pues, un paso por el camino de

---

13 Apráiz, *Juicio de 'La tía fingida'*, p. 17.

14 *Novelas ejemplares*, 2, p. 100.

15 Véase Rafael Lapesa, "En torno a *La española inglesa* y el *Persiles*", *Homenaje a Cervantes*, Madrid, Mediterráneo, 1950, 2, pp. 367-388 (380). Sobre el enraizamiento de aquella novela ejemplar en el tema del amor triunfador de todo obstáculo, Manuel da Costa Fontes, "Love as an Equalizer in *La española inglesa*", *Romance Notes*, 16 (1974-1975), pp. 742-752. En otra dirección, Guido Mancini, "La morale della *española inglesa*", *Aspetti e problemi delle letterature iberiche. Studi offerti a Franco Meregalli*, Roma, Bulzoni, 1981, pp. 219-236. Tampoco será de olvidar aquí la forma como Cervantes fue tal vez el primero en pasear por la escena la semidesnudez femenina (Sturgis E. Leavitt, "'Strip-tease' in Golden Age Drama", *Homenaje a Rodríguez Moñino*, Madrid, Castalia, 1961, 1, pp. 305-310 [306]).

la virtud cuantitativa, así como la gitanilla Constanza superará a ambas al incorporar, además, la Poesía a un insuperable trinomio de perfección femenina. Cronologías aparte, se pisa con todo esto un discurso cervantino de la hermosura por completo familiar y que *La tía fingida*, podría decirse, redondearía a modo de punto o estadio elemental de partida. Como bien sabe la ya experta Esperanza, lo único que en amor individualiza a los hombres de Letras es ser tanto más susceptibles a la seducción amorosa, "porque tienen entendimiento para conocer y estimar cuánto vale la hermosura" (p. 362). Los despiertos estudiantes de la novela quedaron por eso poco menos que extáticos al contemplar por primera vez a Esperanza, "que esta prerogativa tiene la hermosura, aunque sea cubierta de sayal" (p. 351). El "perro sabio" Berganza se acreditaba más que nunca de tal al proclamarse incapaz de ensuciar con su boca las blancas manos de la moza que cierto día le arrebatara un pedazo de carne. *La tía fingida* podría haberse llamado, con el mismo o mayor derecho, *La fuerza de la hermosura*.

El autor, quienquiera que haya sido, se complace en burlar con hábil quiebro la expectativa de sus lectores, dándoles una buena materia de reflexión e invitándoles a poner en tela de juicio algunos de sus más consagrados valores. Una crítica decimonónica, como es todavía la de Icaza, seguía encontrando "absurda" la boda del estudiante con la linda ex-ramera,[16] y de seguro refrenaba su conciencia burguesa para no calificarla, a la vez, de idea intolerable o escandalosa. El sorprendente desenlace no es, por lo demás, un simple postizo, pues comienza ya a perfilarse en la respuesta de Esperanza a su tía, cuando ésta topa con una inesperada resistencia a la bárbara cirugía con que repetidamente es vendida por virgen. La inesperada inflexión del relato va acompañada de un momento mágico, cuando,

16 *De cómo y por qué 'La tía fingida' no es de Cervantes*, p. 28.

en la casa invadida del silencio nocturno, la bella pupila escucha re-concentrada, "bajos los ojos, y escarbando el brasero con un cuchillo, inclinada la cabeza sin hablar palabra" (p. 361). Figura femenina su-mida en profunda meditación, da en aquel momento vida a la estampa de la melancolía según la iconología o jeroglífica renacentista.[17] El lector habrá de aceptar el misterio inviolado de tan profundo ensimis-mamiento, al que siguen, por parte de la joven, unas razones tan cíni-cas como entristecidas acerca de la naturaleza humana (sólo que aquí "masculina"), además de la lección, ya bien asimilada, de "ser ángel en la calle, santa en la iglesia, hermosa en la ventana, honesta en la casa, y demonio en la cama" (p. 362). Pero todo ello no es sino exor-dio o preparación para una briosa respuesta en que Esperanza co-mienza a afirmarse en rebeldía contra el infame oficio que le ha sido impuesto: "Pero con todo eso estoy resuelta en mi determinación, aunque se menoscabe mi provecho..." (p. 363). Suponen tales pala-bras el acta de ese "segundo nacimiento"[18] que caracteriza al típico

17 Motivo, por lo demás, favorito también para Cervantes, como explica Isaías Lerner, "Aspectos de la representación en *El amante liberal*", *Filología*, 22 (1987), pp. 37-47.

18 "Todos los principales personajes cervantinos han nacido dos veces: la primera por la gracia de Dios; la segunda, por su propia elección" (Luis Rosales, *Cervantes y la libertad*, Madrid, 1959, 1, p. 358). El sentido especial de libre determinación, no absolu-ta en teoría, sino limitada en el sentido de seguir la propia inclinación natural, con im-plícita desembocadura en "un sentido de moral autónoma", fue en su día puntualizado por Américo Castro, *El pensamiento de Cervantes*, Barcelona-Madrid, Noguer, 1972, pp. 337-39. La naturaleza de don Quijote como personaje "incitado" es descrita por A. Bolaño e Isla, "La voluntad de ser en don Quijote", *Anuario de Letras*, 1 (1961), pp. 99-102. Un personaje como la gitanilla Preciosa representaría la forma como Cer-vantes "transforma la libertad de la Naturaleza en una libertad de la Voluntad", según Joaquín Casalduero, *Sentido y forma de las novelas ejemplares*, Madrid, Gredos, 1969, p. 70. Con el *Quijote* "por primera vez, en las letras occidentales al menos, un artista se ha lanzado a explorar los problemas y posibilidades que surgen cuando la voluntad de un hombre se convierte en su propia conciencia" (J.B. Avalle-Arce, "Don Quijote o la vida como obra de Arte", *Cuadernos Hispanoamericanos*, 242 [febrero, 1970], pp. 247-80 [256]). "Cervantine heroes are beings who freely select a way of life and

personaje cervantino, hermanándola, en su "determinación", con la
forma como éste se adueña, para bien o para mal, de su propia vida y
alcanza en ello la dimensión artística de lo novelable. La corrompida
"niña" Esperanza se halla tan dispuesta a no seguir siendo lo que es
como la mora Zoraida a hacerse cristiana, la pastora Marcela a persis-
tir en su virginidad montaraz o don Quijote a inmortalizarse como caballero andante. En una latente pero clara y omnipresente polémica
contra el modelo picaresco, la libertad humana se impone una vez
más a los determinismos de la sangre, educación y rango social.[19]
Ajena a ningún espíritu de prédica convencional, los móviles morales son en esto secundarios, o mejor dicho inexistentes: la discreta
"sobrina" va a escapar muy pronto de la infame tutela de Claudia no
para redimirse, arrepentida, en una vida virtuosa, sino para librarse
de un oficio que le resulta particularmente odioso:

> La Esperanza, que de más bajo partido fuera
> contenta, al punto que vio el que se la ofrecía,
> dijo que sí y que resí, no una, sino muchas veces,
> y abrazólo como a señor y marido (p. 369).

Contra el radical concepto agustiniano-calvinista proyectado
de hecho por la picaresca (sobre todo alemaniana), la libertad humana no se anula en la elección automática del mal. Aun sin entrar en
ninguna controversia teológica, hombres y sobre todo mujeres son,

execute a gratuitous act.. existential heroes in what has been called the first existential
novel", escribe Darío Fernández Morera, "Cervantes and the Aesthetics of Reception",
Comparative Literature, 18 (1982), pp. 405-419 (409).

19 Para la historia crítica de la oposición o diferencias entre las respectivas estéticas literarias de Cervantes y Mateo Alemán (Casalduero, Castro, Blanco Aguinaga, etc.) véase
el estudio de Gonzalo Sobejano, "De Alemán a Cervantes: monólogo y diálogo", *Homenaje al Prof. Muñoz Cortés*, Murcia, 1977, pp. 713-29.

por fortuna, algo más complicados que eso. Criada desde su niñez para la prostitución de alto rango, Esperanza aceptará muy gustosa la vida prosaica de un ama de casa pueblerina, preferible para ella a los esplendores, tan costosamente adquiridos, de *cortigiana onesta*. En la familia de Cervantes tendía a ocurrir más bien lo contrario.

Aspavientos y escándalos ante el tema de *La tía fingida* no toman tampoco en cuenta su clara adscripción genérica a la literatura celestinesca. Lejos de incurrir en simple chocarrería, el desenfadado diálogo de sus personajes no supone sino una estilización relativamente depurada de las crudezas que el mundo prostibulario de la alcahueta acarreaba inevitablemente consigo. La misma queja y máximo atrevimiento verbal de Esperanza distaba de constituir ningún estreno, pues figuraba ya entre las muchas desvergüenzas puestas en boca de cierta arquetípica *comadre* del pueblo por el viejo Rodrigo de Reinosa:

> E viéndome en tal error
> Al tiempo del desposar,
> Yo me fui a consejar
> Con la partera Leonor,
> Y dióme por muy mejor
> Con aguja et hilo junto
> En lo mío un negro punto,
> De que pasé gran dolor.[20]

Salvo que lo que en el coplero Reinosa era sólo una rafez nota burlesca, funciona en la economía narrativa de *La tía fingida* como

---

20 Bartolomé José Gallardo, *Ensayo de una biblioteca española de libros raros y curiosos*, Madrid, 1889, 45. Reinosa debió con gran probabilidad de anteceder a Rojas y constituye una de las fuentes indudables de éste, según Stephen Gilman y Michael J. Ruggerio, "Rodrigo de Reinosa and *La Celestina*", *Romanische Forschungen*, 73 (1961), pp. 255-84.

eficaz núcleo expresivo y gracioso punto de amarre para una comunicación entre personaje y lectores en lo relativo al aborrecimiento de aquella infame vida y sus forzosas servidumbres.

El tema jocoso de la *restitutio virginitatis* constituía, dentro del género celestinesco y sus reflejos populares, uno de los más trillados y familiares para todo el mundo. La sorpresa no es allí sino la nota de elegancia dentro de una eventual intertextualidad con obras como *Coplas de las comadres* de Rodrigo de Reinosa y todo ese mundo aparte de las olvidadísimas imitaciones y continuaciones de *La Celestina*.[21] Latía en el fondo de esta última cierta atormentada perplejidad ante el problema de la prostitución, como una de las actas acusadoras del autor contra una sociedad supuestamente cristiana. Fernando de Rojas, judeoconverso, estudiante y bachiller por Salamanca, había tenido con toda probabilidad un encuentro traumático con la lujuria rampante en los medios universitarios y su institucionalización dentro de lo que desde siglos era quintaesencialmente un universo de "clérigos".[22]

21 Véase el recorrido y balance del género realizado por Pierre Heugas, "'*La Celestine*' *et sa descendance directe*", Bordeaux, Université de Bordeaux, 1973. Sobre la obsesión celestinesca de Cervantes, Conchita Herdman Marianella, "'*Dueñas y doncellas' A Study of the Doña Rodríguez Episode in Don Quijote* ", Chapel Hill, University of North Carolina, 1979. La inserción celestinesca era, en cambio, para Menéndez Pelayo una razón militante contra la paternidad cervantina de *La tía fingida*: "Doña Clara de Astudillo y Quiñones es una copia fiel de la madre Celestina, pero tan fiel que resulta servil, y no es éste el menor de los indicios contra la supuesta paternidad de la obra. Cervantes no imitaba de esa manera que se confunde con el calco. Un autor de talento, pero de segundo orden, bastaba para hacerlo. Quizá el tiempo nos revele su nombre, acaso oscuro y moderno, cuando no desconocido del todo; que estas sorpresas suele proporcionarnos la historia literaria y no hay para qué vincular en unos pocos nombres famosos los frutos de una generación literaria tan fecunda como la de principios del siglo XVII" (*Orígenes de la novela*, Santander, C.S.I.C., 1943, 3, p. 456). No será preciso apostillar que semejante "calco" no existe más que en la imaginación de don Marcelino.

22 Aspecto estudiado por Francisco Márquez Villanueva,"*La Celestina* as Hispano-Semitic Anthropology", *Revue de Littérature Comparée*, 60 (1987), pp. 425-453; sobre el

La universidad medieval ha sido definida en su aspecto socio-demográfico como "un grupo masculino, con fuerte mayoría de célibes y jóvenes".[23] La vida del estudiante se hallaba reconocidamente sujeta a crisis sentimentales o "accidentes del alma" no muy diferentes al sufrido por el estudiante manchego de *La tía fingida*, por lo cual el médico valenciano Pedro Fagarola aconsejaba a sus hijos (unos tres siglos atrás) el capearlos como mejor pudieran, con espíritu de paciencia y la ayuda tanto divina como de buenos compañeros.[24] El amor venal ha sido desde el principio y en todas partes una de las grandes realidades humanas de la vida universitaria. La prostitución encontraba en ella uno de sus medios naturales y fray Antonio de Guevara inventaba, conforme a lo mismo, un clásico pa-

arraigo de los hábitos celestinescos en el ambiente universitario salmantino, *ibid.* pp. 440-441. Para la importancia de la Universidad en los orígenes de la obra de Rojas véase el c. VI "Salamanca", en Stephen Gilman, *The Spain of Fernando de Rojas*, Princeton University Press, 1972. En cierto discurso pronunciado en la academia valenciana de los Nocturnos en 1591 se hacen las siguientes reflexiones: "Cuentan de una reyna, que Dios aya, que tenía mucha imbidia a las cortesanas de Salamanca; y piensan algunos contemplatiuos que era ello porque suelen tratar con gente discreta, desenfadada y de pocos años, y aunque en parte se açercan a la raçon, es cierto que se oluidan de la más principal de su motivo: y es ser toda aquella gente, aunque no perfectamente pícara, muy allegada a la fineza picaresca, porque todos aquellos reuerendos manteos y bonetes están empapados en ella" (Daniel L. Heiple, "El apellido *pícaro* se deriva de *picar*. Nueva documentación sobre su etimología", *La picaresca: orígenes, textos y estructuras. Actas del I Congreso Internacional sobre la Picaresca*, Madrid, Fundación Universitaria Española, 1979, p. 226).

23 Jacques Le Goff. "Les universités et les pouvoirs publics au Moyen Age et à la Renaissance", *Pour un autre Moyen Age, Temps, travail et culture en Occident*, París, Gallimard, 1977, p. 208.

24 Lynn Thorndike, *University Records and Life in the Middle Ages*, Nueva York, Columbia University Press, 1944, p. 159. "Advice from a Physician to his Sons", *Speculum*, 6 (1931), pp. 110-114. Ilustra este tipo de crisis sentimental, sin alejarse tampoco del caso de *La tía fingida*, lo ocurrido en el mismo *Guzmán de Alfarache* (1604), cuando el enamoramiento fulminante y apresurado matrimonio con Gracia, la hija de una mesonera alcalaína, frustran la ya avanzada carrera eclesiástica del protagonista.

sado "académico" para su "enamorada antiquísima", la griega Lamia (alternativamente, y conforme a otra opción al uso, su colega
Layda inició su carrera como mujer de campamento):

> Antes de que ella viniese a poder, o por mejor decir,
> a perder al rey Demetrio, anduvo mucho tiempo
> por las achademias de Athenas,a do ganó muchos
> dineros, y aún echó perder muchos mancebos.[25]

Bajo tal planteamiento, la comunidad académica, con sus masas de estudiantes y sus falanges de prostitutas había de ser por fuerza uno de los campos favoritos de la alcahueta. La típica identificación, por ejemplo, de París con una imagen de galantería claramente
tiene su origen en este hecho sociológico de la universidad medieval. Bajo la protección de las inmunidades académicas, siempre se
consideró allí normal una intensa actividad prostibularia en el mismo seno del barrio universitario. Los predicadores tuvieron siempre
en ello un buen tema en que emplearse y, hacia 1220, Jacques de
Vitry lamentaba tamaño escándalo con indignadas reflexiones:

> In una autem et eadem domo scole erant superius,
> prostibula inferius. In parte superiori magistri le-
> gebant; in inferiori meretrices officia turpitudinis
> exercebant. Ex una parte meretrices inter se et cum
> lenones litigabant; ex alia parte disputante et con-
> tentiose agentes clerici proclamabant.[26]

---

25 *Libro primero de las epístolas familiares*, ed. J.M. de Cossío, Madrid, Real Academia Española, 1952, 1, p. 440.

26 *Historia Occidentalis*, ed. J. F. Hinnebusch, Fribourg, UP Fribourg, 1972, p. 91. La
profanidad y lujuria inseparable de la vida estudiantil era un lugar común en la predica-

No era muy distinta la situación de Bolonia, que literalmente tenía también su burdel en medio de las mismas escuelas.[27] Salamanca no iba a diferir en esto de la regla, por lo cual se la reconocía como capital de la prostitución en toda Castilla. Una de sus más conocidas tradiciones consistía en el ruidoso recibimiento colectivo de las rameras que regresaban el lunes de Pascua, tras una forzada ausencia de la ciudad durante la Cuaresma y Semana Santa. El comienzo del curso lectivo salmantino anunciaba la gran temporada de la prostitución, de donde el refrán *A Salamanca, putas; que ha venido San Lucas*.[28] El paso por Salamanca de estrellas fugaces como Esperanza y su "tía" era fenómeno bien conocido y que solía prodigarse a comienzos del curso, cuando las bolsas estudiantiles conservaban aún dinero fresco.[29] No faltan tampoco datos concretos acerca de la plaga

ción y literatura didáctica de la época. Véanse los estudios de Charles H. Haskins, "The University of Paris in the Sermons of the Thirteenth Century", *American Historical Review*, 10 (1904), pp. 1-27; "Manuals for Students", *Studies in Medieval Culture*, Oxford, Clarendon Press, 1929, pp. 72-91. El uso que de noche se hacía de las mismas aulas parisinas motivó en 1358 una enérgica intervención real (Lynn Thorndike, *University Records and Life in the Middle Ages*, pp. 241-243). Jurídicamente se consideraba prostituta sin necesidad de más prueba a toda mujer que visitara a un estudiante, así como los caseros carecían del derecho de prohibir que éstos llevaran a sus casas a mujeres de mala vida (*ibid.*, pp. 390-391). También Annie E. Dunlop, "Scottish Student Life in the Fifteenth Century", *Scottish Historical Review*, 26 (1947), pp. 47-63.

27 Guido Zaccagnini, *La vita dei maestri e degli scolari nello studio di Bologna nei secoli XIII e XIV*, Ginebra, Leo S. Olschki, 1926, p. 61. La relación entre cortesanas y maestros y estudiantes de la Universidad de Nápoles quedó recogida en arquetípicas epístolas latinas comentadas por Guido Manacorda, *Storia della scuola in Italia*, Milano-Palermo-Napoli, Remo Sandron, 1914, I, parte II, p. 101.

28 Maxime Chevalier, "Un personaje folklórico de la literatura del siglo de Oro: el estudiante", *Seis lecciones sobre la España de los siglos de Oro. Homenaje a Marcel Bataillon*, Sevilla, Universidad de Sevilla-Université de Bordeaux, 1981, p. 49.

29 Gustave Reynier, *La vie universitaire dans l'ancienne Espagne*, Toulouse, 1902, pp. 54-56. Sobre la población de mujeres fáciles, concentrada en el barrio vecino al

del proxenetismo en dicha ciudad a lo largo de siglos. El modismo *ir
a Alcalá*, segunda ciudad universitaria española, se utilizó con el sentido de "haber aprendido las artes de la prostitución y tercería".[30] El
recurso a un intermediario profesional era más o menos natural y
obligado (por más que hoy nos parezca repulsivo) en una época en
que la mayoría de las mujeres ni siquiera podían leer un billete amoroso. Como en todas partes, la vida del estudiante era allí una mezcla
habitual de piedad y de lujuria bajamente satisfecha, como ahora
ilustra con precisión matemática el inestimable documento del diario
salmantino del rico italiano Girolamo da Sommaia en los años aquí
claves de 1603 a 1607.[31] Ha correspondido al poeta hispalense Juan
de Salinas el encarecimiento del encuentro galante, que espera en

Tormes, junto a las tenerías y tradicional "casa de Celestina", J. García Mercadal, *Estudiantes, sopistas y pícaros*, Madrid, 1934, p. 128.

30 Se podía decir de una moza experta en tareas galantes y celestinescas "que por dicha ya sabía / yr a Alcalá por natural camino" (Cristóbal de Tamariz, *Novelas en verso*,
ed. D. Mc Grady, Charlottesville, 1974, p. 193).

31 Joven de rica y noble familia florentina, llevó un minucioso diario o, más bien, con-
tabilidad de sus actividades durante la parte final de sus estudios de leyes en Salamanca. La minuciosa anotación de frecuentísimos actos de *dolcitudine*, cotizados a razón
de entre cuatro y ocho reales, permite reconstruir con bastante detalle este mundo superior de la prostitución en el ambiente universitario, animado por mujeres (Petrona, las
Rajonas, la Azafranada, las Carvajalas, la Serrana, Isabel de Guzmán, las Carrascas,
etc.) de todas las edades: "Vennero le Rajone a Salamanca et la uecchia stette in mia
casa", anota Sommaia el 18 de septiembre de 1604 (George Haley, ed., *Diario de un
estudiante de Salamanca*, Acta Salmanticensia, 27, Salamanca, Universidad de Salamanca, 1977, p. 161). El 16 de noviembre de 1605 fue con un condiscípulo "a uedere la
Belasche, Doña María, doña Micaela et doña Sebastiana la madre" (p. 427). Viven estas mujeres en grupos a veces al parecer semifamiliares y en otras ocasiones terminan
presas o expulsadas de la ciudad. Lo mismo el inventario de los pecados confesados y
su correspondiente tarifa penitencial, con entradas como "Diciotto fornicationi. Due
adulterii. De baci" (p. 42). Todo ello cuando no "mi dette un incendimento di Priapo"
necesitado de especial tratamiento médico (p. 289).

casa a la vuelta de las pesadas lecciones.[32] Porque es erróneo que, como cree Icaza,[33] los escolares de entonces no pensaran más que en acallar como pudieran el hambre y rascarse las proverbiales sarnas. Por el contrario, el sexo no era menos perentorio o imperioso que el estómago en aquel mundo de hombres siempre sin mujeres. En la *Tragicomedia de Lisandro y Roselia* (1542) de Sancho de Muñino, la Celestina de turno describe cómo las rameras de la ciudad tienen sus casas atestadas de Decretos, Baldos, Scotos, Avicenas y otros libros, con que, a falta de dineros, la población estudiantil retribuye a menudo sus fornicantes servicios.[34] Las continuaciones e imitaciones de *La Celestina* constituyeron un género muy salmantino, cultivado por lo que hoy diríamos "intelectuales" con grados universitarios, que miraban hacia un círculo de inteligentes compañeros como su público inmediato. Todos se despacharon a su gusto en el manejo de estos obligados temas.

Quiere decir, por tanto, que al presentarse *La tía fingida* como historia de veras ocurrida en Salamanca en 1575, ahondaba en una de las dimensiones primarias del tema celestinesco, que sólo de un modo indirecto había venido reflejando su arraigo en la experiencia estudiantil. No era necesario en la época mencionar con sus palabras ciertas cosas que todos estaban hartos de conocer, y *La Celestina* de Rojas sin duda levantó ronchas en Salamanca, sobre todo al exponer

---

32 Henry Bonneville, *Le poéte sévillan Juan de Salinas (1562?-1643). Vie et oeuvre*, Paris, PUF, 1969, p. 43.

33 Según éste, "lo que en Venecia sucedía no era transplantable a Salamanca... No era, en suma, campo donde podía tender hábilmente sus redes la vieja Claudia, y no están de acuerdo su conocimiento de la vida y sus doctas y sagaces advertencias teóricas —que muy en su lugar estaban entre los potentados de Venecia—, con la práctica que en Salamanca, y entre la turba estudiantil, habrían de alcanzar" (*De cómo y por qué 'La tía fingida' no es de Cervantes*, p. 40).

34 *Las Celestinas*, ed. M. Criado de Val, Barcelona, Planeta, 1976, p. 986.

de un modo sobrio, pero devastador, a la alcahueta como lanzadera privilegiada entre el prostíbulo y el mundo de la alta clerecía. Tras su publicación, los reglamentos académicos se esforzaron, al parecer sin gran éxito, en cortar los respetuosos y bien transitados puentes que se tendían entre los escolares acomodados (mayormente clérigos) y cierto mundo de la prostitución. La conciencia moral del Estudio salmantino había sido puesta en carne viva por las palabras de Celestina, con su recuerdo de tantos "bonetes" como en sus buenos tiempos se le "derrocaban" nada más poner pie en la Iglesia. En una virtual respuesta polémica a la cínica alcahueta se vedó una y otra vez a los estudiantes la visita de lugares sospechosos, el hablar con viejas en la calle y, muy en especial, el quitarse los bonetes para saludar en público a alguna ramera.[35] *La tía fingida* no deja de cumplir fugaz y cautelosamente con la tradición, comparando por una

---

35 En 1527 los estatutos del colegio de Santa Cruz de Cañizares vedan que los colegiales no anden por "callejuelas extraordinarias y adonde viven mujeres de ruín vida y trato, mucho menos entrar en casas de semejantes mujeres, ni puede hablar con ellas a la ventana o puerta, ni quitarles el bonete, ni hacer cualquier otro comedimiento, y de ninguna manera se puede detener en hablar con mujer en calle, aunque sea vieja y sin sospecha" (Luis Sala Balust, *Constituciones, estatutos y ceremonias de los antiguos colegios seculares de la Universidad de Salamanca*, Salamanca, Acta Salmanticensia, 1963, 1, p. 359). La prohibición se hizo para en adelante rutinaria. Los reglamentos de los colegios salmantinos de los siglos XVI y XVII son unánimes en prescribir las más rigurosas penas contra los que mantienen concubinas dentro o fuera de la ciudad, así como contra quienes introduzcan en sus habitaciones alguna mujer, con indiferencia a la reputación o categoría social de ésta. Véase la documentación aportada por Fulgencio Riesco Terrero, *Proyección histórico-social de la Universidad de Salamanca a través de sus colegios (siglos XV y XVII)*, Salamanca, Acta Salmanticensia, 1970, con repetidísimas leyes contra el pernoctar fuera de los colegios, introducir mujeres, visitas de monjas y especial el acompañar y quitar el bonete a mujeres sospechosas. El colegio de Santo Tomás Cantuariense mandaba que "a las mujeres principales en cualquier parte que se encuentren, se les ha de quitar el bonete y hacer cualquier buen cumplimiento con tal que no se llegue a acompañarlas" (p. 78 n.). Prohibiciones que, a su vez, parecen calcadas de las de instituciones similares del siglo XIII, como ocurre con los reglamentos del primitivo colegio de la Sorbona. Véase Gabriel L. Astrik, "Robert de Sorbonne", *Revue de l'Université d'Ottawa*, 23, 1953, pp. 473-514 (485).

vez al acaudalado don Félix con un canónigo[36] al decir de una boca celestinesca. Sin posibilidad material de seguir por dicho arriesgado camino, ha de centrarse depués en el tema sucedáneo de los estudiantes ricos o "generosos". Pero aun así, ante la aparición callejera de tía, sobrina y acompañamiento,

> los dos estudiantes derribaron su bonete con un extraordinario modo de crianza y respeto, mezclado con afición, plegando sus rodillas e inclinando sus ojos, como si fueran los más benditos y corteses hombres del mundo (p. 351).

Los reglamentos colegiales ya podían mandar lo que quisieran, pero los bonetes no dejaban de caer, puntuales y vencidos, al paso de la belleza venal.

La discutida novela continúa, pues, una tradición literaria muy precisa y que, en cuanto tal, tiene poco que ver con Aretino y su mundo. Hay, además, un claro propósito de pintar un cuadro "a noticia" del medio universitario. Inicialmente una especie de relato ambientado que ni siquiera perdona los eternos conflictos entre *Town and Gown*,[37] con el fácil rescate de Esperanza de entre las mismas manos de un no muy temible corregidor, que termina por irse a su casa "corrido y afrentado" (p. 368). A tono con el aire académico de la ciudad, la vieja Claudia tampoco se abstiene de ofrecer a su "so-

---

36 En la misma clase de reconocimiento o tributo a una tradición, en el entremés de *La guarda cuidadosa* (basado en la eterna competencia amorosa entre el clérigo y el caballero) el soldado increpa al lindo objeto de la discordia por su mal gusto en conformarse "con el muladar de un sota-sacristán, pudiendo acomodarte con un sacristán entero, y aún con un canónigo" (*Entremeses*, Ed. Asensio, Madrid, Castalia, 1970, p. 132).

37 En cierto motín ocurrido en 1592 los estudiantes llegaron a dar muerte a un alcalde mayor de Salamanca (Agueda María Rodríguez Cruz, "Vida estudiantil en la hispanidad de ayer", *Thesaurus*, 26 [1971], p. 384).

brina" una solemne lección de cátedra que con toda pompa titula
Consejo de Estado y Hacienda. Sus palabras resuenan con solemnes
ecos didascálicos en una casa sumida en la total quietud nocturna:

> Advierte, niña, que no hay maestro en toda esta
> Universidad, por famoso que sea, que sepa tan
> bien leer en su facultad, como yo sé y puedo en-
> señarte en este arte mundanal que profesamos;
> pues así por los muchos años que he vivido en
> ella y por ella, y por las muchas esperiencias que
> he hecho, puedo ser jubilada en ella... (p. 361).

El aire y estilo de la docta ciudad "que es llamada en todo el
mundo madre de las ciencias, archivo de habilidades, tesorera de los
buenos ingenios" (p. 360), supone por ello un reto o prueba suprema
para el profesionalismo de una cortesana *comme il faut*. La vieja
Claudia había comenzado por eso su lección explicando las cualidades y puntos flacos con que hay que contar en la conducta amorosa
de tantos estudiantes "de diferentes partes y provincias" (p. 360):
vizcaínos, aragoneses, valencianos y catalanes, castellanos nuevos,
extremeños, andaluces (en especial cordobeses), gallegos, asturia-
nos y portugueses. Iguales en su común sumisión al imperio del
sexo, pero diferentes todos ellos en sus mañas a la hora de satisfacerlo y más aún de pagarlo.

Es la página antológica que por sí basta para hacer memorable
la obra. El desfile de los donosos estereotipos acredita, no sólo el saber mundanal de la "catedrática", sino una mano de maestro que la
retrata a través del mismo en toda su perversa facundia y sutileza de
ingenio, conforme a la nota esencial de la alcahueta hispana y sus
antecesoras en la tradición oriental. No en vano el editor Bergnes,
primer escéptico (1832) acerca de la paternidad cervantina, vacilaba
en su convicción únicamente ante "la pintura que hace de varias

provincias nuestras".[38] De aquí el comprensible regocijo de Icaza al identificar como fuente directa los consejos en que la Nanna dibuja para su hija una similar tipología de su previsible futura clientela: españoles, alemanes, romanescos, florentinos. Frente a Cervantes, todo esto acreditaría al autor de *La tía fingida* como un ingenio alicortado y semiplagiario, que se rebajaba a los relieves de mesa tan innoble como la de Aretino.

Menos que nunca tendríamos hoy ningún motivo para mirar con escándalo la alta probabilidad de que Cervantes conociera los *Ragionamenti* de Aretino, que incluso se habían traducido paliada y parcialmente al español por el beneficiado sevillano Fernán Xuárez en 1548.[39] Con ello no habría hecho sino recurrir a una referencia obligada en lo relativo al gran tema renacentista de la cortesana y su mundo. Perfectamente familiarizado con el mismo, Cervantes lo esbozó en un rasguño maestro a través de la Hipólita Ferraresa del *Persiles*, quien, del modo más clásico, vive en Roma una aventura sentimental en torno al protagonista masculino de la obra.[40] La situación

38 Foulché-Delbosc, "Étude sur *La tía fingida*", p. 279. Apráiz, por el contrario, se muestra particularmente incómodo ante el mismo juicio: "He aquí un terreno que nos resulta altamente antipático, no habiendo podido jamás persuadirme de que Cervantes hiciese de propósito odiosas comparaciones entre regiones nacionales, todas igualmente respetables, ni de que pueda darse más alcance que el particular y determinado que en su respectiva situación ofrecen los personajes y aventuras de las obras cervantinas" (*Juicio de* 'La tía fingida', p. 199). Astrana Marín observa agudamente cómo la versión del manuscrito de la Colombina pasa por alto la calificación negativa de los gallegos, justificada a su modo de ver por el deseo de Cervantes de no desagradar a su protector el conde de Lemos (*Vida ejemplar y heroica*, 5, p. 408 n.).

39 Icaza, *De cómo y por qué 'La tía fingida' no es de Cervantes*, p. 165. Desde hace casi un siglo viene sospechándose que el maldiciente Clodio del Persiles pueda esconder un retrato del Aretino, como expone Emilio Orozco Díaz, "Una introducción al *Persiles* y a la intimidad del alma de Cervantes", *Arbor*, 11 (1948), p. 230.

40 La situación de dicho episodio dentro de una aún no bien reconocida literatura de la cortesana en la literatura de la época queda esbozada por Francisco Márquez Villanueva,

de *La tía fingida* invierte sin embargo la de Aretino, pues aquí es la
aún virginal Pippa quien, a impulsos de una vocación incontenible,
importuna a su madre la Nanna para que la adoctrine en los secretos
de su oficio. Los paralelos entre los *Ragionamenti* y *La tía fingida*
aducidos por Icaza son en general convincentes, pero a la vez no muy
significativos por su adscripción de motivos o lugares comunes del
viejísimo tema de los cínicos consejos de la vieja a la joven enamorada o en vías de una carrera galante. El argumento de Icaza flojea,
para colmo, en el punto esencial de la comparación entre los estereotipos, escasa en variedad y relativamente vacua y de poca gracia en
Aretino, junto al rico altorrelieve cómico de éstos en *La tía fingida*.
Dicha relación es allí de orden secundario, si no ya mínimo.[41]

Si el autor de la novela pudo recoger algún estímulo creador en
Aretino, el desfile tipológico se justifica además dentro de aquélla
por razones que nada deben al genial cínico italiano. La enumera-
ción de *La tía fingida* recoge brillantemente la intensidad con que
las diferencias de origen nacional o geográfico se estaban todavía
viviendo en las universidades de mayor tradición medieval. Desde
principios del siglo XIII, las universidades de Bolonia y París incor-
poraron a su gobierno el principio de *nationes* o comunidades que
reunían a los estudiantes por su procedencia.[42] Funcionaban en París como una asociación sobre todo de maestros, mientras en Bolo-

"Literatura, lengua y moral en *La Dorotea*", *Lope: vida y valores*, San Juan, Editorial de
la Universidad de Puerto Rico, 1988, pp. 151-162.

41 Como señala Astrana Marín, Icaza exageraba notablemente. No hay en *La tía fingida*,
como éste reclama, "grandes trechos copiados literalmente", sino sólo algunas frases dis-
persas, mientras que en lo relativo a los arquetipos regionales "llamar a esto imitación del
Aretino (por un pálido reflejo de lo que el tal escribe de algunos caballeros de Italia) no es
argüir contra la paternidad de Cervantes" (*Vida ejemplar y heroica*, 5, pp. 93 y 406).

42 Véase el clásico estudio de Pearl Kibre, *The Nations in the Medieval University*,
Cambridge, Mass, Medieval Academy of America, 1948. De entre una larga bibliografía

nia servían más bien como cofradías de beneficiencia y socorros mutuos. Dotadas de importantes atribuciones, como era en París la organización de exámenes, las *nationes* gozaron en sus buenos tiempos de una medida de autogobierno, con autoridades, sellos, patronos y fiestas propias. El espíritu particularista de las tales originaba continuos roces y rivalidades, que a veces venían a parar en serias violencias. Las mutuas acusaciones y roces entre las *nationes* constituían un agitado y cambiante telón de fondo de la vida cotidiana en las universidades de aquellas épocas.

En París, por ejemplo, los españoles y en general europeos meridionales se acogían a la nación francesa. Salamanca copió, como todas las universidades, lo esencial del sistema, según figura en sus estatutos de 1411 (primeros conservados).[43] Su organización res-

cabe también citar los trabajos de Hastings Rashdall, *The Universities of Europe in the Middle Ages*, Oxford, Clarendon Press, 1895, 2, part 2, pp. 369-372. Michel Huisman, "L'étudiant au Moyen Age", *Revue de l'Université de Bruxelles*, 4 (1898-1899), pp. 45-67. Jacques Le Goff, *Les Intellectuels au Moyen Age*, París, Le Seuil (1957), p. 82. Leff Gordon, *Paris and Oxford Universities in the Thirteenth and Fourteenth Centuries*, Nueva York, Wiley and Sons, 1968, pp. 51-67. Sven Stelling-Michaud, "La storia delle università nel Medioevo e nel Rinascimento", *Le origini dell'Università*, ed. G. Arnaldi, Bolonia, Il Mulino, 1974, pp. 205-208. Elisabeth Mornet, "*Pauperes scolares*. Essais sur la condition matérielle des étudiants scandinaves dans les universités aux XIVᵉ et XVᵉ siècles", *Le Moyen Age*, 84 (1978), pp. 53-102.

43 Kibre, *The Nations in the Medieval University*, p. 157. Las constituciones del papa Martín V para la Universidad de Salamanca en 1422 establecen que el rector sea un año castellano y al siguiente leonés, según Enrique Esperabé Arteaga, *Historia de la Universidad de Salamanca*, Salamanca, 1914, 1, p. 55. Menciona las "naciones" y conflictos que desde un principio causaban Vicente Beltrán de Heredia, "Los orígenes de la Universidad de Salamanca", *La Ciencia Tomista*, 81 (1954), p. 93. En 1565 el colegio de San Bartolomé establecía la pena "del colegial que apellidare tierras ni provincias", pero los incidentes de esta clase seguían produciéndose en Alcalá en fechas tan tardías como el curso 1644-45 (Emilio de la Cruz Aguilar, *Lecciones de historia de las Universidades*, Madrid, Civitas, 1987, p. 77). La decadencia era con todo manifiesta: "Hacia el siglo XVII, la 'nación' ya había perdido, si es que alguna vez lo tuvo, su carácter universitario, quedando reducida a una corporación, generalmente integrada por gente díscola, protegida por los más ricos e influyentes, que se tomaban la justicia por su mano, cuando las otras naciones

pondía al modelo boloñés y, en ausencia de fuertes grupos extrape-
ninsulares, sus *nationes* se agrupaban por las diócesis de procedencia de su estudiantado:

A) Obispados de León, Salamanca, Coria, Bada-
   joz y Ciudad Rodrigo.
B) Obispados de Santiago, Orense, Mondoñedo,
   Lugo, Túy y Portugal.
C) Obispados de Burgos, Calahorra, Osma, Si-
   güenza, Palencia, Avila y Segovia.

En conjunto, y a grandes rasgos (salvo por no acoger a los aragoneses), son los mismos grupos regionales a cuyo comportamiento
erótico pasa revista la lección magistral de la vieja proxeneta Claudia. En el período estudiado, los escolares se agrupaban en torno a
determinados apelativos o insignias que graciosamente enumera
una loa de la época:

> De los pueblos que provienen
> sus insignias los señalan;
> unos llevan la aceituna,
> otros botellas riojanas,
> el chorizo Extremadura
> y la espiga castellana.[44]

---

molestaban a los del propio bando, sin tener en cuenta para nada las autoridades académicas, lo cual se explica por la crisis que entonces sufría el principio de autoridad en la
salmantina" (Rodríguez Cruz, "Vida estudiantil en la hispanidad de ayer", pp. 367-368).
No me ha sido posible consultar el estudio de Amalio Huarte y Echenique, *La nación de
Vizcaya en la Universidad de Salamanca en el siglo XVI*, Salamanca, Calatrava, 1920.

44 Rodríguez Cruz, "Vida estudiantil en la hispanidad de ayer", p. 389.

La invocación de la aceituna, el vino, el chorizo o la espiga (Andalucía, Aragón, Extremadura y Castilla) bastaba para reclamar, en caso de apuro individual, la ayuda indiscriminada de todo el grupo. La acción de la novela acoge también como básico este tipo de solidaridad y enfrentamientos, según acredita y confirma el diario de Girolamo da Sommaia.[45] Los amigos estudiantes que madrugan en codiciar a Esperanza son ambos manchegos y por ello reclutan, dentro de su nación, a "nueve matantes de la Mancha" para la empecatada serenata nocturna. La procedencia regional actúa como atributo o referencia primordial en el caso de todo estudiante desconocido. Basta en *La tía fingida* que cierto bellacón graduado *in utroque jure* pronuncie la palabra *chorizos* para que los presentes lo clasifiquen en el grupo o nación extremeña.

Sobre todo, la caracterización adversa o mutuamente acusadora de las *nationes* era también un tema tradicional que *La tía fingida* aborda, como era obligado, desde un divertido ángulo erótico. De nuevo correspondió a la elocuencia de Jacques de Vitry el esbozo más clásico de esta colorista faceta de la vida universitaria:

> Non solum autem ratione diuersam sectarum uel occasione disputationum sibi inuicen aduersantes contradicebant; sed pro diuersitate regionum mutuo dissidentes, inuidentes et detrahentes, multas contra se contumelias et obprobria impudenter proferebant, Anglicos potatores et caudatos affirmantes, francigenas superbos, molles et mulierbriter compositos asserentes, Teutonicos furibun-

---

45 Así, el 3 de diciembre de 1603 "sucesse in scuola la mattina una gran mistia tra Estremeni et Biscaini ne dettero", Haley (*Diario*, p. 265). 15 de enero de 1604: "Mischia fra gli scolari artisti naturali, et Portughesi" (p. 374). 16 de julio de 1603: "Sucesse una quistione fra un Gallego, et un Biscaino" (p. 291). 2 de diciembre de 1606: "Garbuglio tra Biscaini, et Portughesi" (p. 574).

dos et in conuiuiis suis obscenos dicebant, nor-
manos auten inanes et gloriosos, pictauos prodi-
tores et fortuna amicos. Hos autem qui de Bur-
gundia erant brutos et stultos reputabant.
Britones autem leues et vagos iudicantes, Arturi
mortem frequenter eis obiciebant. Lombardos
auaros, malitiosos et imbelles; romanos seditio-
sos, uiolentos et manus rodentes; siculos tyran-
nos et crudeles; brabantios uiros sanguinum, in-
cendiarios, rutarios et raptores; flandrenses
superfluos, prodigos, comessationibus deditos et
more butyri molles et remissos, apellabant. Et
propter huiusmodo conuitia, de uerbis frequenter
ad uerbera procedebant.46

La "tía" caracterizaba en general a los estudiantes salmantinos,
tal cual eran, como "gente moza, antojadiza, arrojada, libre, liberal, afi-
cionada, gastadora, discreta, diabólica y de humor", pero quiere que, a
su vez, no ignore la bella discípula la importante distinción de que

Esto es en lo general, pero en lo particular, como todos, por la mayor parte, son forasteros y de diferentes partes y provincias, no todos tienen unas mes-
mas condiciones; porque los vizcaínos... (p. 360).

---

46 *Historia Occidentalis*, p. 92. De nuevo se muestra aquí desorientado Icaza, para
quien "la adaptación resulta tanto más forzada, cuanto que, necesariamente, entre los
estudiantes castellanos y los andaluces, gallegos, vizcaínos o, de cualquiera de las demás provincias españolas, no podía haber las diferencias esenciales que, según la Nanna separaban y distinguían a los príncipes, embajadores, cardenales y ricos mercaderes
de diversas naciones, en los hábitos y maneras de corresponder y remunerar los favores
femeniles" (*De cómo y por qué 'La tía fingida' no es de Cervantes*, pp. 40-41).

Con semejante lección de "etnología amorosa"[47] no hacía la
vieja mostrarse más académica que nunca, su añadidura de un nuevo capítulo a lo que desde siempre había sido un nódulo esencial de
las tradiciones universitarias.[48]

No es cuestión de replantear aquí la también vieja contienda de
si Cervantes llegó a realizar algunos estudios de orden superior o
académico, bien fuese en Salamanca o en alguna otra parte.[49] Baste
anotar que *La tía fingida* no es ninguna naturalista *tranche de vie*
que de por sí requiera observación o familiaridad de primera mano
con tales ambientes. No es cosa tampoco de echar la culpa a su autor
por su énfasis en la prostitución dentro de un reconocible manejo tópico del tema universitario. Cervantes estaba por una visión amable
de la vida estudiantil, tan estimada del perro Berganza:

> Finalmente, yo pasaba una vida de estudiante sin
> hambre y sin sarna, que es lo más que se puede en-
> carecer para decir que era buena; porque si la sarna
> y el hambre no fuesen tan unas con los estudiantes,
> en las vidas no habría otra de más gusto y pasatiem-
> po, corren pareja en ellas la virtud y el buen gusto, y
> se pasa la mocedad aprendiendo y holgándose.[50]

47 Icaza, *De cómo y por qué 'La tía fingida' no es de Cervantes,* p. 20.

48 No creo que exista en este momento ningún estudio especializado acerca de dicha
tradición de dictados típicos relativos a las *nationes* universitarias. La coincidencia o
más bien claro empalme entre las quejas de Jacques de Vitry y la lección magistral de
La tía fingida es, sin embargo, prueba inequívoca de su existencia en España.

49 Fernández de Navarrete y después doña Blanca de los Ríos trataron sin éxito de justificar unos estudios de Cervantes en Salamanca a su vuelta del cautiverio argelino, de
1581 a 1583. Véase la discusión de este punto por Luis Astrana Marín, *Vida ejemplar y
heroica,* 3, pp. 183-187. Cervantes debió de conocer de muy joven el ambiente universitario de Alcalá, su ciudad natal (1, p. 161).

50 *Novelas ejemplares,* III, p. 265.

La tía fingida es muy clara acerca de lo que este lenguaje cifrado entendía por "holgarse". La obra no es, en realidad, sino un anticipo de la clásica pintura alegre de aquella vida (de la opereta *El príncipe estudiante* al novelón *La casa de la Troya* y muchos etcéteras), que entonces requería dicho tema, igual que después habría de ir a parar a la blanda acuarela del estudiante o artista y la griseta, sobre un fondo de buhardillas románticas. Algo muy distinto, por ejemplo, de la densa y compleja imagen que acerca de Sevilla y sus gentes iban a crear *Rinconete y Cortadillo*, *El rufián dichoso*, *El celoso extremeño* y *El coloquio de los perros*. Lo que el autor de la *Tía fingida* conocía a la perfección no era tanto la vida estudiantil (abordada por Cervantes en diversos momentos de su obra) como su literatura. Por ello su mejor página o punto más alto se hace eco en esto de lo que debía ser una especie de género menor de cierta temática interna del medio académico, en la que igualmente se insertaban también los temas celestinescos. Su catálogo de las *nationes* peninsulares es un producto de algún modo erudito, en clara descendencia de páginas como la de Jacques de Vitry, a través de una cadena de remotas intertextualidades, imposibles de reconstruir hoy en detalle, a causa de una típica situación de "estado latente" según la terminología de Menéndez Pidal y su escuela.

No se trata con todo este encuadre de resolver el problema de autoría de *La tía fingida*, sino de comprender que no deja de ser una obra exenta de fuerte coherencia ni de una razonable estructura, que ciertamente no desdice, por encima del tema, de la de cualquier otra novela en el mejor sentido "ejemplar". Lo que no se reconoce en ella es nada de accidental, de simple experiencia directa o de algo no cuidadosamente planeado. Su color tanto local como temporal (o si se prefiere, ausencia real y directa de ambos)[51] no proviene de lo

51 Astrana Marín responde a los que consideran deslucida y carente de color local la pintura de Salamanca: tampoco lo ofrece el Londres de *La española inglesa*, ni las tierras septentrionales del *Persiles* (*Vida ejemplar y heroica*, 5, p. 407).

visto ni oído, así como tampoco de ningún fondo de tradición popular. Se reconoce allí un manejo del tema estudiantil cuyo carácter
sostenidamente tópico obliga a postular en su autor una despierta
conciencia literaria, porque justo es esa clase de "oficio" lo que nunca se configura al azar ni se halla al alcance de cualquier aficionado.

Harina de otro costal y manifiesto quiebro superador e irónico
es el que toda esa convencionalidad mostrenca termine luego por
desviarse en dirección opuesta, para asestar un duro coletazo a los
prejuicios e ideas aceptadas del momento. Dicho en otras palabras,
la no pequeña sorpresa de que pudiera desprenderse de allí un personaje de tan vigorosa salud como aquella Esperanza, tan opuesta a lo
convencional de una Egipciaca, una pícara Justina y no se diga una
Mimí, figuras literariamente enfermas, en este contexto, de impor-
tuno ascetismo, desvergüenza o tuberculosis. La conciencia de
transgresión se halla sin duda presente en la obra, y así, por ejemplo,
(en lo que se deja reconocer como un verdadero *tic* cervantino en
torno a la legislación tridentina sobre el matrimonio), se la procura
ahuyentar con la salvedad (mecánicamente opuesta a aquel donoso
casamiento) de "que aún no estaba hecho con las debidas circunstancias que la Santa Madre Iglesia manda" (p. 369).[52] Centrada,
(como *La gitanilla*, *La ilustre fregona* y *La española inglesa*) sobre
un atrayente personaje femenino, *La tía fingida* podría hacer digna
aunque opuesta pareja a *La serrana de Tormes*,[53] deliciosa comedia
de Lope en torno al mismo fondo temático del erotismo universita-

---

[52] Véase la larga nota de Américo Castro, *El pensamiento de Cervantes*, Barcelona,
Noguer, 376, p. 74.

[53] Lope de Vega, *Obras dramáticas*, Madrid, Real Academia Española, 1930, p. 9. En
relación con el mismo tema de la vida prostibularia en torno a la universidad es de tener
en cuenta, como precedente de brutal naturalismo, la *Farsa llamada Salmantina* de
Bartolomé Paláu, publicada en 1542 y reeditada por A. Morel Fatio, *Bulletin Hispanique*, 2 (1900), pp. 237-304.

rio y escrita hacia 1590-95, pero donde el Fénix puso, como siempre, tanto de sus propias experiencias y correrías.

Si *La tía fingida* constituye por derecho propio un digno tema de estudio en independencia de toda consideración acerca de su autor, no menos viene a ser cierto, a la inversa, que el problema de su cercanía o alejamiento respecto a Cervantes es de por sí insoslayable, y por lo mismo tiende a invadir en todo momento el foco de la atención estudiosa. Constituiría el ignorarlo tanto un delito de irrealismo como, más aún, de lo que habría que llamar hipocresía crítica. La erudición cervantista, tan desarrollada en algunos sentidos, dista todavía de recapacitar en otros ante el peso de ciertas realidades básicas y las ramificadas alternativas que éstas originan. Probablemente habremos de hacernos todavía a la idea de que Cervantes era, con todas sus consecuencias, un escritor "de baúl". Un arca o baúl en que se acumularían proyectos, esbozos y obras impublicables, inacabadas o pendientes de revisión. Debieron recogerse allí los escombros de una inmensa obra y la estela material de un creador no fácil, pero sí prolífico y meticuloso que (como cuenta el *Quijote*) bien podría haberse dejado en alguna venta una maleta con los manuscritos de *El curioso impertinente* y de *Rinconete*.[54] Se comprende que Cervantes recurriera al polvoriento repositorio para el compromiso de lecturas privadas o copias para los amigos, cuando no para remozar o encrustar sus materiales en obras de mayor envergadura. Nos habla él mismo de obras suyas que circulan descabaladas y sin nombre de autor,[55] pero ade-

54 La capacidad explicativa de dicho "baúl" ha sido recientemente puesta de relieve por Geoffrey Stagg, "The Refracted Image: Porras and Cervantes", *Cervantes*, 4 (1984), pp. 139-153 (143). Se rechazan aquí las ideas de E.T. Aylward, para quien los materiales del manuscrito de Porras de la Cámara representarían originales plagiados más tarde por Cervantes.

55 "... y otras obras que andan por ahí descarriadas y, quizá, sin el nombre de su dueño". Prólogo de *Novelas ejemplares*, 1, p. 63.

más quiere que expresamente conozcamos el dato precioso de cierto "cofre" donde tanto sus comedias invendibles como probablemente muchas otras obras habrán de dormir para siempre: "... y assí las arrinconé en un cofre, y las consagré y condené al perpetuo silencio".[56] Dicho baúl, cuya pérdida o dispersión significa el máximo desastre en toda la historia de las Letras españolas, puede ser la clave de muchas cosas extrañas, desde los estratos cronológicos en la elaboración del *Persiles*[57] hasta la paternidad nunca reclamada de *La tía fingida*. Es muy posible que, como tantas veces se ha dicho, Cervantes la eliminara de su colección de 1613 para evitarse enojosos problemas de censura. Pero también, y en instancia no menos firme, por su carácter tal vez primerizo y necesitado de una revisión a fondo[58] conforme a los exigentes criterios que se autoexigía en esa fecha.

Una vez más, no se trata con esto de barrer *La tía fingida* hacia el canon cervantino, sino de ceñir el problema irresuelto a un terreno

---

56 *Comedias y entremeses*, ed. R. Schevill y A. Bonilla, Madrid, 1915, 1, p. 9.

57 Cuestión estudiada por Rafael Osuna, "Las fechas del *Persiles*", *Thesaurus*, 25, 1970, pp. 383-433. En matizado acuerdo se muestra J.B. Avalle Arce, en su edición de *Los trabajos de Persiles y Sigismunda*, Madrid, Castalia, 1969, p. 15. El *Quijote* mismo ofrece un complejo problema de revisión y prioridades cronológicas en lo relativo a la comedia de *Los baños de Argel* y la historia del Cautivo. Ésta se habría escrito hacia 1589 o 1590 según Franco Meregalli, "De *Los tratos de Argel* a *Los baños de Argel*", *Homenaje a Casalduero*, Madrid, Gredos, 1972, p. 401. Lo mismo se ha insinuado acerca del episodio pastoril de Marcela y Grisóstomo por J.D. Ford, "Plot, Tales and Episode in *Don Quixote de la Mancha*", *Mélanges de linguistique et de littérature offerts à M.A. Jeanroy*, París, 1928, p. 315.La reelaboración y *recycling*, tanto de lo grande como de lo pequeño, constituye sin duda una constante de la obra cervantina. Uno de los sonetos de *La entretenida* es reelaboración poco feliz de ciertas octavas de *La Galatea*, según advierte J.B. Avalle Arce, "On *La entretenida* de Cervantes", *MLN*, 74 (1959), pp. 418-21.

58 Para Astrana Marín, Cervantes de veras sometió a revisión el primitivo texto contenido, sobre poco más o menos, en el manuscrito de Porras de la Cámara y el resultado final vendría dado entonces por la versión del manuscrito de la Colombina (*Vida ejemplar y heroica*, 1, p. 405). Se mueve, sin embargo, en un terreno de mera opinión.

más circunscrito. Aparte de las consideraciones que se enunciaron al principio, la obra reúne valores y características internas que permitirían prohijársela sin la menor violencia. No constituye esto, sin embargo, la famosa "prueba" que tanto desearíamos, pues cabe también otra clara alternativa, que sería siempre la de un temprano imitador consciente y sistemático, que no dejaba de contar también como un curtido cultivador de la pluma. No se trata aquí de ningún postulado de orden irreal o caprichoso: el rico ambiente literario de Sevilla a fines del XVI, que apenas si conocemos más que de un modo anecdótico, puede reservar todavía muchas sorpresas. ¿Qué sería "de verdad" la que Rodríguez Marín llamó *Academia de Ochoa*, pero que he propuesto rebautizar como *Academia del Soneto Burlesco?* [59] Cervantes aprendió y hubo, a su vez, de enseñar mucho en Sevilla. El sempiterno espíritu festivo de la metrópolis andaluza sin duda habría de sellarle para siempre, pero es al mismo tiempo imposible que algunos, al menos, de los abundantes ingenios locales no reconocieran de algún modo su supremacía literaria. Sabemos muy poco, por ejemplo, de la etapa juvenil de Luis Vélez de Guevara, que contó siempre con la mayor simpatía y admiración por parte de Cervantes y entre cuyas dotes destacaba una gran capacidad de asimilación mimética, como habría de demostrar años después con respecto al arte y estilo de Quevedo en su *Diablo Cojuelo* (1641). Cabrían acerca de esto múltiples especulaciones que no son de este momento, pero baste por ahora la evidencia de que, aunque a cortos pasos, no dejan de ir haciéndose también ciertas luces para la crítica. La *Carta a Don Diego de Astudillo*, con la jocosa relación de la fiesta de San Juan de Alfarache el día de San Laureano de 1606, atribuida un tiempo al mismo Cervantes y sin duda muy cercana técnicamente

---

59 Francisco Márquez Villanueva, "El mundo literario de los académicos de la Argamasilla", *La Torre* (nueva época), 1 (1987), pp. 9-43 (16). Incluido en el presente volumen.

a su obra (adoxografía a todo pasto), se perfila hoy como obra bastante probable del bien humorado eclesiástico local Juan de Salinas.[60]

Pero a su vez, las anteriores consideraciones no deberían conducir tampoco a una actitud pirronista o salomónico dictamen del tipo "rey que rabió"[61] en torno a La tía fingida, cuya atribución se habría dado probablemente por resuelta dentro de una erudición habitual y "ortodoxa" a no tratarse de Cervantes y de una obra de aquella naturaleza, para algunos indeseable. La posibilidad meramente teórica de un imitador deliberado ha de mantenerse como una opción crítica de claro orden secundario mientras carezca de apoyos más concretos. Conforme a una lógica estricta, y en ausencia de la famosa "prueba" en uno u otro sentido, la cuestión de La tía fingida obligaría a elegir hoy en la bifurcación de un dilema harto bien perfilado. No significa esto, sin embargo, que ambas ramas o cornua de éste equivalgan o lleven igual peso dentro de una consideración humanamente objetiva del problema. Aunque en sí viable y digna de tomar en cuenta, la tesis del temprano imitador supone a las claras una opción bastante más dificultosa que la de su eventual acogida como parte de la obra cervantina. La tesis relativa a tal paternidad halla fuertes apoyos en todos los terrenos, sin encontrar obstáculo de consideración en ninguna instancia de mayor dificultad crítica. Si la cuestión de fondo permanece irresuelta en todo su rigor lógico, se llega a su vez con esto al último terreno firme que en el día de hoy es posible pisar en el camino hacia una definitiva y muy deseada respuesta.

60 Fue publicada dicha carta por D. Aureliano Fernández Guerra en Bartolomé José Gallardo, Ensayo de una biblioteca española de libros raros y curiosos, Madrid, 1863, 1, como parte de su "Noticia de un precioso códice de la biblioteca Colombina, con varios rasgos inéditos de Cetina, Cervantes y Quevedo. Algunos datos nuevos para ilustrar el Quijote". Las consideraciones de P. Groussac acerca de la intervención de Salinas quedan reforzadas por Bonneville, Le poète sévillan Juan de Salinas, pp. 282-283 n.

61 En palabras de Astrana Marín, Vida ejemplar y heroica, 5, p. 391.

VI

El retorno del Parnaso.

Sed me Parnasi deserta per ardua dulcis
raptat amor. Juvat ire jugis, que nulla priorum
Castaliam molli devertitur orbita clivo.
VIRGILIO, *Georgicae* III, 291-293.

El *Viaje del Parnaso* (1614) ha marcado hasta fechas muy recientes la última frontera virgen de la crítica cervantina. Desdeñado
a título de simple catálogo de elogios poéticos o inmerso en el problema artifical del "Cervantes como poeta", ha estado ahí en espera
de una primera generación de críticos modernos dispuestos a leerlo
a partir de sus propios supuestos y comprometidos a dar razón de los
complejos discursos que en él se entrecruzan.

La tarea es larga y compleja, porque tenemos que habérnoslas
con un testimonio vivo de la absoluta madurez de Cervantes y una
suma reflexiva de toda su experiencia poética. *El viaje del Parnaso*,
que quiere decir lo mismo que el viaje a la literatura, nos transmite
con un cierto temblor de últimas palabras su definitivo enjuiciamiento de la poesía y de la propia vida consumida en servicio de la

misma. Su instinto infalible le previene contra el patetismo del trance y, sin llegar a anularlo del todo, lo diluye con la elegancia de siempre en un denso entramado de paradojas. El poema es un amplio espacio lúdico donde la calculada pugna de ambiguas luces e irónicas sombras se muestra capaz de conseguir, una vez más, el habitual milagro cervantino de una plenitud de comunicación con su lector en las últimas fronteras del lenguaje.

Disponemos hoy, como fruto de la tarea estudiosa, de un panorama bastante completo de sus relaciones genéricas no ya con aquel *quidam* perusino que se llamó Cesare Caporali (1531-1601)[1] sino con toda una tradición satírica de visitas o viajes al Parnaso que, en derivación de Dante, Petrarca y Boccaccio, fue además cultivada en el *Cinquecento* italiano por Filippo Oriolo di Bassano, Pietro Aretino y, ya muy al filo cronológico, Gian Vincenzo Imperiale y Traiano Boccalini[2]. Sabemos asimismo de la larga historia española de los

1 Conforme a la escasa entidad literaria del autor, la bibliografía italiana sobre Caporali es bastante parca. Se reduce virtualmente al estudio bibliográfico de R.A. Gallenga Stuart, *Cesare Caporali*, Donnini, Perugia, 1903, y su larga y bastante adversa reseña por Abd-El-Kader Salza en *Giornale Storico della Letteratura Italiana*, 46 (1905), pp. 182-199. Sus *Viaggio di Parnaso* y *Avvisi di Parnaso* aparecieron en el volumen de sus *Rime piacevole*, publicado en Parma en 1582. Es muy probable que la memoria de Cervantes fuese al menos refrescada tras la aparición de sus *Opere poetiche* en Venecia, 1608, como cree Francisco Rodríguez Marín en su edición del *Viaje del Parnaso*, Madrid, 1935, p. XV. Aunque Caporali se movió también en el círculo cortesano de los Acquaviva no hay ningún indicio de que Cervantes llegara a conocerlo en persona.

2 Los hitos bibliográficos son aquí Benedetto Croce, con su estudio de Caporali y la tradición italiana de estos viajes al Parnaso y catálogos poéticos, en "Due illustrazioni al *Viaje del Parnaso* del Cervantes", en *Saggi sulla letteratura italiana del seiciento*, Laterza, Bari, 1911, pp. 125-159, y antes en *Homenaje a Menéndez-Pelayo*, Madrid, 1899, t. 1, pp. 161-193. Según Croce, Cervantes tomó la idea de la guerra de los poetas más bien de los *Avvisi di Parnaso* del mismo Caporali, que no de su reconocido *Viaggio* (p. 130). Rodríguez Marín da por descontada en su edición (p. XIII) la influencia de la primera centuria de *Ragguagli di Parnaso* (Venecia, 1612) de Traiano Boccalini, pero sin entrar en estudio particular del problema. Es enfocado éste en sentido más

elogios poéticos, de los Olimpos burlescos y de la sátira contra la proliferación de malos poetas y pretenciosos aficionados, temas muy presentes en el ámbito español de los primeros años del siglo XVII.[3]

Todo ello, sin embargo, no es sino la habitual y exquisita destilación literaria que sirve de prehistoria o subsuelo a los más mínimos aspectos de la obra cervantina. Culminación, al fin y al cabo, de ésta, el *El Viaje del Parnaso* se perfila como desarrollo final de un complejo discurso sobre la naturaleza y función de la poesía, que ha sellado al autor en sus años de madurez. Sólo que Cervantes no va a legarnos ni un "manifiesto" a la moderna ni un tratado que añadir a la montaña de los que tantos ingenios de su época lanzaron, sobre todo en Italia, desde el cómodo refugio de la trinchera académica. Desinteresado en la teorización *per se*, el problema de la poesía es para él indistinguible del problema del poeta y de cómo la vive éste

cauto por Robert H. Williams, *Boccalini in Spain*, Banton Publishing, Menasha, 1946. La admite, en cambio, para la *Adjunta al Parnaso* Gustavo Correa, "La dimensión mitológica del *Viaje del Parnaso* de Cervantes", *Comparative Literature*, 12 (1960), pp. 113-124. La insignificante imitación de Caporali es también puesta de relieve por F.D. Maurino, "Cervantes, Cortese, Caporali and their 'Journeys to Parnassus'", *Modern Language Quaterly*, 19 (1958), pp. 43-46. Augusta López Bernasocchi, "Una nuova versione del viaggio in Parnasso: 'Lo stato rustico' de Gian Vicenzo Imperiale", *Studi seicenteschi*, 23 (1982), pp. 63-90. Pasa revista a los recuerdos o ecos de origen clásico José Toribio Medina en su edición del *Viaje del Parnaso*, Santiago de Chile, 1925, t. 1, pp. XXIII-XXVIII (multiplicados en la anotación de ediciones posteriores).

3 Toribio Medina enlaza a Cervantes con la moda de los catálogos poéticos a partir de *La Diana enamorada* (1564) de Gil Polo (I, XIII), pero la tradición era bastante más antigua y compleja, como estudia David M. Gitlitz, "Cervantes y la poesía encomiástica", *Annali dell'Istituto universitario Orientale, Sezione Romanza,* Napoli, 14 (1972), pp. 191-218. Sobre la sátira y descrédito de los poetas, con testimonios tan valiosos como el de Miguel Sánchez de Lima en *El arte poética en romance castellano* (1590), véase Rodríguez Marín, "La poca estimación en que eran tenidos los poetas" (*Viaje del Parnaso*, apéndice 8). Para un amplio tema que abarca al mismo Cervantes, Gonzalo Sobejano, "El mal poeta de comedias en la narrativa del siglo XVII", *Hispanic Review*, 41 (1973), pp. 313-330.

no conforme a una determinada teoría, sino desde dentro de su persona y de sus tiempos. Su discurso se halla así llamado desde el primer momento a asumir un marcado cariz ético y a tomar la forma de una compleja sátira literaria nada alejada, en sus aspectos técnicos, de las constantes más visibles de su arte narrativo.

En medio de un ambiente dominado por las especulaciones y secas polémicas internas de los neoaristotélicos, Cervantes ha marchado desde la misma *Galatea* (1585) tras una eficaz novelización de sus propias ideas acerca de la poesía.[4] Mucho más sabio, se mostrará capaz de iniciar en el *Quijote* una reflexión sobre el *hic et nunc* de la poesía y del poeta bajo una luz de ironía burlesca que obviamente amplía y corona el *Viaje del Parnaso*. Acta de nacimiento de dicho discurso constituyen los ridículos poemas prologales y epilogales que en la primera parte enmarcan, a modo de elogio y vejamen, las aventuras del flamante paladín manchego y que cabe situar bajo la culpable y loca autoría de la academia de la Argamasilla.[5] Zona de las menos trabajadas por la crítica, fue allí donde Cervantes mostró ya un irónico a la vez que desolado pesimismo acerca del presente y futuro de la poesía española, que acéfala y prostituida gira, sin ir a ninguna parte, en turbio y autodestructor remolino. Aspecto allí central es también la cautela hacia el fenómeno académico, en cuanto más alta cumbre visible y proyección social de la experiencia poética de la época.

Resumiendo en pocas palabras lo que en sí constituye un complejo escenario de historia y sociología literaria, el discurso acadé-

4 *La Galatea* "explicitly makes the power of poetry its central concern", según pone de relieve Mary Gaylord Randel, "The Language of Limits and the Limits of Language: The Crisis of Poetry in *La Galatea*", *MLN*, 97 (1982), pp. 254-271.

5 Pierre L. Ullman, "The Burlesque Poems which Frame the *Quijote*", *Anales Cervantinos*, 9 (1961-1962), pp. 213-337. Francisco Márquez Villanueva, "El mundo literario de los académicos de la Argamasilla", *La Torre*, 1 (1987), pp. 9-43. Incluido en el presente volumen.

mico de Cervantes no puede ser más negativo. Frente al ejemplo de
dignidad dado por las academias de Italia, donde la poesía más culta, significada entonces por la tragedia clásica, reina suprema, las
academias españolas[6] consagran por el contrario la comedia nueva y
la poesía "romancista", cuyo abanderado es en ambos casos Lope de
Vega, máxima estrella siempre de las academias de la corte. Sirven
éstas de plazuela a las pendencias de los poetas, que ventilan allí sus
celos profesionales sin escrúpulo de armas prohibidas y han hecho
del maligno "vejamen"[7] el género característico de este panorama
en tan mala hora "académico" y cuyo espíritu captan para siempre

6 La historia aún no definitiva de las academias españolas (con datos acerca de la participación de Cervantes) es estudiada en los libros de José Sánchez, *Academias literarias del Siglo de Oro español*, Madrid, Gredos, 1961, y Willard F. King, *Prosa novelística y academias literarias del siglo XVII*, Madrid, 1963. La afinidad de la comedia
de Lope con el espíritu académico y la tendencia de tales círculos a acoger el espíritu
picaresco son comentadas por esta última en "The Academies and Seventeenth-century Literature", *PMLA*, 75 (1960), pp. 367-376, (373 y 375). Como aquí se reconoce
también "for better or for worse [...] much of the literary production of the century
bears the stamp of the literary academy" (p. 376). Las academias zaragozanas (segun-
das en importancia, tras las de la corte) son ahora estudiadas por Aurora Egido, "Las
academias literarias de Zaragoza en el siglo XVII", *La literatura en Aragón*, Zaragoza, 1984, pp. 103-128. También de la misma, las sustanciosas páginas de "Una introducción a la poesía y a las academias literarias del siglo XVII", *Estudios humanísticos.
Filología*, León, 6 (1984), p. 9-25.

7 Como recoge W.F. King, el vejamen académico se origina probablemente del *actus
gallicus* o elogio burlesco que las universidades medievales introdujeron en el ceremo-
nial de la concesión de grados superiores (*Prosa novelística*, p. 93). Ejemplos de esta
costumbre, que contribuyó no poco a complicar la vida en los claustros universitarios
de la época, pueden verse en el artículo de Aurora Egido, "De 'ludo vitando', Gallos
áulicos en la Universidad de Salamanca", *El Crotalón. Anuario de Filología Española*, 1 (1984), pp. 609-648. El espíritu y comicidad del vejamen académico son lúcida-
mente estudiados por Mª Soledad Carrasco Urgoiti, "Notas sobre el vejamen de academia en el siglo XVII, *Revista Hispánica Moderna*, 31 (1965), pp. 97-111. Se dispone
ahora de un estudio particular del máximo especialista de la época en materia de vejámenes, realizado por Kenneth Brown, *Anastasio Pantaleón de Ribera (1600-1629)*,
Studia Humanitatis, Porrúa, Madrid, 1980.

las tareas de la ridícula Argamasilla. Con grotesca perversidad sus académicos no dominan otro arte que el de la vejación y el pisoteo de las Buenas Letras. Lo mismo Dante que el legado petrarquista y la forma misma del soneto son allí objeto de un envilecedor manoseo por parte de aquellos poetastros capaces de todo. Verdadero salteador de tumbas, el Paniaguado, por ejemplo, se complacía en tan bajo menester como mostrar al mundo la fealdad del cadáver descompuesto de Dulcinea: "Esta que veis de rostro amondongado". La tarea colectiva de la Argamasilla se propone la vejación de los héroes del *Quijote* no a título gratuito, sino como parte de otro malvado y más amplio designio que no es sino el asesinato de la gran tradición clasicista como foco del concepto de una poesía culta.

Por desgracia, la deprimente visión cervantina no carecía de fuertes asideros. Aunque conocidas desde mucho antes, las academias cobran auge en Madrid en coincidencia aproximada con los primeros años del siglo XVII. Sólo que cuando las de Italia sublimaban la funcionalidad del mecenazgo en aquella suprema expresión del mutuo respeto de aristócratas y poetas, los próceres que en Madrid las presidían buscaban poco más que divertirse echando a pelear entre sí a los frecuentadores de las musas. Su ambiente e incidencias sólo contribuían al desprestigio de la poesía y a envenenar la vida diaria de los poetas. Luis Vélez de Guevara y Pedro Soto de Rojas se esperan rodela en mano a la salida de una sesión de la Academia del conde de Saldaña, que fenece así ingloriosamente en los primeros meses de 1612.[8] El espíritu argamasillesco,

8 Da noticia del lamentable episodio el mismo Lope de Vega en sus cartas al duque de Sessa. El 2 de marzo de 1612 escribía a éste: "Las academias están furiosas: en la pasada se tiraron los bonetes dos licenciados". Días después añade otros detalles: "Esta última se mordieron poéticamente un licenciado, Soto, granadino, y el famoso Luis Vélez; llegó la historia hasta rodelas y aguardar a la puerta; hubo príncipes de una parte y de otra, pero nunca Marte miró tan opuestas a las señoras musas" (Lope de Vega, *Cartas*, ed. N. Marín, Madrid, Castalia, 1985, pp. 110 y 112). Es probable que sea este el motivo de que irónicamente Cervantes declare a Vélez "el bravo" en su poema (II, 168).

que amenaza cubrir la poesía española, es tanto un peligro mortal para ésta como síntoma aún más profundo de una sociedad desquiciada y acéfala.

Tan menguado juicio acerca de las academias, en el que coincidían también otros ingenios (Cristóbal Suárez de Figueroa, Góngora, Cristóbal de Mesa y hasta el mismo Lope), no desanimó a Cervantes de continuar asistiendo a las de la corte, si bien con un grado de participación escaso, y por cuanto se sabe, más como taciturno observador que otra cosa. Las academias españolas ardieron como nunca en los últimos, decisivos años de su vida y la génesis del poema que nos ocupa no es probablemente ajena a la academia conocida bajo el doble título de El Parnaso y Selvaje.[9] Sucedió ésta al escandaloso derrumbamiento de la Academia de Saldaña y continuó funcionando hasta el verano de 1614. Su punto final coincide así con el periplo parnasiano de Cervantes y su retorno a la corte, determinado por el dato *ante quem* de la canícula del mismo año, en que se fecha la carta de Apolo en la *Adjunta al Parnaso*.[10] Con toda puntualidad, no deja Cervantes de elogiar en el *Viaje* a su presidente don Francisco de Silva, hermano del duque de Pastrana:

> Este gran caballero, que se inclina
> a la lección de los poetas buenos
> y al sacro monte con su luz camina,

9 Resume sus vicisitudes y la participación de Cervantes en la misma Luis Astrana Marín, *Vida ejemplar y heroica de Miguel de Cervantes Saavedra*, Madrid, Instituto Editorial Reus, 1958, t. 7, pp. 17-19.

10 Como demuestra M. Herrero García, el poema se hallaba a medio camino de su redacción en el año 1612 (*Viaje del Parnaso*, Madrid, C.S.I.C., p. 8). Rodríguez Marín, por su parte, observa la extraña coincidencia supuesta por el detalle de las "cosquillas" que producen las seguidillas en *Viaje*, I, 27, lo mismo que en boca de la condesa Trifaldi (*Quijote*, II, 38): "¿quién sabe si ambos pasajes no se escribieron en un mismo día?" (p. 173).

Don Francisco de Silva es, por lo menos;
¿qué será por lo más? ¡Oh edad madura,
en verdes años de cordura llenos![11]

La mera mención del Parnaso bastaba para sugerir en aquellos
años un contexto de academias. El poema de Cervantes halla de esta
forma su puesto en una cadena de resonancias (por no decir aquí intertextualidades) académicas fácilmente reconocibles. Casi al filo
de sus fechas de redacción, Pedro Soto de Rojas (para sus colegas
"el Ardiente") había mencionado el mismo artificio de los poetas
como soldados defensores de las Letras contra los embates de la ignorancia en su *Discurso sobre la poética, escrito en el abrirse la
Academia Selvaje*.[12] No hay que olvidar que el encuadre paradigmático del *Viaje del Parnaso* reclamaba la guardarropía académica
de la época, con sus engolamientos y extravagancias pedantescas,
conforme a la mejor tradición del género en Italia. El mismo Cesare
Caporali de la confesada imitación cervantina, había sido acogido
por la academia de los Filomati de Siena y fue sobre todo recordado bajo el nombre de "lo Stemperato", que adoptara en la *Accade-
mia degli Insensati* de su Perugia natal. El *Viaje del Parnaso* constituye un supremo ejemplo de literatura académica y en cuanto tal
ni siquiera se priva de amueblar su capítulo final de chuscos "Privi-

---

11 Miguel de Cervantes, *Poesías completas*, t. 1: *Viaje del Parnaso*, ed. V. Gaos, Madrid, Castalia, 1973, cap. II, vv. 217-222. Todas las citas textuales se entienden referidas
a esta edición.

12 Recogido en su *Desengaño de amor en rimas*, Madrid, 1623. "El Ardiente" se compara a sí mismo y a su discurso con la trompeta y el tambor que convocan al "escuadrón
de sabios" a la batalla contra la ignorancia (Pedro Soto de Rojas, *Obras*, ed. A. Gallego
Morell, Madrid, C.S.I.C., 1950, pp. 25-33). El discurso, por lo demás, no es sino una
lección de catecismo neoaristotélico de muy escasos alientos. Según Astrana Marín fue
pronunciado el 15 de abril de 1612 (*Vida ejemplar y heroica*, t. 7, p. 18).

legios, ordenanzas y advertencias que Apolo envía a los poetas españoles".[13]

Claro, que viniendo de quien viene, el *Viaje del Parnaso* habrá de discurrir por los atajos de lo paródico, la paradoja y el seudoelogio, tan familiares ya para todo cervantista de entonces o de ahora. También los poemas de la Argamasilla serían al fin y al cabo, como agudamente dedujo Marcel Bataillon,[14] obra de una auténtica "academia" bodegonera presidida por Cervantes en Valladolid con la colaboración muy probable de Gabriel Lobo Lasso de la Vega (el académico Entreverado) y la ya más discutible de Pedro de Medina Medinilla. El *Viaje del Parnaso* supone, en una de sus instancias más inmediatas, un pinchar el globo académico con que Cervantes no se ha divertido menos que cuando daba al través con la apolillada balumba caballeresca. Sorna monumental de las pretenciosas pompas académicas, de los bombos mutuos y de sus mezquinas y más o menos soterradas competencias, el nuevo poema no significa a fin de cuentas sino un complemento y digno punto final del discurso inicialmente argamasillesco.

El *Viaje del Parnaso* reviste, pues, una perfecta legitimidad en este plano inicial de poema jocoso. Pero a la vez, no hay para Cervantes tema más propicio a su estro que este de la poesía y cuanto la rodea, tanto por lo solemne como por lo cómico. Igual que sus lectores, la va a gozar muy de veras con aquella donosísima fantasía de la galera que "toda de versos era fabricada" (I, 245), con ballesteras de glosas, chusma de romances, remos de esdrújulos e *via dicendo*. Ninguna quiebra ni reserva irónica tampoco en la autenticidad luminosa del crucero mediterráneo, el contacto rejuvenecedor con el mar

---

13 Las cartas o comunicaciones de Apolo eran parte usual de las tareas académicas (A. Egido, "Una introducción a la poesía y a las academias literarias del siglo XVII", p. 22).

14 "Urganda entre *Don Quijote* y *La pícara Justina*", en *Pícaros y picaresca*, Madrid, Taurus, 1969, pp. 53-90.

y hasta el toque mitológico de las sirenas, como una nostalgia garcilasista de los buenos tiempos en que todo aquello podía sonar a vanguardia poética. Cervantes no escribió nunca versos más traspasa-
dos de clara y restallante alegría. ¿Qué más podría pedir aquí el puro
ideal de un clasicismo académico?:

> Hasta el tope la vela iba tendida,
> hecha de muy delgados pensamientos,
> de varios lizos por amor tejida.
>   Soplaban dulces y amorosos vientos,
> todos en popa, y todos se mostraban
> al gran viaje solamente atentos.
>   Las sirenas en torno navegaban,
> dando empellones al bajel lozano,
> con cuya ayuda en vuelo le llevaban (III, 4-12).

Aunque plenamente logrado, este amable nivel no representa
sin embargo más que un ligero barniz inicial del poema. Su mayor
interés radica en documentar la diversificación risueñamente superadora del cuadro que hoy se nos antoja tétrico o pre-goyesco de la
Academia de la Argamasilla. El discurso cervantino se ha vuelto
más luminoso y equilibrado con su avance en profundidad, pese a
tantas circunstancias adversas. Han transcurrido desde 1605 unos
años cruciales y todo se ha vuelto más sombrío. El relativo optimismo de la corte en Valladolid (1601-1606), que tanto contribuyó al
espíritu de la Primera parte del *Quijote*, no fue más que un fuego de
paja, pronto olvidado ante un desfile de sucesos ominosos, como la
caída de don Pedro Franqueza y el clan o partido "letrado" de los
Ramírez de Prado en 1607-1608[15] o la desvergüenza favoritista, a

---

15 Véase Jean-Marc Pelorson, *Les 'letrados' juristes castillans sous Philippe III*, Le
Puy-en-Velay, Université de Poitiers, 1980, p. 451.

alturas nunca vistas, en el reparto de hábitos y prebendas. La expulsión de los moriscos en 1609, aquel hecho inmenso que Felipe II no se había atrevido a realizar y después del cual desaparecería toda barrera moral al ejercicio del poder, ha sido el acontecimiento político más hondamente meditado por Cervantes.[16] Los escándalos en torno a la caída de don Rodrigo Calderón y la muerte de la reina Margarita de Austria en 1611 no harán sino oscurecer aún más este cuadro.

Para la literatura, las cosas no han marchado mejor. El saber y el mérito personal se cotizan menos que nunca bajo el rampante sistema de validos. Monarquía, Iglesia y aristocracia confirman ahora su completo desinterés en las letras y como resultado dos magníficas generaciones de poetas (una de jóvenes y otra de viejos como Cervantes) se encuentran a la intemperie, porque en España sencillamente no hay mecenas, lugar ni reconocimiento para tales hombres. Los poetas han de ganarse la vida en toda suerte de indignos menesteres, que van desde escribir comedia tras comedia hasta el desempeño de ambiguas secretarías al servicio de grandes señores. Las arremetidas contra las Letras y sus representantes alcanzan una cota a la altura de los peores momentos bajo Felipe II. Recuérdense las dificultades creadas a Eugenio de Narbona por su *Doctrina política y civil* (1604), al P. Juan de Mariana a partir de 1610 y al menos conocido empapelamiento de don Lorenzo Ramírez de Prado.[17] En 1612 es condenado éste a cinco años de destierro y dos mil ducados de multa por haber publicado (París, 1607) una edición inexpurgada de Marcial y por atreverse después a defenderla frente a los ataques de los jesuitas. Don Lorenzo no

16 Francisco Márquez Villanueva, "El morisco Ricote o la hispana razón de estado", en *Personajes y temas del 'Quijote'*, Madrid, Taurus, 1975, pp. 229-335.

17 Pelorson, *op. cit.*, pp. 347 y 340-341. Véase también Joaquín de Entrambasaguas, *Una familia de ingenios: los Ramírez de Prado*, 2 vols., Madrid, C.S.I.C., 1942. Para el caso de Narbona, Jean Vilar, *Intellectuels et noblese: le doctor Eugenio de Narbona*, Rennes, Université de Rennes, 1968.

tenía nada de buen poeta, pero ello no da sino un relieve adicional al
hecho de que Cervantes le dedicara, en noble vena estoica, uno de los
elogios más extensos de todo el *Viaje del Parnaso*:

> Este que viene es un galán, sujeto
> de la varia fortuna a los vaivenes,
> y del mudable tiempo al duro aprieto;
> un tiempo rico de caducos bienes,
> y ahora de los firmes e inmudables
> más rico, a tu mandar firme le tienes;
> pueden los altos riscos siempre estables
> ser tocados del mar, mas no movidos
> de sus ondas en cursos variables;
> ni menos a la tierra trae rendidos
> los altos cedros Bóreas, cuando, airado,
> quiere humillar los más fortalecidos.
> Y este que vivo ejemplo nos ha dado
> desta verdad con tal filosofía,
> Don Lorenzo Ramírez es de Prado (II, 112-126).

En un terreno más cercano al jardín de las musas las cosas no
han ido mucho mejor. Ha continuado, arrolladora, la carrera triunfal
de la comedia lopesca, en confirmación del teatro como forma de un
mecenazgo de nuevo cuño, que ejercen las multitudes mosqueteras
y constituye el factor más decisivo de la sociología literaria de la
época. Avanzando por el profético carril argamasillesco, las academias madrileñas se aúnan con el corral en el aplauso de Lope, que
ahora impera en las mismas como "Apolo" indiscutible. Su *Arte
nuevo de hacer comedias*, presentado a una de ellas en 1609,[18] po-

---

18 Véanse datos del estudio preliminar de J. de José Prades, *Arte nuevo de hacer comedias en este tiempo*, ed. C. Guerrieri Crocetti, Madrid, C.S.I.C., 1971.

día perfilarse para muchos buenos ingenios como una herejía o manifiesto anticlacisista, a la vez que como una intolerable desfatachez personal. Escrito en obediencia a un encargo académico, supone la existencia de cierta mar de fondo en relación con su poesía, pero también, dado el silencio posterior, una victoria definitiva ganada por la misma. No se siguió al *Arte nuevo* la batalla campal que Lope aceptaba de antemano, si bien el tema de la licitud de su comedia nueva da la impresión de haber permanecido por mucho tiempo como la gran cuestión de trastienda en las academias españolas.

Al igual que casi todos los poetas, la situación personal de Cervantes no hizo sino empeorar, al compás de la vida del reino, durante estos años. Fue durante los mismos cuando adquirió la fama de viejo atrabiliario que arrastraba por desvanes su mísera vida en casi total y, según sus detractores, muy merecida falta de amigos.[19] Siempre con problemas para reunir los obligados preliminares poéticos, el *Viaje del Parnaso* iba a salir sin más que un soneto de "El autor a su pluma":

> Pues véis que no me han dado algún soneto
> que ilustre deste libro la portada,
> venid vos, pluma mía mal cortada,
> y hacedle, aunque carezca de discreto.

Cervantes, como se ve, había mendigado en vano algunos sonetos, y ésta seguramente era la situación cuando llegó, en el último

---

19 Vale la pena recordar aquí las alusiones en este sentido que contiene *La dama boba* (I,13) de Lope y que reconoció Justo García Soriano, *Los dos 'Don Quijotes'*, Toledo, 1944, pp. 175-176. Igualmente las de la comedia *San Diego de Alcalá* identificadas por Thomas E. Case, "Lope's 1613 Answer to Cervantes", *Bulletin of Comediantes*, 32 (1980), pp. 125-129. Por delante de estos había marchado Avellaneda, con la intención de pintarlo en su prólogo un viejo odioso "y por los años tan mal contentadizo, que todo y todos le enfadan, y por ello está tan falto de amigos".

instante, el solitario epigrama latino de don Agustín de Casanate.[20] Con desdén de toda actitud de quejumbre, decide Cervantes no pintar, sino subsumir dicha situación dolorosa en la ridícula figura convencional del poeta pobre, dejando aflorar solamente algún que otro toque intencionado acerca de la miseria que deja atrás en Madrid.

Sobre este lamentable cuadro se había posado un rayo de esperanza cuando a mediados de 1608 el duque de Lerma nombra virrey de Nápoles a su yerno don Pedro Fernández de Castro, VII conde de Lemos (1576-1622).[21] Dentro de aquel panorama desolador, era éste el único aristócrata verdaderamente adicto a las letras, entendido y capaz de un trato digno con las gentes de pluma. Su nombramiento se ofrecía providencial y la tribu poética se movilizó para marchar con él a la ciudad que entonces cifraba para los españoles la suma de todos los placeres, "la más rica y más viciosa ciudad que había en todo el universo mundo", en palabras del *Quijote* (I, 51). No fue sólo Cervantes, sino Cristóbal de Mesa, Cristóbal Suárez de Figueroa y hasta don Luis de Góngora quienes se ilusionaron con formar parte del Parnaso

20 La desaparición del soneto introductorio "El autor a su pluma" en numerosos ejemplares de la edición *princeps* es posible que se deba, como observó Rodríguez Marín en su momento, al deseo de Cervantes (sorprendido por la aparición del *Quijote* de Avellaneda y su maligna acusación de hallarse solo y sin amigos) de no dar en esto una sombra de objetividad a su malicioso émulo. Astrana Marín ha dado después una explicación más sencilla, según la cual Cervantes escribió su propio soneto de elogio en vista de la imposibilidad de obtener otras piezas *ad hoc* de sus reales o supuestos amigos. Iniciada ya la tirada, recibiría el epigrama de Casanate, por lo cual se apresuró a alterar la impresión del pliego inicial con retirada de su soneto, *Vida ejemplar y heroica*, t. 7, pp. 106-109.

21 Biografiado por Alfonso Pardo Manuel de Villena *Un mecenas español del siglo XVII. El conde de Lemos*, Madrid, 1912, con capítulo dedicado a los preparativos de su ida a Nápoles y relaciones con Cervantes y otros poetas (pp. 101-114). Véanse también los estudios de Otis H. Green, *Vida y obras de Lupercio Leonardo de Argensola*, Philadelphia, University of Pennsylvania, Philadelphia, 1927, pp. 87-96, "The Literary Court of the Conde Lemos at Naples (1610-1616)", *Hispanic Review*, 1 (1933), pp. 290-308.

poético que en Nápoles iba a reunir aquel nuevo Apolo español. Se
comprende que Lemos hubiera de protegerse contra aquel asedio general: "Hallé tan sitiado al conde de ingeniosos, que le juzgué inacce-
sible", escribe con su filo Suárez de Figueroa.[22] No se siguió, sin embargo, más que una desilusión general, pues los hermanos Argensola,
encargados de reclutar el séquito, repartieron a los cuatro vientos sus
amables promesas, pero no llevaron consigo sino a mediocres talen-
tos, con la única excepción de Mira de Amescua, que una vez en Nápoles se vio pronto alejado también de la corte virreinal.

Cervantes ha hecho de estas poco airosas maniobras de los Argensola uno de los episodios más importantes de su poema, cuando
se excusa con Mercurio de llevar a los "*Lupercios*" la convocatoria a
la lucha que se avecina. Se refiere a todo este asunto con palabras
muy sopesadas: hágalo "otro más grato", "negociar", "no he de ser
escuchado", que ambos hermanos tienen "la voluntad, como la vista,
corta", y que por su causa se halla ahora con tan "pobre recámara",
pues le entretuvieron por mucho tiempo con promesas vanas. Es todo
un ejercicio de contención verbal, pero que en realidad suscita graves
insinuaciones de ceguera y mala voluntad, mientras que aquello de
llamarlos "*Lupercios*", jugando adjetivamente con *lupus*, supone una
annominatio no poco vitriólica.[23] Ambos hermanos dejan por esto de

22 Christoval Suárez de Figueroa, *El Passagero*, ed. R. Selden Rose, Madrid, Bibliófilos Españoles, 1914, p. 425. Está hablando aquí de las supuestas gestiones previas para
dedicarle una obra suya.

23 En especial si se tiene en cuenta que ambos hermanos eran llamados comúnmente
"los Argensolas" a secas. Lupercio era sólo el nombre de pila del mayor y Herrero
García, en su intento de explicar la anómala denominación, estima que Cervantes alu-
día "a que Lupercio era el secretario de Estado del conde de Lemos, virrey de Nápoles,
y el otro hermano, Bartolomé, iba a la rastra y en papel secundario" (*Viaje del Parnaso*, p. 586). Como señala aquí el mismo *dar un recado* (según deseaba Mercurio que
les llevara Cervantes) era entonces frase "excesivamente familiar" y "de cierto sentido
confidencial malsonante".

asistir en persona a la defensa del Parnaso, si bien sus obras se acreditarán como munición utilísima en la batalla, con lo cual el hilo puede tomarse por uno u otro cabo. Es obvio que Cervantes no desea cortar amarras con unos poetas a quienes por encima de todo admira y que, para colmo, continúan altamente encumbrados.

Aparte de su interés para la biografía cervantina, esta ilusión de los poetas encandilados con la nonata corte poética de Nápoles permite un atisbo profundo de la tensión humana de aquel momento literario. Fuera de toda perspectiva realista, el virreinato de Lemos ha dado paso en la imaginación de muchos a una insensata euforia. Con notable simpleza, se ha visto allí una solución bajada del cielo, como si dicho nombramiento tuviera por objeto el remedio de la poesía castellana y fuera a dar un final de cuento infantil a la imposible situación de los poetas. La capacidad seductora de este ensueño partenopeo se ha visto multiplicada por el desaliento imperante entre los hombres de letras y que, a modo de un sello del tiempo, siembra en ellos la idea desesperada de abandonar la patria ingrata. Es el colectivo estado de ánimo que será objeto de un complejo análisis en *El Passagero. Advertencias utilíssimas a la vida humana*, publicado en 1617 por Cristóbal Suárez de Figueroa (1571?-1639?), gran escritor semiolvidado y cercano en tantos aspectos a Cervantes. Rata precoz en abandonar el barco había sido Mateo Alemán, con su huida en 1608 a unas Indias en que sepultar su fama literaria.[24] El ingenio sevillano representaba, sin embargo, un caso peculiar y extremo, pues el gran señuelo es entonces Italia, que encandila a los poetas igual que las Indias a los codiciosos y a los interesados en poner tierra por medio. Italia, con

---

24 Dicho desesperado recurso, en huida de la que se había vuelto una peligrosa fama literaria, se hace mucho más comprensible tras las serias acusaciones y amenazas de buscarle problemas con la Inquisición realizadas en 1605 por el autor de *La pícara Justina*. Véase Francisco Márquez Villanueva, "La identidad de Perlícaro", *Homenaje a José Manuel Blecua*, Madrid, Gredos, 1983, pp. 423-432.

una literatura muy hermanada, se antoja ahora como el ideal de lo que podría ser una España vividera y bien regida: una admirable razón de estado (se admite por todas partes) cuida allí de conservar a los hombres de valor y recompensa por encima de todo el saber y el ingenio.[25] Nápoles, en especial, es visto desde España como un paraíso de amor, poesía y buenas posadas: "Todos los que dexan aquel reyno, ensalçan sus cosas y suspiran por boluerle a ver",[26] testimoniaba Suárez de Figueroa. El ensueño de Italia para hombres de letras hastiados de la indiferencia española no dejó de brillar por mucho tiempo. En 1634, las *Rimas humanas y divinas* de Lope de Vega nos cuentan que su verdadero autor, el licenciado Tomé de Burguillos, marchó un buen día a Italia, donde se ha perdido para siempre su rastro poético.

El *Viaje del Parnaso* replantea hábilmente unos cuantos *topoi* de la más acartonada tradición académica en cuanto *Literarisierung* de aquel colectivo estado de desesperanza.[27] Y es entonces cuando hace entrada en escena un personaje semi-fantástico, cierto poetón indigente de los muchos que malviven en la corte, llamado, por gran casualidad, "Cervantes", y a quien, por supuesto, hay que vigilar con la cautela que siempre requiere el dejo irónico de sus menciones en primera persona.[28] Años, desdichas y forzados ayunos no han extinguido en él la llamada jubilosa a la suprema experiencia poética del

25 "Determiné salir de España, donde son poco estimados los documentos políticos. Es admirable la razón de estado italiana, pues conserva a sus naturales, a manera de nortes, en puestos firmes. Armas y letras dan conocidos grados de nobleza; los demás exercicios perdonen" (Suárez de Figueroa, *El Passagero*, p. 434).

26 *Ibid.*, p. 35.

27 Como observa Croce, el tema de tales visitas al Parnaso reflejaba también en Italia el desaliento escéptico de una literatura en cuesta abajo (*op. cit.*, p. 127).

28 "Cervantes en primera persona no es una persona real y verdadera. Es un ser imaginario: elaborado, claro está, con elementos sacados de la experiencia del manco de Lepanto, pero engendrado por un "decir" específico y establecido como tal por la mirada del lector" (Jean Canavaggio, "Cervantes en primera persona", *Journal of Hispanic*

Me Parnasi raptat amor del Mantuano. ¿Por qué iba a ser él menos que aquel Caporali para dar un poco de respiro al alma, viajando por espacios fantásticos?:

> Quisiera despachar a la estafeta
> mi alma, o por los aires, y ponella
> sobre las cumbres del nombrado Oeta (I, 29-31).

Sólo que hay también el torcedor que suponen ilusiones muy humanas, pero de orden menos puro. Estimulado ahora por "los humos de la fama" (I, 47) este otro habitante de la corte madrileña se anima a emprender la jornada con la idea de buscar, no ya en el ingrato terruño donde nadie es profeta, ni tampoco en Nápoles, sino en el remoto Parnaso, el supremo reconocimiento o corona de laurel que ahora se le niega:

> Dije entre mí: si yo viniese a verme
> en la difícil cumbre de este monte,
> y una corona de laurel ponerme (I, 49-51).

Semejante soñar con las cumbres y recompensas del Parnaso achata aún más la prosaica realidad que en aquellos días le abruma. La sola mención del adiós a "la humilde choza mía" figura como alusión muy clara a las vacas flacas que entonces corrían para el poeta.[29] Cervantes no necesita tampoco de muchos versos para su deprimente pin-

Philology, 2 [1977], pp. 35-44). La sustitución del *yo* retórico del *Viaje de Sannio* por el *yo* existencial del *Viaje del Parnaso*, así como su distanciamiento del modelo picaresco son fundamentales para el mismo crítico en "La dimension autobiographique du *Viaje del Parnaso*", *Actes du colloque international de la Baune-lès-Aix*, 1979, Aix-en-Provence, 1980, pp. 171-184.

29 No cabe aceptar fácilmente que el sentido de esa "choza humilde" se deba al deseo de Cervantes de dar allí una nota bucólica "sin intención especial de referirse a mayor

tura de un Madrid cuyos únicos lugares memorables se hallan dedicados a la ociosidad y la mentira y al que por lo menos evitará, con su ausencia, el oprobio de morirse en él de hambre. Pobreza de la bolsa y del espíritu, los placeres negativos de la holganza y del cotilleo, así como el triunfo de la ignorancia en sus teatros, definen el cuadro argamasillesco y manchego de que aquel semi-desnudo "Adán de los poetas" (I, 202) querría desintoxicarse con algunas brisas mediterráneas.

La navegación o *Viaje* en busca del Parnaso constituye el cuerpo central del poema. Lo que se ha venido describiendo como "catálogo" de elogios poéticos resulta ser, bien leído, un complejo panorama de la poesía española de aquel gran momento. ¿Elogios sinceros? Claro que los hay, como los dedicados a Góngora, a Quevedo e incluso, con toda justificación y elegancia, a sí mismo, porque sin la centralidad del propio Cervantes dicha pintura quedaría objetivamente menoscabada de su adorno más esencial.[30] Pero después tanto otro "elogio" neutro o muy calibrado, hasta dar en los legibles en doble sentido, como los de Miguel del Cid o Salas Barbadillo, y con desembocadura para colmo en las abiertas rechiflas contra los desdichados Lofraso, López de Ubeda, Arbolanches, Pedrosa y tantos otros. No hay si se va a ver rincón que no ofrezca allí su enseñanza, o al menos, un tema de estudio, porque esencialmente el *Viaje del Parnaso* constituye a la vez

o menor pobreza de su casa", como propone Herrero García en su anotación correspondiente (*Viaje del Parnaso*, p. 373).

30 Responden sin duda los autoelogios de Cervantes a una necesidad de reconocimiento tan legítima como profundamente sentida, pero no dejan de hallarse igualmente sujetos a la dinámica lúdica determinada por otras constantes internas de la obra. No hay que olvidar el ejemplo de la *Moria* erasmiana, donde el recurso al autoelogio sirve como máxima prueba de su propia estulticia. El "poetón" del *Viaje del Parnaso* es también una especie de loco o persona medio trastornada que entona su propia alabanza. Tales autoelogios se hallan asimismo minados por la general hipoteca adoxográfica. El sentido basculante de lo allí dicho acerca de su soneto al túmulo de Felipe II ha sido señalado por Nicolás Marín, "Una nota al *Viaje del Parnaso*", *Anales Cervantinos*, 22 (1984), pp. 201-220.

una gran obra de la crítica literaria. Las notas de Miguel Herrero García aciertan, por ejemplo, al señalar su generosidad con los noveles, así como los repetidos vaticinios acerca de la carrera de poetas entonces en ciernes,[31] y hasta sonados acontecimientos como la final renuncia de Juan de Jáuregui a la jefatura poética de Lope. Contra tanto juicio derogatorio del *Viaje del Parnaso*, el lector de entonces y de ahora encuentra allí la inestimable oportunidad de recorrer los vericuetos de aquel inmenso mundo literario bajo la guía lazarillesca de nada menos que Miguel de Cervantes.

Una sabia economía, un juicio siempre certero y un cálido sentido humano van dejando en el fiel los más diversos aspectos de una literatura no teorizada, sino "vivida". Así los debidos agradecimientos, empezando por aquel fray Juan Bautista Capataz, sin duda un "cura liberal" de esos de siempre, que cubrió con su hábito mercedario la aprobación de las atrevidas *Novelas ejemplares*. También el recuerdo cariñoso de los amigos de los años sevillanos como Juan de Ochoa, Cristóbal de Mesa o Pedro de Medina Medinilla, este último desde hacía mucho en Indias. Y sin dejar atrás tampoco la cortesía pagada sin adulación a los cuatro "poetas señores" (Esquilache, Saldaña, Villamediana y Alcañices), en quienes (salvo el primero) se ve no cree mucho. No menos admirable su respeto al anonimato de Tirso y la mención puntual de otros distinguidos eclesiásticos a quienes, a su vez, censura por celar, vergonzantes, sus inclinaciones literarias "ante la turba vil del suelo" (IV, 249);[32] al mismo tiempo que querrían el honor pero no el nombre de poetas:

31 Herrero García llama la atención hacia sus acertados pronósticos acerca del desarrollo y carreras de las jóvenes promesas que en aquel momento no pasaban de ser, entre otros, Felipe Godínez, Luis Vélez de Guevara, el príncipe de Esquilache, Guillén de Castro, Francisco de Rojas, Antonio de Galarza, Diego Jiménez de Enciso y otros.

32 Cervantes se subleva contra el prejuicio que considera a la poesía como frivolidad o entretenimiento indigno de graves personas eclesiásticas o de encumbrados señores.

Aquestas seis personas religiosas
como están en divinos puestos puestas
y en sacra religión constituidas,
tienen las alabanzas por molestas
que les dan los poetas, y holgarían
llevar la loa sin el nombre a cuestas (IV, 325-330).

Están allí "casi" todos los que deben estar. No falta, al menos,
ninguno de los grandes y es bastante probable que cierta cuña poética que suele ponerse a la cuenta de Quevedo resulte mucho más
aplicable a Mateo Alemán,[33] dado cuanto hoy sabemos acerca de la
que ya es preciso llamar también su "nueva biografía":

Este que el cuerpo y aun el alma bruma
de mil, aunque no muestra ser cristiano,
sus escritos el tiempo no consuma (II, 295-298).

Cervantes hasta procura acordarse de algún poeta portugués[34]
para que toda la península quede representada en la expedición de

Téngase en cuenta el caso del juego al anonimato por el mismo fray Luis de León, estudiado por Dámaso Alonso, "Fray Luis en la 'Dedicatoria', de sus poesías. (Desdobla-
miento y ocultación de personalidad)", *Studia philologica et literaria in honorem L.
Spitzer*, Berna, 1958, pp. 15-30. También Rodríguez Marín, "La poca estimación en
que eran tenidos los poetas" (*Viaje del Parnaso*, apéndice 8).

33 El citado terceto suele considerarse introductorio del elogio y semblanza poética de
Quevedo, que sigue allí a continuación (304-312). El texto es, sin embargo, bastante claro en cuanto a hablar, por separado, de dos poetas diferentes y el primero de los cuales se
considera un nombre vitando, de acuerdo con su "no ser cristiano". Coinciden dichas señas con la pésima reputación personal de Mateo Alemán y dudas acerca de su ortodoxia
en los años anteriores a su emigración a México. Estudio más detenidamente este problema en "La interacción Alemán-Cervantes", incluido en el presente volumen.

34 Así el entonces casi desconocido Miguel da Silveyra, "por quien de Luso están ufa-
nas / las musas" (II, 175-176).

socorro al Parnaso. Ciertamente se echa de menos a Pedro Espinosa y su pujante escuela antequerana, en respuesta quizás de no haber incluido aquél a Cervantes en sus *Flores* de 1605. Al mismo tiempo, había comenzado éste por saludar en bloque a los "famosos de Andalucía" (I, 334), como reconociendo que de ellos venía, bajo el caudillaje de Góngora, la más alta renovación poética.

Caso muy tratado con pinzas es el del ya virrey don Pedro Fernández de Castro, aludido a secas como "el conde" por Mercurio, en prueba indirecta de que Cervantes no lo absolvía tampoco de alguna responsabilidad en la conducta de sus secretarios los "*Lupercios*". Tal vez por enmendarlo un poco lo elogió al final no como hombre de letras, sino como gallardo participante de un torneo en Nápoles. Pero el que allí "falta" conspicuamente es el máximo "académico" Lope de Vega. Su entrada en la galera se produce a consecuencia de un extraño fenómeno atmosférico. Una súbita tormenta llueve sobre aquélla multitud de poetas sin historia y cuyo lastre o peso muerto está a punto de echarla a pique. Una nube aparte dejó caer, poco después, a Lope de Vega:

Llovió otra nube al gran Lope de Vega,
poeta insigne, a cuyo verso o prosa,
ninguno le aventaja, ni aun le llega (II, 387).

Cervantes compara semejante pedrisco de poetas con la generación espontánea de sapos y ranas por efecto de la lluvia. *Gran* es un elogio inflacionario y burlescamente prodigado a lo largo del poema[35] y ahora sabemos que dicha caída de las nubes ha de ser decodificada como punzante emblema alusivo a la mayúscula vanidad

---

35 Maurino, *art. cit.*, p. 44. Aplicado a diestro y siniestro a todo lo largo del poema, su marcado carácter irónico es puesto de relieve por usos como "Llenó del gran bajel el gran vacío / el gran Francisco de Rioja..." (III, 124-125).

de Lope.[36] Tal vez debido a su dudoso ejemplo, toda aquella no invitada "poetambre" (II, 396) llena ahora los aires de versos insoportablemente melosos.[37] Mercurio, exasperado, decide pasar a todos los advenedizos por un cedazo, para quedarse con los pocos buenos y arrojar al mar los "granzones". No se averigua la suerte final de Lope de Vega, pues el *Viaje del Parnaso* no vuelve a nombrarlo para nada y ha dicho ya bastante para todo el que quiera entender.

El incidente de Lope y el turbión de poetas suele interpretarse por los comentaristas como parte del bando enemigo, que las nubes conducen al ataque del Parnaso.[38] Dicho en otros términos, la academia de la Argamasilla ha estado a punto de anegar la nave apolínea y probablemente ha infiltrado en ella algo de su espíritu, pues a la hora de la verdad una veintena de poetas se pasarán en la batalla al bando atacante. Quede en claro que el socorro español incluye una multitud de pésimos poetas, que durante el viaje van, por ejemplo, haciendo versos a los riñones de sus damas o comparándose con toros agarrochados de amor. Mercurio hubo de negarse a embarcar en la playa de Valencia a un verdadero tropel de ingenios lo-

36 El complejo tinglado de alusiones ha cedido en esto al perspicaz análisis de Ellen Lokos, "El lenguaje emblemático de *El viaje del Parnaso*", *Cervantes*, 9 (1989), pp. 63-74. El emblema y su pariente el jeroglífico constituían también parte importante de la cultura o entretenimientos de las academias.

37 Sin género de dudas es una nueva alusión al efecto corruptor de Lope, cuya autocompasión y exhibicionismo sentimental le atrajeron rechiflas desde la misma época de su romancero juvenil, así como el remoquete (por *llorón*) de "Antón Llorente". Véase Francisco Márquez Villanueva, "Lope infamado de morisco", en *Lope: vida y valores*, San Juan, Universidad de Puerto Rico, 1988, p. 309.

38 Puede darse por típica la impresión de Herrero García: "Estas nubes borrascosas, preñadas de poetas malos, sorprenden a Mercurio. Cervantes no explica cómo estos poetas excluidos de la lista de Apolo, se presentan de improviso. Posiblemente eran los que iban a poner asedio al Parnaso, motivo de la movilización de los poetas buenos ordenada por Apolo" (*Viaje del Parnaso*, p. 524).

cales (probables subproductos de su *Academia de los nocturnos*),[39] temeroso de que una vez llegados al Parnaso se alzaran por las buenas con el mismo. Incluso la turbamulta de los llamados y elegidos incluye a individuos que beben de bruces, como brutos animales, y se hallan dispuestos a portarse allí del modo más grosero:

> Llegóse, en fin, a la Castalia fuente
> y, en viéndola, infinitos se arrojaron
> sedientos, al cristal de su corriente.
> Unos no solamente se hartaron,
> sino que pies y manos y otras cosas
> algo más indecentes se lavaron (III, 367-372).

¿Cuál es en todo esto el supuesto papel del "poetón" Cervantes? Se apresura éste a declarar en más de una ocasión su no ser responsable de la lista de poetas convocados por Apolo. Por su parte se limita a poco más que apostillarla para Mercurio, que no conoce a ninguno ni anda muy puesto en cosas de literatura, pero incluso en esta modesta consejería se ve acusar de arbitrario y parcial de los colegas que por su cuenta y riesgo se presentan ante el Parnaso en una gruesa nave mercante. Cervantes ni siquiera niega que, en parte, puedan tener alguna razón y por ello se limita a pedir a Apolo los milagros que él, como humano, no puede realizar. El elenco inicial de poetas era "casi infinito" e incluía a toda suerte de "yangüeses, vizcaínos y coritos" (I, 333), es decir, mucha gente rústica y semibozal en la lengua castellana. Pecaba

---

39 Una de las academias más activas, funcionó de 1591 a 1594, para reaparecer guadiánicamente en 1616 bajo el nuevo título de *Los montañeses del Parnaso*. Su clara especialidad fue la poesía erótica, sin que falten otros géneros académicos como los elogios burlescos ("Romance en alabanza de la avellana" de Matías Fajardo, "Redondillas en alabanza de los alcahuetes" de Hernando Pretel, etc.), alabanzas en tercetos de todo el elenco académico, etc. Se conserva su producción en Pedro Salvá y Francisco Martí y Grajales, *Cancionero de la academia de los Nocturnos*, 4 vols., Valencia, 1905-1912.

aquel indiscriminado llamamiento al Parnaso de lo mismo que se proponía corregir y de esta forma introduce desde el principio un testimonio firme de la irremediable situación de la poesía, a la vez que de la alocada incompetencia de Apolo en el terreno de sus más inmediatas responsabilidades. En cierto momento, el joven dios confiesa su escaso acierto en la convocatoria de los poetas y Cervantes añade, sarcástico, que ni aun la divinidad puede prescindir de la experiencia:

> La Prudencia, que nace de los años,
> y tiene por maestra la Experiencia,
> es la deidad que advierte destos daños (VII, 124-126).

La crítica ha considerado siempre fundamental el tratamiento burlesco a que el tema mitológico es sometido en el *Viaje del Parnaso*. Puesto, por lo común, a cuenta de un rasgo de época, dicha burla era ya conspicua en la *Moria* erasmiana y en el manejo general de los temas antiguos por el *Baldus* de Folengo. Ante el poema de Cervantes bromeaba Rodríguez Marín si toda aquella gentualla de dioses se calificarían allí de *alucinados* o *avelazcados*,[40] si bien predomine en conjunto su inevitable asociación con la sensibilidad de Velázquez en obras como *Marte* o *La fragua de Vulcano*. La realidad era que tales libertades resultaban también muy propias de los escarceos académicos y el tema del Olimpo burlesco lo había extremado ya Juan de la Cueva en su *Viaje de Sannio*, basado en el tópico de la pobreza del poeta (Sannio lo es de los buenos) y escrito en 1585.[41] Lo que sí

40 *Viaje del Parnaso*, p. XI. Claro que, como también se advierte aquí (p. 65), Velázquez era a la sazón un aprendiz de catorce años en el taller sevillano de Pacheco y son sus cuadros los que han sido en esto influidos por la literatura (Cervantes, Quevedo), y no al contrario.

41 A. Wulff, *Poèmes inédits de Juan de la Cueva. Publiés d'après des manuscrits autographes conservés à Seville dans la Bibl. Colombine, Viage de Sannio*, Lund, 1887. Extrait de l'Annuaire de l'Université de Lund, *Lunds Universitets Arskrift*, t. 23. Sorprende

hacía allí Cervantes era dar una nueva dimensión al bromazo mitológico cuando usaba en las alturas del Parnaso aquella lengua de jaques
y tahures, con la cual venía minando tan creadoramente los géneros
"serios" desde los últimos años de su etapa sevillana. Y quede en este
momento a un lado como tema merecedor de un estudio aparte.

En el *Viaje del Parnaso* Cervantes hace de Mercurio un simpá-
tico jayán aficionado a la guitarra, de Venus una moza del partido y
de Apolo un joven amable, si bien perdidamente superficial. No se
da en esto tregua ni cuartel: se describe a cierta sirena con facha de
verdulera y a Neptuno como un viejo de malas pulgas, coronado de
dos lampreas y con las barbas incrustadas de mejillones, cangrejos y
otros mariscos. Cierto que encuentra en el Parnaso a la Poesía en
todo su virginal esplendor, pero también, cerca de ella, a la triunfante Vanagloria, con su enorme vientre preñado de vientos. Nadie da
muestras de entender la situación angustiosa de las Letras ni hace

Herrero García al suponer una absoluta originalidad por parte de Cervantes en el tema de
la burla del Olimpo: "En el aspecto mitológico, Cervantes se encontraba ante un prestigio intacto, abroquelado por la áurea armadura de la antigüedad clasica, divinizado por
el Renacimiento e idolatrado por la poesía moderna [...] subsistía en pie, inatacable y de-
safiador, el orden mitológico" (*Viaje del Parnaso*, p. 14). El tratamiento degradado (del
que sólo se salva la personificación de la Poesía) y sus antecedentes es estudiado por Correa, "La dimensión mitológica del *Viaje del Parnaso* de Cervantes". Se ha señalado, por
lo demás, el precedente de la burla mitológica en el *Romancero general*, cuyo 206 "Yo,
Apolo dios de la ciencia" se queja de la multitud de poetas que ahora concurren al Parnaso, con gran detrimento de sus flores, sembrados y fuentes; se habla allí de los poetas que
"a escapar de borricos / sin duda serán badajos" y de cierto examen de ingreso que habrá
que poner en práctica "porque nuestra academia / no se pueble de estos trasgos" (*Romancero general*, ed. A. González Palencia, Madrid, C.S.I.C., 1947, t. 1, p. 141). En otro
(261) relacionado con ciertos "académicos del Tajo" se cuenta cómo "en un monte, dixo
Ovidio, / que dio una coz un caballo, / de que ha salido una fuente, / donde beben tantos
asnos" (1, 172). El tema de Apolo y sus jocosas relaciones con los poetas continuó por
largo tiempo como favorito de academias carnavalescas, como las estudiadas por Hannah E. Bergman, "El 'juicio final de todos los poetas españoles muertos y vivos' (ms.
inédito) y el certamen poético de 1638", *Boletín de la Real Academia Española*, 55
(1975), pp. 551-610.

nada útil para remediarla. Hay en aquellas alturas demasiada gente de poco más o menos y que no piensa más que en frivolidades (igual que en la corte de Madrid). Reina allí un aire de bullanga y de prosaica claudicación: entre las Horas que como "doncellas bailadoras" salieron a solemnizar el recibimiento de los poetas no dejaba de haber también algunas "medio rotas" (III, 340). Pero lo peor de todo es que el aturdido Apolo ni siquiera cae en la cuenta de ofrecer algo de cenar a los poetas que vienen en su socorro. La excelsitud del Parnaso queda pronto anegada por este camino en un baño de general prosaísmo. Se anota la dieta que mantiene en equilibrio las delicadas tripas del caballo Pegaso (que ni se "estriñe" ni "se va"), así como la habilidad de la musa Urania para transformar los excrementos del mismo en remedio infalible contra los váguidos de cabeza que con demasiada frecuencia suelen afligir a los poetas. La subida a las cumbres del Parnaso revela un mundo benignamente similar al hallado por Don Quijote tras su descenso a la cueva de Montesinos.[42] Ambas aventuras (escritas, además, en estrecha cercanía cronológica) materializan "extramundos" de signo lucianesco y guevariano, por completo locos y sin arreglo, a la vez que enderezados a infundir en el lector una desencantada conciencia del artificio literario.[43]

---

42 Véase, de entre una extensa bibliografía, G. Fry, "Symbolic Action in the Episode of the cueva de Montesinos", *Hispania*, 48 (1965), pp. 468-474. Peter N. Dunn, "La cueva de Montesinos por fuera y por dentro", *MLN*, 88 (1971), pp. 190-202. Helena Percas de Ponseti, *Cervantes y su concepto del arte*, Madrid, Gredos, 1975, cap. 7, "La cueva de Montesinos, el lenguaje como creación". Agustín Redondo, "El proceso iniciático en el episodio de la cueva de Montesinos del *Quijote*", *Iberoromania* 13 (1981), pp. 47-61. E.C. Riley, "Metamorphosis, Myth and Dream in the Cave of Montesinos", *Essays in Honour of Frank Pierce*, Oxford, Dolphin Books, 1982, pp. 105-119.

43 Como explica Alban K. Forcione en relación con la cueva de Montesinos: "The irreverent metamorphoses of such models produce the effect of a dismemberment of form of the type which is traditional in satirical literature with its cultivation of all devices which bring about narrative disorientation and force the reader into a stance of detachment, ranging from repugnance to amusement, as he contemplates the objects of the

218 FRANCISCO MÁRQUEZ VILLANUEVA

La broma o irreverencia mitológica (como en el *Quijote* la caballeresca) es pronto puesta al servicio de finalidades más significativas. Una vez llegado Cervantes al Parnaso comprueba con desaliento que Apolo tampoco le distingue ni reconoce, mientras que extrema sus deferencias con los poetas de rango nobiliario y les ofrece los mejores asientos. Cervantes se queda sin poder sentarse, en medio de tantas mediocridades, y cuando el distraído dios le aconseja que lo haga sobre su capa ha de recordarle que, por su pobreza, carece de ella. Con la paciencia casi perdida, habrá de refrescarle la memoria con un resumen de su larga vida literaria y un catálogo esencial de su obra. Apolo deberá saber de una vez que no es ninguna cuestión de vanidad, pues se precisa un mínimo de éxito y de reconocimiento[44] para no ser despreciado de envidiosos y de ignaros. No figura tampoco Cervantes entre los tres poetas que fueron allí mismo coronados. Los que en el Parnaso pelearon como buenos recibieron un premio simbólico de flores y algunas perlas, pero tampoco parece que él mismo se hallara entre los tan parcamente recompensados. Hay, al otro extremo, una inflación de honores, pues Apolo envía tres coronas de laurel para vates de la Península, más otras tres para los de Nápoles,[45] y algunos envidiosos quedan per-

fictional world" (*Cervantes and the Mystery of Lawlessness. A study of 'El casamiento engañoso' y 'El coloquio de los perros'*, Princeton, Princeton University Press, 1984, p. 50).

44 La justificada base autobiográfica de tal afán de público reconocimiento fue establecida por Elías L. Rivers, "Cervantes' *Journey to Parnassus, MLN*, 85 (1970), pp. 243-248. Ampliado acerca de éste y otros aspectos del poema por Jean Canavaggio, "La dimension autobiographique du *Viaje del Parnaso*", p. 172.

45 Según la conjetura de Astrana Marín los coronados en el Parnaso serían Quevedo, Góngora y Espinel. Los napolitanos, los hermanos Argensola y el conde de Lemos o el de Villamediana. Las coronas enviadas a España serían destinadas a Francisco de Aldana, Francisco de Figueroa y Fernando de Herrera (*Vida ejemplar y heroica*, t. 7, pp. 131-132). La selección de este último grupo hace sin embargo escaso sentido cronológico.

plejos acerca de cómo puede España poseer nada menos que nueve testas laureadas.

Es sólo tras esta inmensa desilusión cuando el largo periplo al Parnaso asume su pleno sentido y resulta clave, a la larga, para una suprema intelección de la poesía que Cervantes desea legar en testamento a sus más fieles lectores. Porque el *Viaje del Parnaso* tiene también un retorno que se realiza, como había de ser, a la callada y sin la teatralidad ni algazara de la galera alegórica. El discurso de bendición o despedida de la Poesía da paso a la presencia de Morfeo (el género de los viajes al Parnaso era de los más soporíferos), quien sume en profundo sueño a los excombatientes para el callado viaje de vuelta a sus tierras. Cervantes hace en este rápido retorno breve escala en un Nápoles para él cargado de recuerdos juveniles y poco después se encuentra de nuevo en su "antigua y lóbrega posada" de la corte, donde se arroja exhausto sobre el lecho, "que cansa, cuando es larga, una jornada" (VIII, 457).

Semejante retorno de un Cervantes, molido y quebrantado tras el decepcionante viaje, a su miseria madrileña de siempre podría ser interpretado, en el contexto de una lectura romántica, como el cuadro tristísimo de una derrota definitiva: no hay laurel ni Parnaso que valga para el poeta, lo mismo que no hay más que estacazos para el caballero andante. Y sin embargo, como aclaran también aquellas páginas finales, el poeta que viajó al Parnaso no es ahora ningún pobre amargado, maduro para el láudano o el pistoletazo en la sien, sino un ser más que nunca sabio y en paz con su vida y su arte. Es claro que Cervantes no va a despedirse del mundo con un mensaje de renuncia ni de odio a la poesía. Nos dirá, por el contrario, que la amemos, pero no como un trasto casero a lo argamasillesco ni como una entelequia erudita a la italiana, sino tal como ella es o como, mejor dicho, puede la poesía "servir" o "valer" para los hombres.

La literatura de ficción había tenido siempre como uno de sus pilares el relato de un viaje de búsqueda y prueba cuyo distancia-

miento paródico puede considerarse una de las más decisivas constantes de la tarea cervantina.[46] El *Viaje del Parnaso* se inserta muy a
las claras en la tradición de la jornada a un extramundo que desde la
Odisea era uno de los grandes temas épicos. Destinado a sobrevivir
bajo el gran artificio medieval de la "visión" o su variante el "sueño", había sido utilizado por el mismo Dante como base de su *Divina Commedia*.[47] Cervantes lo maneja, desde luego, dentro de un
tratamiento paródico que tampoco revestía en sí mayor originalidad.
Ariosto, con la eterna errabundez de sus paladines y en especial el
viaje de Astolfo a la luna, así como Rabelais, con la visita de tantos
lugares estrafalarios en el *Tiers* y en el *Quart livre*, son en esto los
ejemplos y precedentes imprescindibles. Habían hecho ambos de
las inauditas correrías instrumento predilecto tanto para el repudio
de caducos valores medievales como para una autocrítica del humanismo, realizada desde la más profunda entraña de éste. Dicho nuevo concepto del viaje como *mock epic* equivale en realidad a una
lente satírica y desmitificadora de las últimas realidades humanas.
La misma mecánica del periplo revelador de un mundo absurdo, si-
tuado en ninguna parte e invariablemente socavado por el prosaísmo socarrón, causa también el vaivén de regreso a una aprehensión
lúcida de la realidad, no ofuscada ya por el espejuelo escapista de
ensueños utópicos ni paraísos de guardarropía. Hasta llegar a Dante,
el viaje extraterreno, con su cortejo de aspectos iniciáticos, tenía por

---

46 E.C. Riley, "Cervantes: a Question of Genre", *Mediaeval and Renaissance Studies
on Spain and Portugal in Honour of P.E. Russell*, Oxford, Society for the Study of Medieval Languages and Literature, 1981, p. 76.

47 Rodríguez Marín identifica en sus anotaciones tres ecos directos de la *Divina Commedia*. Es probable que el saludo de Mercurio, "¡Oh Adán de los poetas! ¡Oh Cervantes!" (I, 202), derive del " O degli altri poeti onore e lume", como sugiere F.D. Maurino, "El *Viaje* de Cervantes y la *Commedia* de Dante", *Kentucky Foreign Language
Quaterly*, 3 (1956), pp. 7-12.

objeto la epifanía de una nueva conciencia con miras a la decisiva consolidación del mundo interior del protagonista. Ahora, por el contrario, la voz narrativa de estos viajes paródicos del Renacimiento no se ve confirmada sino en la relatividad, limitaciones e incongruencias del fenómeno humano, tan asediado en la época de dogmas e intolerancias. Basándose en Ariosto y Rabelais, pero sin extenderse a Teófilo Folengo (tan decisivo para Cervantes), Elizabeth A. Chesney[48] ha estudiado con gran perspicacia este lozano brote de la mejor literatura del Renacimiento, para el cual propone la terminología genérica del "contraviaje" (*countervoyage*).

No quiere decir esto que el *Viaje del Parnaso* tenga por qué invocar ninguna intertextualidad inmediata con el *Orlando Furioso*, y menos aún con las "*prouesses gigantales*" de Rabelais. El concepto de "contraviaje", como péndulo oscilante entre la locura y la cordura, no representa más que una nueva objetivación de la dialéctica de la paradoja como piedra angular del humanismo cristiano en su recorrido desde el *De docta ignorantia* del Cusano a la *Stultitiae laus* de Erasmo. El género (o mejor "contragénero") no existiría sin el concepto de adoxografía o elogio irónico de raíz lucianesca,[49] conforme

---

48 E.A. Chesney, *The Countervoyage of Rabelais and Ariosto: a Comparative Reading of Two Mock Epics*, Durham, Duke University Press, 1982. El género venía implicando, entre sus características más básicas, la pérdida del respeto a los dioses olímpicos (p. 62 y ss). Sobre las relaciones de Cervantes con Ariosto y Folengo, Francisco Márquez Villanueva, "Teófilo Folengo y Cervantes", en *Fuentes literarias cervantinas*, Madrid, Gredos, 1973.

49 Para sus orígenes y tradición, véase Arthur H. Pease, "Things without Honor", *Classical Philology*, 21 (1926), pp. 27-42. A.E. Malloch, The Techniques and Function of the Renaissance Paradox", *Studies in Philology*, 53 (1956), pp. 191-203. Henry K. Miller, "The Paradoxical Encomium, with Special Reference to its Vogue in England 1600-1800", *Modern Philology*, 53 (1956), pp. 145-178. Bibliografía obligadamente complementaria son aquí los libros de B.C. Bowen, *The Age of Bluff. Paradox and Ambiguity in Rabelais and Montaigne*, Urbana, 1972, y Rosalie Colie, *Paradoxia Epidemica*, Princeton, Princeton University Press, 1976. Para Cervantes en particular,

al modelo sobre todo de Erasmo en aquella última. Ninguna sorpresa aquí para la crítica cervantina, que pisa en esto sobre terreno firme y no tendrá, seguramente, mayor dificultad para reconocer el *Viaje del Parnaso* como digna corona de una meditación sobre la paradoja que ha cubierto la gran etapa de madurez creadora del maestro.[50] La única ruptura de Cervantes respecto de esta modalidad genérica del "contraviaje" es de orden referencial, pues mientras Ariosto, Rabelais, y en parte también Folengo apuntan a la diana del periplo como signo de las inquietudes intelectuales de los nuevos tiempos (centradas en los descubrimientos geográficos) y de las reservas que éstos les merecen, el "poetón ya viejo" (VIII, 409) no acompaña en esto a Epistemón ni a Astolfo por las regiones de una delirante geografía moral. Para Cervantes la verdadera mira de sus desvelos no puede ser (harto "académicamente") otra que la literatura.

La finalidad al fin y al cabo interesada que predomina en la jornada al Parnaso de aquel "Cervantes" no coincidió nunca del todo

"El mundo literario de la paradoja" y "La paradoja cervantina", en Francisco Márquez Villanueva, "El caballero del Verde Gabán y su reino de paradoja", en *Personajes y temas del 'Quijote'*, Madrid, Taurus, 1975, pp. 208-216.

50 Véanse la bibliografía y conclusiones relativas a estos aspectos de Cervantes en Francisco Márquez Villanueva, "La locura emblemática en la Segunda parte del *Quijote*", en *Cervantes and the Renaissance*, ed. Michael D. Mc Gaha, Easton, PA, Juan de la Cuesta, 1980, pp. 87-112. Del mismo autor, "La buenaventura de Preciosa", *Nueva Revista de Filología Hispánica*, 34 (1985-1986), pp. 741-768 (incluidos ambos en el presente volumen). Manuel Durán, "El *Quijote* a través del prisma de Mikhail Bakhtin: carnaval, disfraces, escatología y locura", en *Cervantes and the Renaissance*, pp. 71-86. Agustín Redondo, "Tradición carnavalesca y creación literaria. Del personaje de Sancho Panza al episodio de la ínsula Barataria en el *Quijote*", *Bulletin Hispanique*, 80 (1978), pp. 39-70. Del mismo autor, "El personaje de don Quijote: tradiciones folklórico-literarias, contexto histórico y elaboración cervantina", *Nueva Revista de Filología Hispánica*, 29 (1980), pp. 36-59. "La folie du cervantin Licencé de verre (traditions, contexte historique et subversion)", en *Les visages de la folie (1500-1600)*, ed. A. Redondo et A. Rochon, París, Publications de la Sorbonne, 1981, pp. 33-44.

con el puro ideal virgiliano de una penosa subida del poeta, camino
de la transparencia de una cumbre en que encontrarse consigo mismo. Dicho carácter se diluye aún más cuando al llegar a Cartagena
encuentra el peregrino la orden de movilización de Apolo a un ruidoso, aunque irreprochable episodio bélico. Semejante ida al Parnaso no va a ser una ascética subida, sino una llana excursión marítima
y, en lugar de búsqueda solitaria, se perfilará como el episodio vo-
cinglero y multitudinario del crucero marítimo. Traspuesto a otro
lenguaje, equivale a decir que este *Viaje del Parnaso* no es virgiliano sino lucianesco. El ámbito narrativo de la galera y su prolonga-
ción en el "nombrado Oeta" (I, 31) se define como un espléndido
universo de locos que, en continuo remolino, termina por subirse a
la cabeza de cuantos se acercan a contemplarlo. No en vano hacia su
final los "váguidos" del cerebro de los poetas, y hasta del mismo
Apolo, se vuelven una mención obsesiva. El acercamiento del agua
a la idea de locura[51] sigue siendo allí básica y funcional. La alegría
gratuita de la demencia preside tanto el viaje como los retozos de los
poetas en el Parnaso, por una vez, "de gusto llenos y de angustia fal-
tos" (III, 294). La galera apolínea acota un reino alienante a modo
de nueva abadía de Thélème, cuyos pasajeros viven el contento de
darse sin tino a las respectivas manías. Los hay que van desnudos,
mientras otros se arropan en hábito de romeros. Descuidados de pa-
gar matalotaje y cada uno allá con su tema, todos componen y reci-
tan la magna algarabía de sus versos. El espíritu de jolgorio cunde

---

51 "Pero a todo esto, el agua agrega la masa oscura de sus propios valores; ella lo lleva,
pero hace algo más, lo purifica; además, la navegación libra al hombre de la incerti-
dumbre de su suerte; cada uno queda entregado a su propio destino, pues cada viaje es,
potencialmente, el último. Hacia el otro mundo es adonde parte el loco en su loca barquilla; es del otro mundo de donde viene cuando desembarca" (Michel Foucault, *Historia de la locura en la época clásica*, México, FCE, 1967, p. 19). Cervantes permanece fiel a la valoración negativa del agua, como anota Michele Gendreau-Massaloux,
"Une barque enchantée et quelques meuniers (*Don Quichotte de la Manche*, IIe partie,
ch. 29)", *Imprévue* (1978), pp. 115-121.

por todas partes y no hay tampoco límite para la alocada imaginación festiva: se levantó gran algazara con la idea de arrojar al mar a
Lofraso como víctima propiciatoria contra los peligros de Escila y
Caribdis, pero Mercurio, que impera en la galera sentado sobre seis
resmas de papel, prefiere nombrarlo cómitre para que gobierne a la
chusma con un rebenque hecho de sus temibles metros. Salvo por
sustituir a locos musicales por locos poéticos, tenemos aquí la cono-
cidísima iconografía del *Narrenschiff*,[52] que por primera vez nave-
ga la "aunque azul, líquida plata" (I, 151) del Mediterráneo y que,
por fuerza, sólo podrá rendir viaje en una Narragonia como tantas
otras. Lo mismo que muchos de los episodios más locos de Ariosto
y Rabelais ocurren también con motivo de largos viajes marítimos,
el encuadre semiológico del "contraviaje" impone una manipulación creadora del personaje en que asienta una voz narrativa, forzada a subdividirse así como a distanciarse de la del autor. En cuanto
ser vivo que es al mismo tiempo testigo y dueño de la varita mágica,
dicho personaje se halla atrapado entre dos tipos de realidad, lo mismo que entre los dos extremos o *cornua* de la paradoja. Su papel
consiste en mostrarse igualmente comprometido y capaz de funcio-
nar en ambos planos, cosa sólo al alcance de alguna modalidad de
loco lúcido o sucesión seriada (como en el *Quijote*) de dicho tipo de
máscara. En el caso del *Viaje del Parnaso* esa voz narrativa (es decir, su particular "Cide Hamete") encarna en la figura semibufones-
ca de cierto poeta hambriento, donosamente rebautizado allí como
Miguel de Cervantes. Se va con esto un paso más allá de las figuras
y semiautorretratos de éste como ridículo vate fracasado iniciada en
los *Entremeses*.[53] Porque ahora escuchamos también, para colmo, a

52 Véase para el autor y la obra Edwin H. Zeydel, *Sebastian Brant*, New York,
Twayne, 1967.

53 Mary Gaylord Randel, "La poesía y los poetas en los *Entremeses* de Cervantes",
Anales Cervantinos, 20 (1982), pp. 173-203.

un desdichado poetastro, que no se hace ilusiones acerca de sí mismo y sueña por eso en remediar tanto su esterilidad como su indigencia con alguna fórmula mágica:

> Pues descubriendo desde allí la bella
> corriente de Aganipe, en un saltico
> pudiera el labio remojar en ella,
> y quedar del licor suave y rico
> el pancho lleno, y ser de allí adelante
> poeta ilustre, o al menos magnifico (I, 25-36).

En el seno de una clara latencia bufonesca, el "Adán de los poetas" (I, 202) va marcado por la heterodoxa indumentaria del carecer de capa (es decir, una doble virtualidad de desnudez), así como también por este abordaje carnavalesco en que la falta de dotes poéticas se resuelve con la materialidad de henchir el "pancho" de las aguas creadoras. Dicha figura de donoso "loco" centra el interés polarizador que el *Viaje del Parnaso* muestra en el complejo fenómeno literario del poetastro. Lo mismo que la Argamasilla daba pie para un recorrido tipológico de los bajos fondos académicos (piratas, pesados, paniaguados, caprichosos, burladores, seres ambiguos), el *Viaje* da entrada en diversos momentos a la misma clase de estereotipos negativos. Así el mocito imitador de Ganimedes, el paje que se cree llamado a la gloria poética, el estudiante que escribió una comedia de gran aparato, el "chacho necio" (II, 95) especialista en viles sátiras o aquel don Quincoces que resume a los linajudos que, tras ensartar cuatro rimas, se llenan de humos poéticos.[54] Los tercetos del *Viaje del Parnaso* establecen una brillante gradación léxica de subtipos del poetastro algo similar a la de los nombres de la

---

54 El carácter genérico de tales personajes viene confirmado por el fracaso y especulaciones de los anotadores para identificarlos con algún poeta conocido.

alcahueta en Juan Ruiz, e incluye a los *madrigados*, los *tiernos*, los *godescos*, los *cueros*, los *zarabandos*, los *alfeñicados*, los *melifluos*, los *sietemesinos*, los *lagartijeros*, los *a cantimplora acostumbrados*, los *monas*, los *no fénices* sino *fenices* (por "fenicios", en rima con *Alcañices*), los *fríos*, los *frescos*, los *calurosos* y los *poetísimos*. Es claro, por lo demás, que donde Cervantes empieza por proclamarse poetastro, nadie podrá considerarse allí otra cosa ni darse tampoco por ofendido. Su lector ha sido llevado de esta forma a lo más denso de una perspectiva adoxográfica, cuya consecuencia más inmediata es la hipoteca que desde ese momento grava a su catálogo de poetas y juicios literarios. Nada más ingenuo, por lo mismo, que el tomar como Evangelio y verdadera confesión del autor aquel famoso y malhadado terceto en que estriban todos los repetidísimos juicios acerca del "Cervantes como poeta":

> Yo, que siempre trabajo y me desvelo
> por parecer que tengo de poeta
> la gracia que no quiso darme el cielo (I, 23-25).

Quien así habla no es, claro está, sino un poeta muy seguro de sí y en trance de solicitar el homenaje requerido a su maestría en unos momentos particularmente afortunados. Válidos tal vez si se toman por separado, los encomios dan paso en conjunto a su eventual lectura bajo una sorna en contrario o adoxográfica que, de nuevo, asimila el *Viaje del Parnaso* a un dilatado vejamen académico. Todo es, en suma, el mismo juego de puertas batientes que en pequeño ilustra el llanto por la final derrota "de las Musas del limpio Tagarete" (VII, 353), que era un pestilente arroyo sevillano.

El *Viaje del Parnaso* constituye por tanto un nuevo y muy serio grito de alarma ante la amenaza del academicismo argamasillesco. Se halla éste representado por un mismo vulgo de poetas romancistas, *trovadores o trovistas* (IV, 515), improvisadores y malos comediógrafos en trance de anegar con sus locuras la experiencia literaria española. Cervantes separa allí, como la zaranda de Mercurio en la galera, a los *garcilasistas* de los *timonedas* (VII, 294) y a los *latinos* de los *poetas de romance* (VIII, 106 y 109). Los romances en particular van como *chusma* (I, 250) forzada al remo en la galera. Cervantes reniega de los que escribiera en su juventud y, en particular, los de tema morisco se muestran arma temible de los atacantes al Parnaso. Esto último es como señalar con el dedo a Lope, igual que al referirse a las redondillas como sólo buenas para la "parlera" racamenta (I, 271) de la nave, pues no hay que olvidar que desde su *Isidro* de 1599 pretendía aquél convertirlas en piedra angular de su teorización de un Parnaso madrileñista, totalmente independizado de Grecia y su lengua.[55] Herejía, por tanto, en preludio de la del *Arte nuevo* y si cabe aún más desaforada.

Pero incluso estas críticas se hallan a su vez relativizadas y su burla mitológica dista de ser otra cosa que la lección de sensatez que más necesitan los poetas de su tiempo. El viaje a la locura del Parnaso lleva consigo la dinámica inversa de una recuperación de la perspectiva en su vuelta a un estado de equilibrada sensatez. El Cervantes que vuelve a Madrid ha superado claramente la etapa "surrealista" o "goyesca" (en realidad "Merlín Cocaio") de su discurso argamasillesco de 1605, lo mismo que la desesperación personal del capítulo primero de este su último poema. Su fe en la poesía se muestra más firme que nunca y su contemplación cara a cara de la misma constituye la única experiencia íntegra y positiva de su visita al Parnaso. Se materializa en aquella visión la figura de origen emblemático e icónico con que Cervantes viene imaginando a la Poesía como una hermosísima doncella[56] asistida (conforme a un ideal neoaristotélico) de

55 Francisco Márquez Villanueva, "La axiología del 'Isidro'", en *Lope vida y valores*, pp. 99-106.

56 El sentido del símil fue ya comentado por Américo Castro, *El pensamiento de Cervantes*, Barcelona, Noguer, 1972, pp. 42-43. Consideraciones de interés acerca del

todos los saberes y ciencias. Al contrario que Apolo, abraza esta "universal señora" (VIII, 190) sin distinción a los combatientes victoriosos y les dirige tan breves como sabias palabras. Primero, el agradecimiento por haberla salvado de caer en manos viles e incompatibles con su honesta pobreza. No puede, por lo demás, ofrecerles ningún premio de orden material. El Parnaso, les dice, carece de minas de metales preciosos, y abunda sólo en aguas inspiradoras y salutíferas. Lo más decisivo es que, lejos de invitarlos a quedarse allí con ella, los exhorte a que permanezcan a su servicio tras su vuelta al suelo patrio. Mucho menos les hablará para nada de academias. Como tampoco condena la riqueza, ni los fuerza a huir de ella, su consejo es que vuelvan a pisar las arenas del aurífero Tajo, y sobre todo, que pasen allí muchas "dulces horas de pesar ajenas" (VIII, 213), bajo el inconfundible y noble pabellón de la herencia garcilasiana.

Las razones de la Poesía son una llamada a la realidad y un bálsamo contrario a tantas competencias y asperezas satíricas como en esos años envenenan la vida literaria española. No tiene, pues, la poesía nada que ver con el reconocimiento material ni con la fama, cuestiones pertenecientes a la relatividad imperfecta de todas las cosas humanas. Apolo respondió con sequedad a las quejas del que todavía era un poetastro ansioso de hacer fortuna: "Tú mismo te has forjado tu ventura (IV, 79),[57] y es tal vez lo más acertado que alcanza

mismo en Georges Güntert *"La gitanilla* y la poética de Cervantes", *Boletín de la Real Academia Española*, 51 (1972), pp. 107-134. Para el aspecto doctrinal de los cuatro elogios de la poesía bajo la metáfora o alegoría de la hermosa doncella, E.C. Riley, "Teoría literaria", en *Summa Cervantina*, ed. J.B. Avalle-Arce y E.C. Riley, Tamesis, London, 1973, pp. 299-300. Para la presencia de la misma idea en el *Quijote*, Francisco Márquez Villanueva, "El caballero del Verde Gabán y su reino de paradoja", pp. 190-195. La base iconográfica de la personificación de la poesía (Petrarca, Ripa) es mencionada por Correa, "La dimensión mitológica del *Viaje del Parnaso* de Cervantes", p. 188.

57 Eco del aforismo estoico *Quilibet faber propriae fortunae*, era a la vez convicción favorita de Cervantes en los últimos años de su vida. "Cada uno es artífice de su fortuna"

a decir en todo el poema. La poesía es, antes que nada, y en sí misma, la recompensa inestimable de un inmenso y duradero goce. El *Viaje del Parnaso* objetiva en esto el discurso sapiencial sobre la poesía con que *La gitanilla* se distanciaba de tanta quejumbre tópica:

> –Con todo eso– respondió Preciosa, he oído decir que es pobrísima, y que tiene algo de mendiga.
>
> –Antes es al revés– respondió el paje– porque no hay poeta que no sea rico, pues todos viven contentos con su estado, filosofía que alcanzan pocos. ¿Pero qué te ha movido, Preciosa, a hacer esta pregunta?[58]

El poeta que volvió del Parnaso tan pobre como se fue es ahora, por lo menos, un discretísimo profesional, dispuesto a sazonar todo buen momento de su vida en el oficio con una dosis de socarronería. Clichés aparte y tomado objetivamente, incluso "es discreto el vulgo de la corte, / aunque le toca la común miseria" (VII, 320-321), por lo cual, a veces, hasta es capaz de distinguir entre buenas y malas comedias. La vida literaria del poeta digno del nombre puede verse de este modo como una ininterrumpida cadena de goces. El Cervantes de vuelta de tantas amargas y allí harto visibles realidades no está, decididamente, por los aspavientos, ni se considera menos que afortunado por su destino de poeta. Sin concesiones a picares-

en el *Quijote* (II, 66). Expresiones similares en *Persiles* (II, 13). Véase nota de L.A. Murillo en su edición, *Don Quijote de la Mancha*, Madrid, Castalia, 1978, t. 2, p. 541. El *Viaje del Parnaso* tampoco oculta que la abyección literaria y moral ha sido también causante de la triste situación de los poetas, según Jordi Gracia García, "Intención y crítica del *Viaje del Parnaso*: en torno a la adulación y la vanagloria", *Anthropos*, 1989, núms. 88-89, p. 81.

58 *Novelas ejemplares*, ed. J.B. Avalle-Arce, Madrid, Castalia, 1982, t. 1, p. 107.

cas ni a pedanterías de académicos "leyentes con letura" (I, 100), las
primeras páginas del poema habían trazado ya una deliciosa imagen
de los poetas como seres que, captados por una existencia en los
confines de mundos interiores e imaginarios, "sobre el convexo van
de las esferas" (I, 84) y viven la continua maravilla de cuanto la fantasía les ofrece en cada instante. Nada menos práctico, pero nada
también menos "romántico" ni académicamente "parnasiano" que
la envidiable libertad de estos seres no santos ni demonios, sino un
poco absurdos e imposibles:

> Llorando guerras o cantando amores,
> la vida como en sueño se les pasa,
> o como suele el tiempo a jugadores.
> Son hechos los poetas de una masa
> dulce, suave, correosa y tierna,
> y amiga del hogar de ajena casa.
> El poeta más cuerdo se gobierna
> por su antojo baldío y regalado,
> de trazas lleno y de ignorancia eterna.
> Absorto en sus quimeras, y admirado
> de sus mismas acciones no procura
> llegar a rico como a honroso estado (I, 89-99).

Las páginas finales empalman, por su parte, con la misma be-
nevolencia ecuánime. Lo importante no es la multitud de malos poetas, sino la presencia de algunos buenos, que todavía no faltan. Al
retornar a su Madrid de siempre se halla muy feliz de saludar y pe-
gar la hebra con viejos y excelentes amigos, que son además tan fi-
nos poetas como el joven Luis Vélez de Guevara, "que se puede llamar quitapesares" (II, 168). Claro que se encuentra también con
grandes hipócritas y hasta con alguno de los desertores de la batalla
parnasiana, pero tiene gran cuidado de guardarse de pendencias e

inventivas, no por renunciar a su justo vejamen, sino guardándolo para la ocasión propicia. La academia argamasillesca ha encajado la seria derrota supuesta por su *Viaje del Parnaso*, pero no dejará de estar ahí siempre, pues de ello se encarga cierto eterno gusto español por los malos poetas, comparados esta vez con hueras calabazas y sus semillas:

> Desta dulce semilla referida,
> España, verdad cierta, tanto abunda,
> que es por ella estimada y conocida.
> Que aunque en armas y en letras es fecunda,
> más de cuantas provincias tiene el suelo,
> su gusto en parte en tal semilla abunda (V, 220-225).

El lejano Parnaso está ahora semiolvidado y sólo llegan de él nuevos indicios de su incurable locura. Apolo escribe en la *Adjunta* acerca de su cabeza más que nunca afligida de "váguidos" bajo el castigo del sol canicular. Expresa también sus temores a un nuevo asedio, por lo cual él y las musas aran de sal los campos para que no se levante otra generación espontánea de la sangre allí vertida por los malos poetas. La batalla contra los traidores a la poesía no tendrá nunca fin e inevitablemente habrán de sucederse nuevos episodios bélicos. ¿Acaso no ha de lucharlos cada nueva generación? Pero Cervantes, al menos, ha cumplido ya con su turno de servicio y no va a estar allí para verlos.

Duerma, aunque por poco tiempo, en paz la fementida academia de la Argamasilla, pero ¿y la "otra" academia? Cervantes conocía y admiraba las academias de Italia, como ejemplo y modelo de lo que no cabría nunca tener en España. Con elocuencia asimilable a un mudo testimonio, su *Viaje del Parnaso* no se ocupa para nada de aquéllas ni de cuanto en el terreno del arte significaban. Nótese que el proyecto de viajar al Parnaso equivalía a una ilusión de acogida y

reconocimiento por la más absoluta de las academias, la única donde el clasicismo no habría muerto para transformarse en planta de
invernadero o programa adoptado en frío por y para profesionales
de la literatura. Por supuesto, la ausencia de este otro "legítimo"
sector académico es sólo relativa, pues queda valorada por el *Viaje
del Parnaso* a través del tema indirecto de Italia. Es de notar que
Apolo pide auxilio a España, con todos sus problemas a cuestas,
pero no a Francia ni a Italia, como pone de relieve Mercurio:

> De Italia las riberas he barrido;
> he visto las de Francia y no tocado,
> por venir sólo a España dirigido (I, 329-331).

La galera de Mercurio va a pasar de largo ante estas dos naciones. Es obvio que ni él ni el Parnaso esperan nada de Italia, caída en
un academicismo de eruditos inflexibles y casi igual de infecundos,
por otro camino, que los ignorantes argamasillescos. Cuando la
nave cruza por delante de Génova, Mercurio ordena dejarla "a la siniestra mano" y seguir su derrota "por la diestra" (III, 134), pues,
como todo el mundo sabía, la única distinción de aquella ciudad era
su insaciable sed de oro. Tampoco hay ningún intento de hacer la
menor escala en "la ancha romana y peligrosa playa" (III, 138), uno
de los versos sin duda más sopesados en toda su vida por Cervantes
(Roma, tierra de "anchuras" morales y, en años tridentinos, nada fa-
vorables a la Poesía).[59] Nápoles, ciudad al fin "española", no es más
que escenario de la conspiración de los Argensola para alzarse "con
perezosa tiranía" con "la ciencia que a ser divinos guía" (III, 201). A

---

59 La anotación de Rodríguez Marín (*Viaje del Parnaso*, 225) se muestra aquí ingenua-
mente atada al positivismo de los tiempos cuando no ve en aquella "peligrosa playa"
más que un simple dato geográfico, que ilustra con las prevenciones de un libro moderno sobre navegación del Mediterráneo.

su vuelta del Parnaso, y estamos supuestamente en mayo de 1612, Cervantes renueva allí sus mejores recuerdos juveniles, pero no encuentra ninguna actividad literaria de altura. Se celebran desde luego en Nápoles espléndidas fiestas en honor de los regios matrimonios hispano-franceses, pero son de exclusivo carácter cortesano y caballeresco. Cervantes hasta piensa en escribir una relación de las mismas, proyecto en el que se le anticipa un burócrata de la corte virreinal,[60] tan digno por lo demás de olvido como el mismo ostentoso y estéril festejo. Cervantes debía saber ya que la academia reunida en torno a Lemos (bien llamada *de los Ociosos*) era un completo fracaso y hasta reverdecía los laureles argamasillescos, en su círculo íntimo, con el lamentable género de las comedias improvisadas o "de repente". Comprometidos todos a la risotada, malgastaba en ellas su talento Mira de Amescua, mientras el gordo sacerdote Bartolomé Leonardo de Argensola hacía las delicias de todos en la interpretación de chuscos papeles femeninos.

En la mejor respuesta que cabía dar a la conducta desleal de Lemos y los Argensola, Cervantes cautela de este modo contra el señuelo de Italia, en el que él mismo había creído también por un momento. Igual lo hacía el *Passagero* de Cristóbal Suárez de Figueroa, cuando, al dirigirse hacia aquellas tierras, recordaba a sus compañeros de viaje que en ninguna parte se imprimen libros tan a la ligera como en la otra Península.[61] Italia no es solución, lo mismo que tampoco lo es el Parnaso, que no existe y aun si existiera no merecería la pena. El "contraviaje" había tenido como una de sus dianas el

---

60 Se llamó, según declara allí Cervantes, "el curioso Don Juan de Oquina" (VIII, 370), tesorero de la corte virreinal. El texto, impreso en Madrid en 1612 (licencia de 31 de agosto de aquel año), se considera hoy perdido, pero se conserva un extracto del mismo en Jenaro Alenda y Mira, *Relaciones de solemnidades y fiestas públicas en España*, Madrid, 1903, p. 149.

61 *El Passagero*, p. 149.

desmitificar los falsos paraísos[62] y Cervantes le suma ahora la deva-
luación del Parnaso o, en su equivalencia, la de aquel otro edén de la
literatura que sus compañeros de generación identificaban a la ligera con una Italia idealizada.

Si España es desesperante, Italia no vale tanto la pena y más
que nunca estaremos hoy de acuerdo en el saldo favorable que, frente al sesteo académico de la otra Península, arrojaba el febril hervi-
dero creador en torno a Cervantes. No hay por qué desperdiciar
energías en busca de una perfección que no se da en ninguna parte.
El poeta a la altura de sus obligaciones no tiene, por tanto, escapatoria a su compromiso con el arte y no puede escatimar su sacrificio ni
excusarse con unas condiciones menos que ideales para dar cuanto
lleva dentro de sí. Por duro que ello resulte, es en aquel Madrid in-
hóspito (y en el que después de Cervantes han llorado también tantos poetas) donde hay que levantarse todos los días para la obra que,
a modo de un servicio público, se debe crear allí y no en otro lugar.
Es preciso hacerlo, además, con elegancia y buen ánimo. Lo contrario sería querer irse al Parnaso, o como iba a decir siglos después
Aldous Huxley, desertar "to the side of the angels". Lo cual, como
se sabe, es para un artista "the most odious of treasons".

No se trata con esto de ninguna consideración anacrónica, pues
los frutos por los que se conoce el árbol estaban muy a la vista. Las
academias italianas habían desertado en masa al lado de los ángeles,
y léase aquí el cómodo espacio de un manierismo paralizador que
aislaba al poeta de la vida real y había metido a las letras de aquella
Península por un callejón sin salida. El interés en la literatura italiana parece haberse extinguido para Cervantes con la vida de Torcuato Tasso (1544-1595),[63] insigne producto de las academias y vícti-

---

62 Chesney, *The Countervoyage*, p. 58.

63 El *Viaje del Parnaso* menciona dos veces a Tasso (II, 134 y V, 87) bajo igual encarecimiento de antonomasia poética. Para el sentido de la admiración cervantina a Tasso

ma también de la intolerancia y estrechez doctrinal de las mismas. Cervantes se acerca con gran cautela al neoaristotelismo académico y tridentino, pero con su "¡nada de Parnasos!" termina por distanciárselo igual que el opuesto espíritu argamasillesco.[64] El discurso erudito de los innumerables tratadistas consideraba la poesía a modo de un ideal absoluto y codificable, a la vez que como objeto de un culto cuyo pedantesco sacerdocio les estuviera en propiedad reservado. Pero la personificación de la poesía como aquella maravillosa doncella del Parnaso significaba desde un principio la imposibilidad metafísica de su posesión por parte de nadie. Cervantes ha escuchado de sus hermosos labios su deseo de no someterse nunca a manos humanas y permanecer para siempre libre y dueña de sí misma. La poesía es un ideal inalcanzable fuera de su continua búsqueda y ninguna mayor estulticia para un vate tonto ni listo, ni para una insigne academia, que el intentar lo contrario. Por eso Cervantes no hubiera creído hoy tampoco en la poesía pura.

El retorno cervantino del Parnaso cumple así su habitual función autocrítica de la cultura humanística de su tiempo. Su querella más inmediata es el doble falseamiento de la misma, tanto en su volverse moneda de vellón como en su retirada a la trinchera conservadora y autoritaria de las academias. Suponen éstas, aun en el mejor

véase Alban K. Forcione, "Cervantes, Tasso, and the 'romanzi' polemic", *Revue de Littérature Comparée*, 33 (1970), pp. 433-443. Sobre presencia de las ideas literarias de Tasso en la madurez de Cervantes, Antonio Vilanova, "El peregrino andante en el *Persiles* de Cervantes", *Boletín de la Real Academia de Buenas Letras de Barcelona*, 22 (1949), pp. 97-159 (124-129).

64 No sería tampoco la única vez que Cervantes igualara bajo una misma denuncia de rampante filisteísmo la rusticidad sanchopancesca y la pedantería neoaristotélica: "A glance at Renaissance treatises on poetic theory reveals that the degree of deformation in Cervantes' caricature of the learned poet is not nearly so great as modern reader would suposse" (Alban K. Forcione, "Cervantes and the Freedom of the Artist", *Romanic Review*, 61 [1970]), p. 253).

de los casos, un concepto irrealista, por demasiado cómodo, de la poesía y una manipulación interesada de la misma que la somete (para Cervantes muy *contra natura*) al servicio de las ambiciones y carreras de los poetas: "El elogio y la autocontemplación parecen esconderse en estas pequeñas repúblicas cortesanas que copian la estructura jerárquica del poder y su codificación".[65] En respuesta esencial a la misma clase de problema, el "contraviaje" utilizaba, en cuanto género, su profunda erudición clásica para intimar a fin de cuentas la vanidad de la misma.[66] El *Viaje del Parnaso* se ríe de dicha cultura si por ella se entendía no un noble espíritu y un verdadero saber sino, como había llegado a ser lo más frecuente en su época, un mero almacén de fórmulas y muletillas poéticas, y de ahí travesuras como su parodia del trilladísimo[67] "*Infandum, regina, iubes renovare dolorem*" (*Eneida*, II, 1):

> –Mucho, me respondió, mucho te subes en tus preguntas; calla y obedece.
> –Sí haré, pues *no es infando lo que jubes* (II, 322-324).

Cristianamente, la poesía requiere de los suyos un amor respetuoso, pero no la adoración reservada a Dios. Enraizado en el Erasmo que invitaba al saboreo de las Sagradas Escrituras y rechazaba a los ciceronianos,[68] Cervantes continúa pensando en la literatura como

65 A. Egido, "Una introducción a la poesía y a las academias literarias del siglo XVII", p. 12.

66 Chesney, *The Countervoyage*, p. 210.

67 Véanse aquí las correspondientes anotaciones de Rodríguez Marín y Herrero García.

68 El común rechazo del ideal del *poeta doctus* por Erasmo y Cervantes es visto en relación con la polémica anticiceroniana del primero por Alban K. Forcione, "Cervantes'

algo que el hombre hace desde sí mismo para su propio goce y el del prójimo. Goce que es, en sí, una experiencia noble y educadora, a la vez que una recompensa muy superior a todas las riquezas. Llevada al terreno del poeta, la *docta ignorantia*, en cuanto paradoja angular del humanismo cristiano, significa que aquél habrá de reconciliarse de antemano con ese otro imperfecto costado que, por el hecho de ser hombre, tendrá siempre de "poetastro". Es sólo en el seno de esa modestia (y no en otros *superbi colli*) donde el poeta se encuentra a sí mismo y a su arte como preparación para las más altas empresas creadoras. Quien no lo entienda así se encontrará sacrificando a dioses falsos y ello ayudará a comprender que la importancia concedida por Cervantes al subdiscurso del poetastro no es fortuita ni meramente pintoresca. En cuanto variante del *morio*, dicho "poetón", terminará por asumir una voz sapiencial, en sutil aplicación de ese "ser estulto es ser hombre"[69] que reformula al paulino *stulti propter Christum* (I *Cor.* 4.10). Por el lado de la autosufiencia o soberbia del saber no quedará más alternativa que la de convertirse en ese desdichado y auténtico poetastro que, en su caricatura de la *Stultitiae laus*, se despestaña (conforme a un ritual "académico") para conseguir los aplausos de otro "legañoso" como él.[70] El dios Apolo ha tenido que escuchar en su Parnaso, y de boca de un ridículo poeta indigente, la voz con que la paradoja cristiana proclama como un alto ideal estético el dar "pasatiempo al pecho melancólico y mohino" (IV, 22-23).[71] Conforme a la

La gitanilla as Erasmian Romance", en *Cervantes and the Humanist Vision: a Study of Four Exemplary Novels*, Princeton, Princeton University Press, 1982, p. 174.

69 Antonio Vilanova, "Erasmo, Sancho Panza y su amigo don Quijote", en *Erasmo y Cervantes*, Barcelona, Lumen, 1989, p. 107.

70 *Elogio de la locura*, trad. A. Rodríguez Bachiller, Madrid, Aguilar, 1967, cap. 50, pp. 217.

71 Su presencia en Erasmo, básica para la apertura y valoración de éste a la literatura carnavalesca, es estudiada por Joel Lefevbre, *Les Fols et la folie. Étude sur les genres*

dinámica usual de aquella literatura del "loco", ha sido una figura de acento bufonesco la encargada de proclamar las verdades centrales del poema.

Para dentro de casa, la defensa cervantina de una poesía culta y de sanas raíces grecolatinas significa todo lo contrario de un clasicismo a ultranzas académicas, y en realidad constituye también un llamamiento irenista al desarme interior del mundo de las letras patrias. Ese mundo que, al compás de toda la sociedad española, se viene cerrando entre infinitas pendencias al saludable espíritu crítico de que el *Viaje del Parnaso* da discreto ejemplo. Gran lección para aquella otra *stultifera navis* que era la aturdida corte madrileña, capaz de acuñación tan única como *mentidero*[72] y que, haciendo del embuste una forma de vida, en lugar de academias tiene sólo gallineros. Pero este otro ideal cervantinamente "académico" no podía abrigar en el día la menor esperanza realista, y nadie lo sabía mejor que el poeta *morosophos*[73] retornado del Parnaso.

Entre el crimen argamasillesco de profanar la poesía y la idolatría de la misma conforme al academicismo italiano, queda amplio espacio para el juego creador encaminado a disipar melancolías conforme a la estética erasmiana del "mostrar con propiedad un de-

---

comique et la création littéraire en Allemagne pendant la Renaissance, París, Klincsiek, 1968, p. 227. Me he referido en otra ocasión al papel liberador de Erasmo y su adopción de la literatura del "loco" como génesis de una modernidad literaria: "En rigor, se trataba del ideal de la *relaxatio animorum* que define el *De sermone* de Pontano, antes de la escisión del humanismo en el siglo XVI y de su cautividad por el aristotelismo académico y contrarreformista" ("La locura emblemática en la Segunda parte del *Quijote*", p. 106).

72 "Cervantes y el mentidero de San Felipe", *Viaje del Parnaso*, ed. Rodríguez Marín, apéndice 1.

73 Maurice Lever, *Le sceptre et la marotte. Histoire des fous de cour*, París, Fayard, 1983, "Le morosophe ou fol sage", pp. 191-214.

satino" (IV, 27).[74] Cervantes no tiene, a la hora del gran adiós, ningún otro secreto trascendental que comunicar a sus mejores amigos y
lectores. Se halla satisfecho de sí mismo y de su obra (en cierto modo
hasta de su propia vida) y quiere que todos lo sepan. Por supuesto
que no le va a enmendar la plana a Aristóteles ni a tanto docto trata-
dista, pero sí puede hablar con autoridad acerca de cómo ha de ser vivida la literatura. "Poetastro" y todo, entiende de estas cosas, al cabo
de sus años, mucho más que el jovenzuelo Apolo en aquellas alturas
parnasianas, tan vueltas de espaldas a la realidad. El sentido final de
su *Viaje del Parnaso* no es así sino de un claro orden ético. Es por
esto por lo que ha recurrido al terceto, propio de la poesía más reflexiva, frente a la octava rima que venía prefiriendo la literatura académica sobre estos temas. Su iconología de la poesía viva en el Parnaso
introduce una sutil novedad, pues, cuando Don Quijote (II, 16) hacía
hincapié en pintarla como auxiliada por todos los saberes, conforme
a un concepto muy neoaristotélico, la hermosísima ninfa, aunque
"toca y apunta de cualquiera ciencia" (IV, 185), no comparte allí su
morada sino con la "divina y moral filosofía":

> Moran con ella en una misma estancia
> la divina y moral filosofía,
> el estilo más puro y la elegancia (IV, 190-192).

Cervantes se reconsagra al concepto de raíces platónicas, nunca de él abandonado, del poeta como depositario de responsabilidades de orden moral y colectivo[75] de que en todo momento ha de ha-

---

74 Forcione, "Madness and Mystery: The Exemplarity of Cervantes' *Novelas ejempla-*
res", en *Cervantes and the Humanist Vision*, p. 28. "'Desatinos de propósito': The
Ugly Shapes of Satire", en *Cervantes and the Mistery of Lawlessness*, "Introducción".

75 La continua preocupación moral del poema es resaltada por Geoffrey Stagg, "Pro-
paganda and Poetics on Parnassus: Cervantes' *Viaje del Parnaso*", *Cervantes*, 7 (1988),
pp. 23-28.

llarse dispuesto a rendir cuenta. Es lo que vuelve también tan grave
(por vía recíproca) que una sociedad que se cree omnipotente deje
de aquel modo morir de hambre a sus poetas. Al menos por su lectura del Pinciano (1596) habría de conocer la idea horaciana de que
uno de los oficios del poeta consiste en el noble cometido de "fun-
dar repúblicas".[76] No es, pues, ninguna casualidad que donde hay
malos poetas haya también mal gobierno y viceversa. Por eso veía
Cervantes como el peor de los síntomas que las academias se en-
quistaran en el casticismo manchego o bien que, en la cara opuesta
de la misma dinámica, los poetas se sintieran tentados a fugarse a
Italia o, lo que era aún peor, a cierta clase de Parnasos.

---

76 Alonso López Pinciano, *Philosophía antigua poética*, ed. A. Carballo Picazo, Madrid, C.S.I.C., 1953, t. 1, epístola III, p. 214. La relación entre ambos autores ha sido
estudiada en especial por Jean F. Canavaggio, "Alonso López Pinciano y la estética
literaria de Cervantes en el *Quijote*", *Anales Cervantinos*, 7 (1958), pp. 13-107.

VII

La interacción Alemán-Cervantes.

Existe un episodio escasamente conocido de la vida de Mateo Alemán y en el cual late una profunda significación.[1] Al llegar a San Juan de Ulúa el 19 de agosto de 1608 la nave en que el escritor sevillano había pasado con su familia a Indias, los agentes del Santo

---

[1] Procede la noticia de Luis González Obregón, "De cómo vino a México 'Don Quijote'", en *México viejo y anecdótico*, París-México, 1909, pp. 67-73. Dice haberla hallado en cierto cuaderno que poseía un amigo bibliófilo, titulado *Inquisición de flotas venidas de los Reynos de S.M. desde el año de 1601 hasta el presente de 1610*. Se habían decomisado en estos años obras de Lucrecio y Virgilio, así como libros de caballerías: el *Espejo de caballerías* de Diego Ortúñez de Calahorra en 1601 y la *Historia de Bernardo del Carpio* en 1602. Reelabora y comenta estos mismos datos Irving A. Leonard, "Mateo Alemán in México: A Document", *Hispanic Review*, 17 (1949), pp. 316-327. Por lo demás, tanto el *Pícaro* de Alemán como el *Quijote* de Cervantes venían siendo vendidos en Indias en grandes cantidades, como documenta el mismo Irving A. Leonard, "'Guzmán de Alfarache' in the Lima Book Trade 1613", *Hispanic Review*, 11 (1943), pp. 211-220. La misma flota del año 1600 exportaba legalmente a Indias una buena cantidad de ejemplares de la Primera Parte del *Pícaro*, según Francisco Rodríguez Marín, "Documentos hasta ahora inéditos referentes a Mateo Alemán y a sus deudos más cercanos (1546-1607)", *Boletín de la Real Academia Española*, 20 (1933), pp. 193-194. Hubo nuevos envíos en 1603, en partidas donde figuraban también libros de caballerías como el *Policisne* (p. 206).

Oficio inspeccionan su equipaje y le hallan un libro que, según la
legislación vigente, no podía, por su naturaleza profana, ser introducido en Indias. Se envió el ejemplar confiscado al tribunal de la
ciudad de México y posteriormente le fue devuelto a su dueño por
la intercesión personal del nuevo arzobispo don fray García Guerra, a quien había acompañado en la misma nave y que, por cuanto
sabemos, le extendió siempre su eficaz protección. Dicho libro no
era otro que el *Quijote* de 1605 en la edición original de Juan de la
Cuesta.

Nada nos parecerá hoy más justificado ni más natural, pero la
crítica, acostumbrada a enfrentarse con los caprichos de la recepción y a grandes disparidades en el juicio de la posteridad, deberá
maravillarse ante la belleza escueta de estos datos. ¿Cabría imaginar
mejor reconocimiento, ni más alto homenaje a Cervantes? El apego
de Mateo Alemán al *Quijote* se vuelve tanto más valioso por cuanto
sabemos acerca de la nada halagüeña relación personal entre ambos
ingenios.[2] Tuvieron éstos que conocerse casi forzosamente dentro
del complejo ambiente literario de Sevilla en la última década del siglo XVI, sobre todo en las festivas reuniones de aquella Academia
de Ochoa de que diera noticia Rodríguez Marín,[3] y que acogía a las
que entonces se consideraban ovejas negras (o al menos pardas) de
dicho microcosmos literario. No se han confirmado las objeciones

2 No hay firme apoyo para suponer que la denuncia que en el *Guzmán de Alfarache* se
hace de los comisarios "que destruyen la república" mirara a censurar particularmente a
Cervantes, como insinúa Agustín G. de Amezúa y Mayo en su edición de *El casamiento
engañoso* y *El coloquio de los perros*, Madrid, Academia Española, 1912, p. 69. Único
en contradecir la opinión general acerca de la escasa amistad personal entre ambos ingenios, aunque sin ofrecer ninguna prueba de consideración, es Luis Astrana Marín, *Vida
ejemplar y heroica de Miguel de Cervantes Saavedra*, Madrid, Instituto Editorial Reus,
1953, t. 5, p. 373.

3 "Lope de Vega y Camila Lucinda", *Boletín de la Real Academia Española*, 1 (1914),
pp. 249-290.

de Astrana Marín[4] contra la probabilidad de que Alemán y Cervantes compartieran las incomodidades y tristes ruidos de la cárcel real de Sevilla en 1602. Hacia estas fechas, el autor del *Guzmán* hacía, por el contrario, excelentes y poco ejemplares migas con Lope de Vega,[5] venido a la capital andaluza a gozar de sus amores con Micaela de Luján. Desde la trinchera opuesta, buena parte de los poetas sevillanos, con Cervantes a la cabeza,[6] lo habían recibido en los términos más despectivos. El Fénix, agradecido, contribuiría después con unas liras al *San Antonio de Padua* (1604) de Mateo Alemán, comparándolo con la vocación de su homónimo y asimismo publicano, el apóstol San Mateo. Curiosamente, y a pesar del deseo de complacer, era una manera de hacer chistes con su reconocida sangre maculada, si bien extendiéndole, por imperativos del género, una credencial de lo que se diría "buen" judeoconverso.

Cervantes, alcalaíno de fondos caballerescos y cristiandad exquisitamente intelectualizada, no estaba hecho para congeniar con Alemán, sevillano de muchos saberes y carreras, siempre envuelto en actividades oscuras o fraudulentas, público judeoconverso y de

4 *Vida ejemplar y heroica de Miguel de Cervantes Saavedra*, t. 5, pp. 460-461. Le rebate Agustín González de Amezúa y Mayo, *Cervantes, creador de la novela corta española*, Madrid, C.S.I.C., 1958, t. 2, pp. 98-99 n.

5 La actuación de Mateo Alemán como testigo falso en favor de los líos familiares de Lope y su amante son descritos por Rodríguez Marín, "Lope de Vega y Camila Lucinda", pp. 270-275. Mateo Alemán "en esto de testificar falso y de hacer negocios sucios estaba casi tan especializado como en escribir", comenta Joaquín de Entrambasaguas, *Vivir y crear de Lope de Vega*, Madrid, C.S.I.C., 1946, p. 323.

6 La complicada historia de estas desavenencias y la génesis, en especial, de un soneto fuertemente atrevido y tal vez obra de Cervantes fue por primera vez explicada de modo coherente por José M. Asensio, *Cervantes y sus obras*, Sevilla, 1902, p. 274. Resumen de la cuestión en J.B. Avalle-Arce, "Atribuciones y supercherías", en J.B. Avalle-Arce y E.C. Riley (eds.), *Summa Cervantina*, Londres, Tamesis Books, 1973, p. 402, n. 27.

fe a veces atormentada o problemática.[7] Hoy podemos estar seguros
de que nada de esto fue obstáculo para que aquellos prodigiosos tres
últimos lustros de Cervantes transcurrieran bajo una continua meditación del caso de Mateo Alemán y de las razones que los distancia-
ban tanto en el terreno del arte como en todo lo demás. La mayor
parte de la crítica se suma hoy a Américo Castro[8] en su idea seminal

7 Véase *infra* n. 76. No se intentará paliar en estas páginas la discrepancia con la línea
interpretativa, partidaria de un didactismo edificante y tridentino, representada por los
sucesivos trabajos de Enrique Moreno Báez, Alexander A. Parker y últimamente Monique Michaud, *Mateo Alemán, moraliste chrétien. De l'apologue picaresque à l'apo-
logetique tridentine*, París, Aux amateurs de livres, 1987. El paralelo desarrollo de la
exégesis más opuesta en los trabajos de Américo Castro, Carrol B. Johnson, Joseph
Silverman, Joan Arias, Benito Brancaforte y Judith A. Whitenack entre otros, bastaría
para acreditar la naturaleza esencialmente problemática de la obra de Mateo Alemán,
así como su deseo de establecer distintos niveles de comunicación correlativos a la
perspicacia o "discreción" de sus lectores. Como ha escrito Joan Arias, "in the *Guzmán*
no amount of discussion can really solve the problem of narrative intention, and per-
haps the ultimate unwary victim has been the reader himself, victim of a predatory narrator" ("Metaphor and Meaning: Reflections on a Central Episode of the 'Guzmán de
Alfarache'", *Mester*, 10 [1981], p. 18).

8 "Cervantes y el *Quijote* a nueva luz", en *Cervantes y los casticismos españoles*, Ma-
drid, Alfaguara, 1966, p. 74. Según Castro, Cervantes debió conocer la Primera Parte del
Guzmán de Alfarache incluso antes de su publicación impresa en 1599 ("Los prólogos al
Quijote", en *Hacia Cervantes*, Madrid, Alfaguara, 1967, p. 296). El *Quijote* constituyó
una clara respuesta a Mateo Alemán según Edward C. Riley, "'Romance' y novela en
Cervantes", en *Cervantes. Su obra y su mundo*, Actas del I Congreso internacional sobre
Cervantes, Madrid, Edi-6, 1981, p. 11. Bibliografía acerca de las relaciones entre ambos
ingenios en J.V. Ricapito, *Bibliografía razonada y anotada de las obras maestras de la
picaresca española*, Madrid, Castalia, 1980, pp. 136-137, 479; y Alban K. Forcione,
*Cervantes and the Mistery of Lawlessness: A Study of El casamiento engañaso y El colo-
quio de los perros*, Princeton, Princeton University Press, 1984, p. 15 n. Amplia revisión
e historia de estos problemas en J.V. Ricapito, "Cervantes and the Picaresque: Redivivo",
en *Hispanic Studies in Honor of Joseph H. Silverman*, Newark, Del., Juan de la Cuesta,
1988, pp. 319-443. Es también de mencionar el trabajo de Juan Carlos Ghiano, "Actitu-
des humanas y literarias: Alemán y Cervantes", *Cuadernos Americanos*, 47 (1949), pp.
189-211. Limitado a suposiciones insostenibles el viejo estudio de Urban Cronan, "Mateo Alemán and Miguel de Cervantes Saavedra", *Revue Hispanique*, 25 (1911), pp. 468-
475. La última aportación corre a cargo de Daniel P. Testa, "El *Guzmán de Alfarache*

de que sin el *Guzmán* no se hubiera nunca escrito el *Quijote*. En general, no se ha acabado todavía de comprender hasta qué punto el *statu quo* de los géneros de ficción había sido modificado de un golpe y para siempre por Mateo Alemán en 1599.[9] No se ha calado aún la magnitud abrumadora del *Guzmán de Alfarache* en su perspectiva coetánea de salto sin precedentes de un género menor, como hasta entonces era la novela, a la monumentalidad y ambiciones que sólo alcanzaban un puñado de obras de la tradición antigua y medieval. El primer acierto de su autor se producía en un terreno de sociología literaria, con el descubrimiento de un nuevo e inmenso público, muy hecho ya al arte de la lectura reflexiva y ávido de diversión, pero no chocarrera ni insustanciosa. Alemán adivinaba un gran cambio de sensibilidad colectiva, al que su *Guzmán de Alfarache* venía a dar satisfacción perfecta. El hecho diferencial y asumido tras aquel histórico vuelco no era otro que la desaparición física y en cierto modo liberadora de Felipe II, a la que probablemente su *Guzmán* aguardó muy adrede, según ahora sabemos.[10] El espíritu del rey, sobre todo

como modelo y anti-modelo del *Quijote*", en *Américo Castro: The Impact of His Thought. Essays to Mark the Centenary of His Birth*, ed. R.E. Surtz y otros, Madison, Hispanic Seminar of Medieval Studies, 1988, pp. 231-238.

9 Son aquí de máxima oportunidad las consideraciones de E.C. Riley acerca de la ruptura supuesta por la *novela* picaresca en lo relativo a la herencia milenaria del relato extenso (en inglés *romance*) y al concepto mismo de la literatura narrativa occidental, en "Cervantes: A Question of Genre", en *Mediaeval and Renaissance Studies on Spain and Portugal in Honour of Peter E. Rusell*, Oxford, Society for the Study of Mediaeval Languages and Literature, 1981, pp. 69-85. O lo dicho anteriormente por Antonio Vilanova: "El humanismo realista de la picaresca inyecta en la novela imaginativa un germen de disolución [...]. La impresión de la vida real en el campo de la novela, y su violento embate contra el mundo imaginario de la fantasía, señala un hito decisivo en la historia de la novela moderna" ("El peregrino andante en el 'Persiles' de Cervantes", *Boletín de la Real Academia de Buenas Letras de Barcelona*, 22 [1949], p. 99).

10 Existe un extraño lapso temporal entre la licencia de impresión de la Primera Parte del *Guzmán de Alfarache* (16 de febrero de 1598) y la tasa, fechada el 4 de marzo de 1599.

en su última triste década, había reprimido en los españoles el natural deseo de esparcimiento y goce de la vida, que ahora buscaba un rápido desquite materializado por el ambiente de la corte en su traslado a Valladolid (1601) por Felipe III.[11] Dentro siempre de un espíritu adverso a la literatura, el viejo monarca ordenaba en sus últimos meses el cierre de los corrales de comedias,[12] lo mismo que al comienzo de su reinado había cortado en flor la recepción del *Lazarillo de Tormes*. Como al final de un largo paréntesis, se beneficiaba ahora este último de una nueva boga que lo rehabilitaba no en cuanto objeto de imitaciones ni continuaciones, sino como dechado de la técnica autobiográfica,[13] asumida con pretensiones de cauce abso-

Por contraste, en menos de tres meses y poco después de la muerte del rey (11 de septiembre de 1598), salieron a la venta la *Arcadia* de Lope y los *Proverbios* de Alonso de Barros, prologados por Mateo Alemán (Barros lo haría, a la mutua, con el *Guzmán*). Véase J.M. Micó, "El texto de la Primera Parte de 'Guzmán de Alfarache'", *Hispanic Review*, 57 (1989), p. 4.

11 Amezúa y Mayo, (estudio preliminar, ed. *Casamiento y Coloquio*, p. 52) describe bien el ambiente de "bulliciosa alegría, cercana a la locura" que caracterizó la estancia de la corte en Valladolid. Aparte de la coyuntura de aquellos años, Valladolid venía representando un arquetipo "de la civilisation du non-faire, de la rente, de la fête, et du pauvre comme luxe" (Jean Vilar, "Discours pragmatique et discours picaresque", en *Actes picaresque espagnole*, Montpellier, Études Sociocritiques, 1976, p. 39).

12 A partir del 2 de mayo de 1598. Las protestas del concejo madrileño, que reclamaba simpatía hacia la necesidad de alguna diversión para el pueblo, no fueron escuchadas. Véase Antonio García Berrio, *Intolerancia del poder y protesta popular en el siglo de Oro. Los debates sobre la licitud moral del teatro*, Málaga, Universidad de Málaga, 1978, pp. 25-27.

13 La picaresca es definida por Claudio Guillén como una pseudo-autobiografía de un subjetivismo intransigente, con punto de vista parcial y donde todo ha de ser picaresco de antemano ("Toward a definition of the Picaresque") en *Proceedings of the IIIrd Congress of the International Comparative Literature Association*, La Haya, 1962, p. 259. Como observa después Francisco Rico, "sólo el género 'memorias' permite mantener la artística integridad de la ficción e interpretar desde dentro, en toda su complejidad, el yo y la circunstancia ejemplares [...] dar el suceso, sus causas y sus consecuencias, el

luto y perfecto para la comunicación de la experiencia individual en la obra de Mateo Alemán.

Claro que "descubrir" un público equivale también a sacarlo de la nada, concentrando lo que sólo era un estado de sensibilidades amorfas en torno al foco participatorio de una alternativa estética previamente inédita. Éxito de librería sin precedentes, la Primera Parte del *Guzmán de Alfarache* motivó una verdadera desbandada de ingenios ansiosos de aprovechar el mismo filón. Allá se precipitaron, en diversos tanteos de fórmulas y relanzamientos, Juan Martí con sus plagios (1602), el mismo Alemán con su Segunda Parte auténtica y Lope con el relato bizantino de *El peregrino en su patria* en 1604. Francisco López de Úbeda con su novela-jeroglífico de *La pícara Justina* y el mismo Cervantes con la parodia caballeresca de su *Ingenioso hidalgo* (ambos en 1605). Hubo en esta carrera de buscadores de oro y aplausos los inevitables codazos y zancadillas. El *Quijote* se imprimió en competencia por anticiparse en el mercado a la *Pícara*[14] y sus autores quedaron enemistados para toda la vida.

Tocó a Mateo Alemán ser bajo todos los puntos de vista el perdedor neto de esta competición, porque ni uno solo de aquellos relativos epígonos dejaban a la vez, de reaccionar de un modo u otro contra él. Relativo advenedizo al mundo de las letras[15] y despresti-

---

arrepentimiento y la lección genérica, por la única boca realmente autorizada, la del protagonista" (*La novela picaresca española*, Barcelona, Planeta, 1967, p. CXIV).

14 R.M. Flores, *The Compositors of the First and Second Madrid Editions of 'Don Quijote', Part I*, Londres, The Modern Humanities Research Association, 1975.

15 Como en el caso de Cervantes y su *Quijote*, el *Guzmán* no ha logrado ni en 1599 ni en 1604, reunir un brillante coro de loadores para los elogios preliminares, según la costumbre de la época, que, no por convencional, deja de servir como útil indicador del estado de las relaciones literarias de los autores. En 1599, la única y magra contribución de algún relieve son los doce versos latinos que le dedica un interrogante Vicente Espinel. Los nombres de Alonso de Barros y Hernando de Soto corresponden a oscuros colegas burócratas y figuras de mínimo o ningún relieve en el panorama valorativo de

giado por su origen y reputación, ve enteramente silenciado su éxito. Dentro de una actitud correlativa aún más desalentadora, la fórmula picaresca de su *Guzmán* suscita reservas por todas partes. Hasta su amigo Lope, sin duda mal dispuesto contra la disidencia latente en el género,[16] insiste, silencioso, en jugar la vieja carta de la novela bizantina, igual que había hecho antes con la pastoril de su *Arcadia* (1598) y con el mismo o aún mayor fracaso. La impopularidad de Mateo Alemán no podía ser mayor dentro del gremio, y Quevedo le daba, en su propio terreno, una dura respuesta polémica en la primera versión inédita de su *Buscón*, originada también hacia 1603-1604.[17] El éxito de público del *Quijote* barrió literalmente a su *Pícaro* del mercado para los próximos diez años. Fue esto, con todo, un daño menor si se compara con el infligido por la deslenguada *Pícara* de López de Úbeda. Bajo el transparente retrato de un venenoso personaje llamado Perlícaro,[18] López de Úbeda ridiculizaba allí a Mateo Alemán por sus pretensiones de erigirse en maestro de una

la época. Lo mismo cabe decir de la Segunda Parte de 1604, donde el alférez Luis de Valdés (un completo desconocido) se esfuerza lo imposible por presentar a Mateo Alemán como triunfador en un campo de literatura edificante.

16 Gonzalo Sobejano, "Lope de Vega ante la picaresca", en *Actas del séptimo congreso de la Asociación Internacional de Hispanistas*, Roma, Bulzoni, 1982, pp. 987-995.

17 Francisco de Quevedo, *La vida del Buscón llamado don Pablos*, ed. Fernando Lázaro Carreter, Salamanca, C.S.I.C., 1965, p. LIV. El carácter polémico del *Buscón*, opuesto a Mateo Alemán e incluso lesivo de toda la ficción picaresca, es estudiado a fondo por Michel y Cécile Cavillac, "A propos du 'Buscon' et de 'Guzmán de Alfarache'", *Bulletin Hispanique*, 75 (1973), pp. 114-131. "La vida de Pablos tiene todos los rasgos de una enérgica reacción contra aquella mezcla de épica y didáctica que el sevillano ofrecía", concluye Fernando Lázaro Carreter, "Para una revisión del concepto de 'novela picaresca'", *Actas del tercer congreso internacional de hispanistas*, México, Colegio de México, 1970, p. 42.

18 Francisco Márquez Villanueva, "La identidad de Perlícaro", en *Homenaje a José Manuel Blecua*, Madrid, Gredos, 1983, pp. 423-432.

generación, no menos que en guardián de la ortodoxia canónica de la novela autobiográfica. Peor aún, lanzaba al dominio público todo cuanto más convenía ocultar de Mateo Alemán: su linaje impuro, su mala lengua murmuradora, sus enredos y trifulcas en que siempre lleva la peor parte, su rodar por cárceles, su vida de amancebado y (si hemos de creerle) también sodomita. Por último, la amenaza clarísima de hacerle visitar la única prisión que aún desconocía, con claro apuntar a la del Santo Oficio.

Permite esto comprender su subsecuente emigración a Indias, cuyas circunstancias han extrañado siempre a la crítica.[19] No es sólo el caso de un autor de universal renombre ansioso de hacerse olvidar con el Atlántico de por medio, sino las circunstancias mismas de su obtención de las licencias, a las que, como judeoconverso, no tenía derecho. Es obvio que hubo por ello de comprarlas a un secretario rapaz con el autodespojo de cuanto poseía, incluyendo los derechos de autor del *Guzmán* y del *San Antonio de Padua*.[20] Rodeado de enemigos, rivales y envidiosos, y con tantos tejados de vidrio sobre su cabeza, no podía permitirse el lujo de ser piedra de público escándalo como su amigo Lope de Vega (conservador y cristiano viejo). Huía, presa de pánico, ante la amenaza que en aquella clase de so-

---

19 Francisco Rodríguez Marín se maravilla de las "cosas raras" que empiezan a ocurrir en torno a su proyecto de marcha a Indias y "para algunas de las cuales, hoy por hoy, no encuentro satisfactoria explicación" (*Discursos leídos ante la real Academia Española el día 27 de octubre de 1907*, Sevilla, 1907, p. 37).

20 El 10 de abril de 1607, Alemán hacía en Sevilla donación *inter vivos* a Pedro de Ledesma, "secretario del rey nuestro señor en su rreal consejo de Yndias", de las casas que posee en Madrid "por las muchas y buenas obras que del dicho secretario e rrecibido de cuya prueba y aberiguación le rrelievo" (Rodríguez Marín, "Documentos hasta ahora inéditos referentes a Mateo Alemán", p. 214). El 14 de mayo del mismo año, cedía también a Ledesma los derechos de la Segunda Parte del *Guzmán de Alfarache* y del *San Antonio de Padua* (214). La interpretación de tanto "desinterés" no puede ser más obvia: el secretario ha subido hasta un absoluto despojo el precio que por sus "buenas obras" ha de pagarle un fugitivo indefenso.

ciedad venía a representar su misma fama literaria.[21] Trataba de recuperar a cualquier precio el anonimato que era parte esencial de la tradición picaresca y que jamás debiera de haber quebrantado no sólo con su firma, sino hasta con su desafiante retrato en la contraportada del *Guzmán de Alfarache*.

Es muy lógico que el *Quijote* no dejara de discurrir por alguna vía sutil acerca de unas circunstancias literarias tan ligadas a su propio nacimiento. Nadie ha tenido dificultad en identificar como tal el encuentro con Ginés de Pasamonte. Se da allí la primera caracterización de la picaresca como género,[22] y aunque la figura del galeote-escritor no puede recordar más de cerca a Mateo Alemán y su obra, hay un claro empeño en no mencionarlos directamente. Desvía dicho silencio hacia el lejano *Lazarillo de Tormes* tanto méritos como responsabilidades por la paternidad del género. Es también un reconocimiento de cómo la literatura había cambiado para siempre al irrumpir en ella aquel *yo* del Lazarillo de Tormes, que no era retórico ni convencional, sino un *yo* a secas, hambriento y destinado a originar infinitas confusiones so pretexto de "realismo" narrativo. Cervantes se hallaba sin duda persuadido de cómo no había vuelta posible de la situación causada por aquel decisivo reaflorar del gé-

21 No se opone a esto el remedo de vida literaria que de algún modo llevó Mateo Alemán en Méjico. La mayor parte de su *Ortografía castellana* (1609) se redactó casi de seguro antes de su paso a Indias. El prólogo para la *Vida del Padre Maestro Ignacio de Loyola* (1609) es un acto de cortesía hacia su autor, el sevillano Luis de Belmonte Bermúdez (y es gran lástima que la *Vida de Cipión* escrita por éste no se nos haya conservado). Su última obra, los *Sucesos de fray García Guerra* de 1613, no es ya sino una de las más lúgubres despedidas del mundo que nunca se hayan escrito. Nada de esta producción mejicana incide ni aun de lejos en el terreno novelístico.

22 Claudio Guillén, "Luis Sánchez, Ginés de Pasamonte y los inventores del género picaresco", en *Homenaje a Rodríguez Moñino*, Madrid, Castalia, I, 1966, pp. 221-231. También para Lázaro Carreter fue Mateo Alemán quien suscitó la conciencia general de que con el *Lazarillo* nacía un nuevo género ("Para una revisión del concepto de novela picaresca", p. 42).

nero. Fascinado siempre por el problema de la literatura en su relación con la vida humana,[23] era forzoso que aquellas obras le tentaran en lo más profundo con su pretensión de fundir a ambas al amparo de su fórmula.

Cervantes ha de ser considerado como el primer relativo admirador y crítico inteligente de aquel nuevo arte de la novela. Su actitud ante la picaresca es compleja, con acercamientos y retrocesos que, a lo largo de sus mejores años, dibujan casi una especie de coquetería hacia la misma. No podía ni intentaba ocultar su propio fecundo trabajo en la cantera abierta desde 1599 por el gran logro alemaniano y a cuya omnipresencia era inútil sustraerse sin caer (como Lope de Vega y otros) en una postura a sabiendas inane o regresiva. Su calculado moverse en los aledaños de la picaresca ha de ser visto como ineludible, y en modo alguno como el doblegarse a ninguna moda del momento. Toda su obra novelística posterior a *La Galatea* se halla marcada más o menos de cerca por la meditación de aquella ruptura y de su propio papel o espacio de maniobra en la periferia de la misma. Igual que en el caso del *Amadís* y las viejas caballerías, las eventuales reservas de Cervantes ofrecían también aquí sus aspectos de homenaje y reflexión constructiva, so capa de cautelas de orden satírico o paródico. Sobre todo, su crítica del género se realiza desde las perspectivas abiertas por el mismo y lo que jamás se le ocurre es una condena en función de las ideas neoaristotélicas ni tridentinas, como la desplegada en el *Quijote* (I, 48) contra la comedia de Lope de Vega. Lo que sí se repudia de plano es la idea de que la picaresca, representada por el fenómeno de alto bordo *Lazarillo-Guzmán*, constituya el modelo absoluto ni definitivo de aquella gran conquista inicial que representaba la idea de una literatura de ficción destinada al puro entretenimiento.

23 Véase Américo Castro, "La palabra escrita y el *Quijote"*, en *Hacia Cervantes*, Madrid, Taurus, 1967, pp. 359-408.

Constituía dicho concepto el gran logro permanente e indiscutible supuesto por el *Guzmán* en un plano de conciencia artística, al otro extremo de la ingenuidad anacrónica del libro de caballerías y otros del mismo orden. Se estabilizan con aquél las fronteras abiertas por el advenimiento de la imprenta y la presión irreversible de unas masas alfabetizadas, literariamente huérfanas respecto al pasado y que hasta el advenimiento de la electrónica han permanecido como ideales destinatarias y consumidoras de la novela. Sin duda, aleccionado por fenómenos precursores, como el éxito de librería de la para-ficción guevariana,[24] con su mordacidad disfrazada de oratoria moral, Mateo Alemán resolvía el compromiso de un tipo de libro en trance de deleitar no a unos puñados de personas doctas, sino a toda clase de lectores. Su *Guzmán* de 1599 no en vano iba a iniciarse con *dos* prólogos destinados respectivamente "Al vulgo" y "Al discreto lector". Quiere esto decir que la dicotomía entre lo culto y lo popular se esfumaba para siempre ante la realidad de infinitos lectores solidarios únicamente en exigir "pasatiempo" para su "pecho melancólico y mohino", por decirlo con palabras de Cervantes.[25] Semejante dignificación del puro entretenimiento, anatema para el grueso de neoaristotélicos y tridentinos, inauguraba una nue-

24 La dependencia de Mateo Alemán frente a previos estilos oratorios ha sido estudiada por Edmond Cros, *Protée et le gueux. Recherches sur les origines et la nature du récit picaresque dans 'Guzmán de Alfarache'*, París, Didier, 1967, cap. V. Acota después la huella específica de Guevara, Daniel Devoto, "Prosa con faldas, prosa encadenada", *Edad de Oro*, 3 (1984), pp. 33-65. Por lo demás, el carácter masivamente indiscriminado del público lector de la época queda comentado por Keith Whinnom: "I conclude –with Caro Baroja– that we cannot usefully distinguish an upper and lower class of reading public even in the seventeenth century" ("The Problem of the 'Best-Seller' in Spanish Golden Age Literature", *Bulletin of Hispanic Studies*, 57 [1980], p. 195).

25 "Yo he dado en Don Quijote pasatiempo / al pecho melancólico y mohino / en cualquiera sazón, en todo tiempo" (*Viaje del Parnaso*, ed. V. Gaos, Madrid, Castalia, 1973, cap. IV, vv. 22-24).

va funcionalidad del fenómeno literario conforme a las más profundas ideas del humanismo cristiano en su paradoja de la locura dialéctica.[26] La risa, en cuanto forma pura de dicho compromiso, quedaba investida además de unas responsabilidades de orden casi terapéutico, que sin duda hallaban espontáneo eco entre unas masas ya adultas ante la letra impresa, además de enfrentadas con las complejas experiencias del vivir moderno. Como resultado, el universo constreñido del *Guzmán de Alfarache* no se halla por lo mismo menos sujeto a desconcertantes plurivalencias que el mundo sin fronteras del *Quijote*. Lo mismo *vulgares* que *discretos* podrían escindirse a su vez (hasta el día de hoy) en creyentes o escépticos ante la conversión final del pícaro. La característica suprema de la era iniciada por Mateo Alemán iba a ser el hallazgo de una ambigua expresividad, capacitada para comunicar en distintos niveles de significación con los múltiples estratos y contracorrientes de aquel fenómeno que por primera vez cabía llamar un verdadero "público" de características modernas.

Se ha tardado en comprender que el problema de Cervantes con la picaresca no se perfila, conforme a todo lo anterior, cual una simple disyuntiva de aceptación o repudio[27] que, en rigor, carecía ya

---

26 El grado y carácter de la más o menos cercana inserción de Mateo Alemán en la tradición erasmista es todavía un tema sin estudiar. Baste pensar, sin embargo, en su lúcido arraigo en una manifestación de la misma, como era el *Lazarillo de Tormes*.

27 La idea de una estricta oposición de Cervantes a la picaresca procede de una afirmación de don Marcelino Menéndez Pelayo en su estudio *Cultura literaria de Miguel de Cervantes*, Madrid, 1905, p. 32. Corren las primeras matizaciones a cargo de Américo Castro en *El pensamiento de Cervantes* (1925), a modo de problema fundamental, al que posteriormente vuelve una y otra vez en sucesivos escritos suyos (véase nota de Julio Rodríguez Puértolas en la edición modernizada, Barcelona, Noguer, 1972, p. 242). En la línea de Castro proceden Carlos Blanco Aguinaga, "Cervantes y la picaresca. Notas sobre dos tipos de realismo", *Nueva Revista de Filología Hispánica*, 11 (1957), pp. 313-342, y Claudio Guillén, "Toward a Definition of the Picaresque", en *Literature as System*, Princeton, Princeton University Press, 1971, pp. 71-106. La reacción contra el

de sentido. En su *Quijote* de 1605 tomaba, además, del *Guzmán de Alfarache* recursos tan específicos como la intercalación de novelas independientes, a la vez que virtudes tan huidizas como los juegos irónicos de sus prólogos.[28] Las dificultades que se le suscitaban para una aceptación integral de la fórmula alemaniana procedían, sin embargo, de un balance sobrio y certero. Su desasosiego en lo relativo al punto esencial de la homodiégesis o ficción autobiográfica se hace básico a partir del mismo episodio de Ginés de Pasamonte.[29] No es díficil calar en la hermenéutica de aquella insatisfacción, en-

---

supuesto antagonismo o choque artístico entre ambos autores se inicia con los estudios de Gonzalo Sobejano, "El '*Coloquio de los perros*' en la picaresca y otros apuntes", *Hispanic Review*, 43 (1975), pp. 25-41. "De Alemán a Cervantes: monólogo y diálogo", en *Homenaje al Prof. Muñoz Cortés*, Murcia, 1977, pp. 713-729. Véase la inteligente discusión de este aspecto por Helen H. Reed, "Américo Castro, Cervantes y la picaresca: breve historia de unas ideas", en *Américo Castro: The Impact of His Thought. Essays to Mark the Centenary of His Birth*, pp. 223-230. La complejidad del discurso cervantino sobre la picaresca, con sus aspectos participatorios y no reducidos a un simple rechazo, ha sido puesta de relieve por Peter N. Dunn, "Cervantes De/Reconstructs the 'picaresque'", *Cervantes*, 2 (1982), pp. 109-131. Es díficil seguirle, sin embargo, en lo relativo al concepto de la novela picaresca como una invención de la crítica decimonónica (p. 131). Milita en contra el propio testimonio de Cervantes. Prosigue con agudeza la misma línea revisionista Helen H. Reed, "Theatrically in the Picaresque Novel", *Cervantes*, 7 (1987), pp. 71-84.

28 Alberto Porqueras-Mayo, "En torno a los prólogos de Cervantes", en *Cervantes. Su obra y su mundo*. Actas del I Congreso Internacional sobre Cervantes, Madrid, Edi-6, 1981, pp. 78-79.

29 Es preciso comprender todo lo que se jugaba en torno a este punto, pues como señala Claudio Guillén, "the use of the first-person tense is more than a formal frame. It means that not only are hero and his actions picaresque, but everything *else* in the story is colored with the sensibility, or filtered trough the mind, of the *pícaro*-narrator. Both the hero and the principal point of view are picaresque. Hence the particular consistency and self-saturation of the style. Life is at the same time revived and judged, presented and remembered" ("Toward a Definition of the Picaresque", p. 81). "An autobiography is one of the most limited forms in terms of perspective", observa Joan Arias, *Guzmán de Alfarache: the Unrepentant Narrrator*, Londres, Tamesis Books, 1977, p. 3.

teramente justificada y hasta cabría decir que previsible. ¿Por qué jugar a que aquello no era literatura imaginada o "mentida", negando así su nota esencial?. ¿No había, acaso, algo de vergonzante en aquel pasar la ficción bajo disfraz de experiencia individual y de filosofía moral? Si el tipo de ficción definido por el susodicho bloque *Lazarillo-Guzmán* dejaba para siempre atrás las cadenas de la *fábula* neoaristotélica, ¿por qué correr a aherrojarse con aquel otro "verosímil" tan sofístico y tan confinante como el dogma o mito de la cosmovisión picaresca? La homodiégesis es vista entonces como una imposibilidad amañada en sus pretensiones de objetividad inmediata, además de contradictoria hasta el punto irónico de exigir la previa muerte de su autor.[30] Ginés de Pasamonte aprovechaba la ocasión para hacer un poco de anuncio, conforme a dichas líneas de pretenciosa veracidad, para la autobiografía que deja empeñada en la cárcel, la cual trata de "verdades tan lindas y donosas, que no pueden haber mentiras que se le igualen" (I, 22). Problema literario y problema moral empiezan a perfilarse así como inseparables, porque ¿quién será tan imprudente como para confiar en la palabra de semejante testigo en causa propia? O, dicho en otros términos, ¿quién podría fiarse del magisterio de alguien como Mateo Alemán?

Dicho discurso reticente del *Quijote* ha de ser visto, sin embargo, como simple punto de arranque para su pleno posterior desarrollo[31] en la maravillosa complejidad de *El coloquio de los perros*.

---

30 Es fascinante en esto verle anticiparse a modernos teóricos como Paul de Man: "The interest of autobiography, then, is not that it reveals reliable self-knowledge -it does not- but that it demonstrates in a striking way the impossibility of closure and of totalization (that is the impossibility of coming into being) of all textual systems made up of tropological substitution" (Paul de Man, "Autobiography as De-facement", *MLN*, 94 (1979), p. 922).

31 No es del todo aceptable la fecha de 1604-1605 propuesta para la redacción de *El coloquio de los perros* por Agustín González de Amezúa, en *Cervantes, creador de la novela corta española*, t.2, 1958, pp. 396-405. Las alusiones "proféticas" a la expulsión de

Cervantes ha realizado allí su máximo entrañamiento de la clásica visión picaresca, pero tomándolo como oportunidad para su crítica profunda a través de una lección creadora en que esquivarla, a la vez, de
un modo inequívoco. Perfectamente orientado en lo que toca a historia literaria, sabe que la fórmula autobiográfica del *Lazarillo* y el
Guzmán empalma con la tradición lucianesca y las novelas de metamorfosis como *El asno de oro* de Apuleyo. La confesión autobiográfica del perro Berganza se inspira claramente en la dicacidad negativa
y acusadora del asno de Apuleyo y del gallo Micilo de *El Crotalón*,[32]
por lo cual el *Coloquio de los perros* sentará por fuerza a toda esta literatura en un banquillo semiparódico. La narración de Berganza devana en su colega Cipión una censura vicaria del modelo narrativo
alemaniano, cuya naturaleza de serie episódica y estructura mecánica
subraya y aun tal vez exagera. El mismo perro protagonista anuncia
no importarle que el relato de su vida, puesto a aprovechar aquella
oportunidad inaudita y tal vez única, se haga "aunque sea atropellada
y confusamente".[33] El diálogo de ambos canes saca a flote lo artifi-

los moriscos hacen necesaria, por lo menos, una profunda revisión con posterioridad al
año 1609. La visible continuidad del *Coloquio* respecto al episodio de la cueva de Montesinos (no anterior con toda probabilidad a 1612) ha sido señalada por Ruth El Saffar,
"Montesinos' Cave and the *Casamiento engañoso* in the Development of Cervantes Prose Fiction", *Kentucky Romance Quarterly*, 20 (1973), p. 459.

32 Sobre toda esta herencia menipea en Mateo Alemán, véase Amezúa y Mayo, ed. *Casamiento y Coloquio*, pp. 84 y ss. Visión más moderna en E. Cros, *Mateo Alemán: Introducción a su vida y a su obra*, Salamanca, Anaya, 1971, p. 155; Michaud, *Mateo
Alemán, moraliste chrétien*, p. 286. Para el repudio cervantino de dicha literatura y su
sentido, L.A. Murillo, "Cervantes' *Coloquio de los perros*, a Novel Dialogue", *Modern
Philology*, 58 (1961), p. 180. La superación de la herencia lucianesca en *El coloquio de
los perros* es subrayada por Alban K. Forcione, *Cervantes and the Mistery of Lawlessness: A Study of El casamiento engañoso y el Coloquio de los perros*, p. 179.

33 *Novelas ejemplares*, ed. J.B. Avalle-Arce, Madrid, Castalia, 1982, pp. 244 (los textos en adelante citados van referidos a esta edición).

cial de unas técnicas que, lejos de acoger el fluir de la vida, lo manipulan o cortan a su antojo en planeados anticipos y retrocesos. El famoso "pacto autobiográfico" se suscribe desde el principio con entera mala fe, porque la objetividad en causa propia es humanamente imposible y la famosa "verdad" pasamontesca se revela como añagaza para la confección de un antifaz o *prosopopeya*.[34] Después, la repetida presencia de digresivas "colas", por no decir "rabos" de pulpo (p. 268), se acredita no sólo de inartística, sino, además, de fraudulenta. La pretensión moral que se les confía se halla también paralelamente cascada: si la supuesta verdad narrativa es un bien montado engaño, ¿no ocurrirá lo mismo con tan continuo sermoneo?

Cervantes tampoco quiso allí nada con aquel gran *deus ex machina* de la conversión, en la que no cree ni artística ni moralmente.[35] Para siempre quebrantado por una herida, su Berganza se acoge al nada incómodo servicio de Mahudes "como hacen aquellos que dejan los vicios cuando no pueden ejercitarlos, aunque más vale tarde que nunca" (p. 315). Una vez acogido al "sagrado" del hospital de bubosos, el perro sigue siendo el de siempre, sólo que en vez de llevar cuenta de los vicios de sus amos lleva ahora la no menos cáustica de las locuras de sus pacientes. El magno epifonema narrativo de la conversión de Guzmán debía parecerle a Cervantes, en un

34 De nuevo son en esto oportunas las ideas de Paul de Man: "Prosopopeia is the topos of autobiography, by which one's name [...] is made as intelligible and memorable as a face", en cuanto derivado de *prosoponpoien* "to confer a mask or a face" ("Autobiography as De-facement", p. 926).

35 Se adelantaba en esto a una buena parte de la crítica de los últimos años, muy escéptica acerca de la conversión del protagonista. Véanse, entre otros, Joan Arias, *Guzmán de Alfarache: The Unrepentant Narrator*; Carrol B. Johnson, *Inside Guzmán de Alfarache*, Berkeley y Los Angeles, University of California Press, 1978; Benito Brancaforte, *Guzmán de Alfarache: ¿conversión o proceso de degradación?*, Madison, Hispanic Seminary of Medieval Studies, 1980; Judith A. Whitenack, *The Impenitent Confession of Guzmán de Alfarache*, Madison, Hispanic Seminary of Medieval Studies, 1985.

plano técnico, tan mecánico en cuanto a planteamiento como el allí mismo recordado de la sabia Felicia de Jorge de Montemayor, "que con su agua encantada deshizo aquella máquina de enredos y aclaró aquel laberinto de dificultades" (pp. 252-253).

Es preciso pues, ajustar cuentas con tan singular personaje canino, que no en vano ha sabido ganarse o poner de su lado a un no pequeño número de críticos modernos.[36] Berganza es un perro atiborrado de literatura, pues exhibe de diversos modos su familiaridad con la *Diana* de Montemayor, el libro de caballerías, el *Asno de oro*, la tradi-

---

36 Su relación, aun sumaria, puede hacerse larga y se limitará aquí a sus principales jalones. La nota dominante en la vida de Berganza es una "defeated goodness" para L.A. Murillo, "Cervantes' *Coloquio de los perros*, a Novel Dialogue", p. 183. Por encima de algún pasajero lapso, como su aceptar al principio los sobornos de la esclava negra, Berganza muestra una bondad natural incólume ante el ambiente inmoral que desde su nacimiento le rodea, razona Pamela Waley, "The Unity of the *Casamiento engañoso* and the *Coloquio de los perros"*, *Bulletin of Hispanic Studies*, 3 (1957), pp. 201-212. "La filosofía del perro autobiografista no es nada cínica, sino más bien impregnada de inocencia animal" (Marcel Bataillon, "Relaciones literarias", en J.B. Avalle-Arce y E.C. Riley [eds.], *Suma cervantina*, Londres, Tamesis Books, 1973, p. 231). Berganza se distingue de Guzmán por su bondad, considera Gonzalo Sobejano, "El Coloquio de los perros en la picaresca y otros apuntes", *Hispanic Review*, 43 (1975), p. 40. E.C. Riley extiende a ambos perros una credencial de humildad y caridad cristiana que reflejaría solamente los aspectos positivos de la filosofía cínica, según su estudio "Cervantes and the Cynics *(El licenciado Vidriera* y el *Coloquio de los perros)"*, *Bulletin of Hispanic Studies*, 53 (1976), pp. 189-199. Comparte dichas ideas el máximo campeón de las virtudes de Berganza, Alban K. Forcione en *Cervantes and the Humanist Vision: a Study of Four Exemplary Novels*, Princeton, Princeton University Press, 1982, p. 275. Su convicción respecto a la ejemplaridad del perro llega a una altura tal vez ultra-interpretativa en *Cervantes and the Mistery of Lawlessness*. Su historia es vista, en cambio, como la confesión hipócrita de un mal perro, fracasado en multitud de oficios, por Ruth El Saffar, *Novel to Romance. A Study of Cervantes' 'Novelas Ejemplares'*, Baltimore, John Hopkins University Press, 1974, pp. 67-68. Corrige a L.A. Murillo en lo relativo a la ejemplaridad de algunas aventuras de Berganza (conducta con la negra) Thomas R. Hart, "Cervantes' Sententious Dogs", *MLN*, 94 (1979), p. 381. Extrema, por último, las virtudes ya casi hagiográficas de Berganza (ahora supuesto santo dominico) Anthony J. Cárdenas, "Berganza: Cervantes's Can[is] Domini", en J.J. Labrador Herráiz and J. Fernández Jiménez (eds.), *Cervantes and the Pastoral*, Cleveland, Penn State University, Behrend College, Cleveland State University, 1986, pp. 19-31.

ción esópica, la comedia al uso, el cantarcillo popular, la oratoria sacra, la literatura ascética, los memorialistas[37] y, no habrá que decir toda la picaresca. Su recurso a ésta es de un orden deliberadamente mecánico y cubre todos sus lugares comunes: nacimiento dudoso, despertar a la maldad humana, desfile de amos y ocupaciones, discutible o supuesto desengaño final. Algo sospecha ya Cipión cuando, puesto a la defensiva, comienza por rogar se le evite el diluvio que ve venir de "las condiciones de los amos que has tenido y las faltas de sus oficios" (p. 247), es decir, la manoseada *Ständesatyre* que el *Lazarillo* compartía con tantas otras obras de la tradición moralizante bajomedieval. Sobre todo, Berganza imita o contrahace con maestría el estilo de las desoladas digresiones morales del *Guzmán de Alfarache*. Se trata de hipertextos[38] de inconfundible resonancia, que añaden un toque de exageración paródica conforme a la modalidad que en francés se denomina *charge* y en español habríamos de decir *coña*. Bajo un tratamiento de "miniaturización", impuesto por el distinto módulo de la obra, se moldea un donoso e inconfundible pastel, con su eterna invocación del pecado de Adán y su característico oscilar entre la violencia expresiva y el lenguaje chistoso:

> A la fe, Cipión, mucho ha de saber, y muy sobre los estribos ha de andar el que quisiere sustentar dos horas de conversación sin tocar los límites

---

37 La mal intencionada diatriba del perro contra los moriscos claramente imita el tono de los papeles que contra éstos circulaban a raíz de la expulsión y, en especial, del más interesante de tales escritos, la *Expulsión justificada de los moriscos de España* (1612) de Pedro Aznar Cardona (Francisco Márquez Villanueva, *Personajes y temas del 'Quijote'*, Madrid, Taurus, 1975, p. 300). Lo señala ya Amezúa y Mayo, ed. *Casamiento y Coloquio*, p. 35.

38 *Hipertexto* o imitación paródica de otro tal, reconocible como *hipotexto*, en la terminología de Gérard Genette, *Palimpsestes. La littérature au second degré*, París, Éditions du Seuil, 1982. Para la elusiva distinción entre *charge* y *pastiche*, véase el mismo, p. 92.

de la murmuración; porque yo veo en mí que, con
ser un animal, como soy, a cuatro razones que digo
me acuden palabras a la lengua como mosquitos al
vino, y todas maliciosas y murmurantes; por lo
cual vuelvo a decir lo que otra vez he dicho: que el
hacer y decir mal lo heredamos de nuestros primeros padres y lo heredamos en la leche. Vése claro
en que apenas ha sacado el niño el brazo de las fa-
jas cuando levanta la mano con muestras de querer
vengarse de quien, a su parecer, le ofende; y casi la
primera palabra articulada que habla es llamar puta
a su ama o a su madre.[39]

En estas materias nunca tropieza la lengua si
no cae primero la intención, pero si acaso por
descuido o por malicia murmurare, responderé a
quien me reprendiere lo que respondió Mauleón,
poeta tonto y académico de burla de la Academia
de los Imitadores, a uno que le preguntó que qué
quería decir *Deum de Deo*, y respondió que *dé
donde diere* (p. 253).

Tales fragmentos podrían ser deslizados sin despertar sospecha
entre tantas páginas similares del *Guzmán de Alfarache*, lo mismo
que no hay dificultad para extraer de éste algún *excursus* "moral"
claramente gemelo:

La murmuración, como hija natural del odio y
de la invidia, siempre anda procurando cómo

39 P. 262. Comenta aquí Riley: "Nowhere does Cervantes come closer to the pessi-
mism of Mateo Alemán" ("Cervantes and the Cynics", p. 196).

manchar y escurecer las vidas y virtudes ajenas.
Y así en la gente de condición vil y baja, que es
donde hace sus audiencias, es la salsa de mayor
apetito, sin quien alguna vianda no tiene buen
gusto ni está bien sazonada. Es el ave de más ligero vuelo, que más presto se abalanza y más
daño hace [...]. Esto es lo que el mundo practica y
trata, granjear a los mayores a costa ajena, con in-
venciones y mentiras, cuando en las verdades no
hay paño de que puedan sacar lo que desean. Oficio digno de aquellos a quien la propia virtud falta y por sus obras ni persona merecen.[40]

El concepto, enjuiciamiento y fenomenología de la murmuración se convierten allí en tema de continuo forcejeo entre ambos canes, porque Cipión no desearía caer por nada del mundo en una actitud "cínica":[41]

---

40 Mateo Alemán, *Guzmán de Alfarache*, ed. Francisco Rico, Madrid, Planeta, 1983,
1ª, I, 8, 205 (todas las citas se entienden referidas a esta edición).

41 "Esencialmente, aparte su ascética más o menos edificante, los cínicos eran unos
murmuradores, unos críticos, al fustigar a la sociedad de su tiempo", comenta Antonio
Oliver, "La filosofía cínica y el *Coloquio de los perros*", *Anales Cervantinos*, 3 (1953),
p. 298. Se relacionarían con lo mismo (en alusión a Diógenes) las linternas con que
alumbran Cipión y Berganza (307) y la clave de la obra no es allí ninguna experiencia
personal de Cervantes, sino el hilo conductor de la filosofía cínica (p. 305). Estudia las
probables fuentes de las ideas de Cervantes sobre los cínicos (Diógenes y Pero Mexía)
E.C. Riley, "Cervantes and the Cynics", *Bulletin of Hispanic Studies*, 53 (1976), pp.
189-199. Acorde con básicos planteamientos de Erasmo y el humanismo cristiano,
Cervantes mira con ojeriza la murmuración despiadada de los cínicos, según deduce
Forcione (*Cervantes and the Humanist Vision*, pp. 243 ss). No deja este crítico de verse envuelto después en ciertas dificultades cuando propugna para ambos perros del *Coloquio* (como también hace en parte Riley) una firme defensa de los ideales cristianos
de humildad y caridad (p. 262).

> ¿Al murmurar llamas filosofar? ¡Así va ello!
> Canoniza, Berganza a la maldita plaga de la mur-
> muración, y dale el nombre que quisieres, que
> ella dará a nosotros el de cínicos, que quiere decir
> perros murmuradores; y por tu vida que calles ya
> y sigas tu historia (p. 268).

El problema está en que a Berganza se le calienta con facilidad la boca y cruza a menudo la raya, tan sabiamente trazada por su colega, entre el murmurar "de luz y no de sangre" (p. 251) que separa a los discretos de los charlatanes. Su compañero le acosa y hace perder siempre terreno, forzándole a confesar en cierto momento que murmura a sabiendas y no piensa dejar de hacerlo, por tratarse de algo superior a sus fuerzas. Cipión entonces lo desenmascara: "Si tú fueras persona, fueras hipócrita" (p. 271), pero Berganza se acoge al sagrado (ahora que le conviene) de que al fin y al cabo no es más que un perro. Ni marrullerías ni "impertinentes digresiones" (p. 272) hallan pase con el sesudo Cipión, que sabe muy bien cuánta impertinencia y deseo de fastidiar al prójimo se encubren bajo tales despliegues de supuesta filosofía moral:

> Advierte, Berganza, no sea tentación del de-
> monio esa gana de filosofar que dices te ha veni-
> do; porque no tiene la murmuración mejor velo
> para paliar y encubrir su maldad disoluta que dar-
> se a entender el murmurador que todo cuanto dice
> son sentencias de filósofos y que el decir mal es
> reprensión y el descubrir los defectos ajenos buen
> celo. Y no hay vida de ningún murmurante que, si
> la consideras y escudriñas, no la halles llena de vi-
> cios e insolencias. Y debajo de saber esto filoso-
> fea ahora cuanto quisieres (p. 267).

Vicios, pues, e insolencia conducentes a una espúrea actitud crítica que según su léxico no es ya "filosofar", sino el degradado frecuentativo *filosofear*. Por mucho que componga después la figura, Berganza ha interiorizado a fondo el consejo de la aborrecible Cañizares, que no era tampoco menos "amiga de murmurar" (p. 300) e incapaz de ningún buen pensamiento, en el episodio central de la novela: "Mira, hijo Montiel, este consejo te doy: que seas bueno en todo cuanto pudieres; y si has de ser malo, procura no parecerlo en cuanto pudieres" (p. 296). Igual que en la bruja, su quiebra moral es la de ser consciente de su pecado y no hacer nada por atajarlo. Por lo demás, su filosofía está empedrada de topicazos, y Cipión ha de suplicarle que no vaya, de nuevo, a salirse con algo tan manido como el tema de la fortuna y su rueda -"esta rueda variable de la fortuna mía" (p. 274). En supremo testimonio de su escasa sindéresis, insistirá al final (aun después de haberse burlado de un arbitrista) en dar al corregidor "ciertos advertimientos" de segunda mano acerca de tan eterno y arduo problema como es "la perdición tan notoria de las mozas vagamundas, que por no servir dan en malas" (pp. 310-320). Claro que Cipión sabe aconsejar a su compañero de la capacha lo que debe hacer "si eres discreto o lo quieres ser" (p. 253). Prudente, sabio y dueño de una cultura literaria que incluye un restregón de griego, representa este otro perro un personaje no "desdoblado" sino opuesto a su bullicioso compañero.[42] Su actitud de permanente orientador, filtro e intérprete del relato de Berganza tiene algo como del moderno analista (el mis-

---

42 Unico punto de discrepancia, por lo demás, con el análisis del perro Cipión realizado por José María Pozuelo Yvancos, "El pacto narrativo: semiología del receptor inmanente en el "Coloquio de los perros", *Anales Cervantinos*, 17 (1978). Y, anteriormente, Carlos Blanco Aguinaga en un clásico estudio: "Cipión corrige, modula, detiene, armoniza y, más de una vez, pone en duda la 'verdad' de su amigo el ex-pícaro para introducir la discreción y la posibilidad del ideal" ("Cervantes y la picaresca. Notas sobre dos tipos de realismo", *Nueva Revista de Filología Hispánica*, 11 [1957], p. 331).

mo S. Freud gustó de llamarse a veces *Cipión*).[43] Erigido en catonia-
no censor tanto en lo moral como en lo literario, corre así a su cargo la
central *mise au nue* de todo el truco latente bajo el compañero que
fuera memorablemente calificado como "Guzmán a cuatro patas".[44]

Su colega Berganza comienza por definirse, conforme a lo establecido en la tradición picaresca, como un típico "hablador".[45]
Muerto por hablar, ha estallado en ladridos en ciertos momentos críticos de su vida y apenas ha ocurrido el milagro de aquella noche
cuando ya se trae por los pelos un chiste malévolo acerca del excesivo número de médicos. Resuena en su actitud la conocida dilogía de
ladrar, "murmurar, o hablar con rabia o enojo contra alguno" (*Autoridades*), y en tal sentido no es otra cosa cuanto hace a lo largo de su
relato, conforme a su verdadera naturaleza canina. El don de la palabra ha sido siempre su mayor deseo insatisfecho y de ahí su lujurioso afán de satisfacerlo:

> [...] que desde que tuve fuerzas para roer un
> hueso tuve deseo de hablar [...] empero ahora,
> que tan sin pensarlo me veo enriquecido de este
> divino don del habla, pienso gozarme y aprove-
> charme de él lo más que pudiere, dándome prisa a
> decir todo aquello que se me acordare, aunque

---

43 S.B. Vranich, "Sigmund Freud and 'The case History of Berganza': Freud's Psychoanalytic Beginnings", *The Psychoanalytic Review*, 63, 1 (1976), pp. 73-82.

44 Blanco Aguinaga, "Cervantes y la picaresca. Notas sobre dos tipos de realismo", p. 333.

45 Gonzalo Sobejano se ha referido a "la íntima disposición que mueve en la mayoría
de los casos al autor picaresco: vaciarse por la lengua, morirse por hablar; contra todos
en general, contra ninguno en particular; sabiendo que lo más cuerdo es el silencio,
pero no pudiendo dejar de dirigir hacia los hombres su irritado sentido de la misericor-
dia" ("Un perfil de la picaresca: el pícaro hablador", en *Studia Hispanica in Honorem
R. Lapesa*, Madrid, Gredos, 1975, t. 3, pp. 467-485).

> sea atropellada y confusamente, porque no sé
> cuándo me volverán a pedir este bien, que por
> prestado tengo (p. 244).

Cervantes abre con esto las puertas a la inestabilidad engañosa de la clásica autobiografía picaresca,[46] que va a proyectar ahora hasta un extremo de relato inasible. Berganza queda autorizado a contar su vida porque "mejor será gastar el tiempo en contar las propias que en procurar saber las ajenas vidas" (p. 244). Promete el can contenerse dentro de los límites que le conceda "la gran tentación que tengo de hablar" (p. 247) y que para su compañero no sería sino "tentación del demonio" (p. 267). Lo peor es que no sólo recurrirá Berganza al esquema de "mozo de muchos amos" contra el cual ya le prevenía Cipión, sino que nada más va a contar vidas ajenas, reduciendo su autobiografía con un continuo enjuiciamiento del prójimo, en vez de hacerlo de sí mismo.

En empalme, como se ha visto, con la crítica formal del género, su narración se halla manipulada para halago de un ingenuo narcisismo. De ahí, por ejemplo, su encarecida reacción de autoproclamado esteta ante las bellas manos de la moza que le quita la carne de la cesta. Pura presunción le conduce también al autoelogio de su "buen natural" (p. 269) y de su "buen ingenio" (p. 268), lo mismo que Guzmán de Alfarache pregonaba "mi natural bueno era" y hasta su "buena cara".[47] Berganza no se priva tampoco de mostrarse con-

---

46 "The pícaro is often an incorrigible, ambitious, scheming, role-playing, mask-wearing, and essentially characterless-master of physical and verbal pose whose picaresque atributes have become so ingrained that he himself has difficulty in distinguishing fact from appearance", por lo cual su autobiografía lleva consigo implícita una dosis de "narrative unreliability" (William Riggan, *Pícaros, Madmen, Naifs and Clowns*, Norma, Oklahoma University Press, 1981, pp. 76-77).

47 1ª, II, 6, 298, y 1ª, II, 8, 321.

descendiente hacia su compañero, a quien en cierto momento reconoce "eres más discreto que lo que pensaba" (p. 300). Su relato es tan interesado o *self-serving* como el de Lázaro en la cumbre de su buena fortuna o el del Guzmán recién convertido. Con auxilio de saltos narrativos y estratégicos silencios, nada que el protagonista considere menos que favorable hallará cabida en su relato.[48]

La verdadera historia de su vida es lo que aquí padece hasta el punto de evaporarse. ¿Cómo creer, sin ir más lejos, que Berganza no haya topado nunca con alguna atractiva hembra de su especie? Claro que algún rayo de verdad se cuela a veces por los intersticios de la vigilancia y de las, a la larga, inevitables contradicciones de la estrategia diegética. Su *filautía* (en términos de la *Moria* erasmiana) lo lleva a desvelar el cálculo con que interesadamente sabe ganarse a ciertos amos acomodados y, por lo mismo, codiciables. De un modo oblicuo, y a título también de sus habilidades de "perro sabio", Berganza acabará por informar de su gentil disposición para beberse "una azumbre de vino sin dejar gota" (p. 289). Guzmán de Alfarache había silenciado de un modo similar su vida secreta de confirmado homosexual.[49]

---

48 La forma como Berganza dosifica interesadamente la información sobre aspectos claves de su historia, como es el de su nacimiento, queda reconocida por el mismo Forcione, *Cervantes and the Mistery of Lawlessness*, p. 39. De modo similar, la finalidad de no pocas divagaciones morales puestas en boca de Guzmán de Alfarache apunta sólo a atenuar la culpa del pícaro, pintándola como forzada por circunstancias, así como por la habitual invocación de ser igual que los demás en lo relativo a flaquezas y malas inclinaciones (Arias, *Guzmán de Alfarache; the Unrepentant Narrator*, pp. 12, 20 y 24). Su narración no apunta a contar su vida, sino a ofuscarla o esconderla (Brancaforte, *Guzmán de Alfarache: ¿conversión o proceso de degradación?*, p. 151). Hechos inexplicados o incoherentes, silencios, manipulación del tiempo, son igualmente estudiados por Michaud, *Mateo Alemán, moraliste chrétien*, pp. 152, 157 y 164. Para el anticipo de todo ello en *Lazarillo de Tormes*, como aspectos de la buscada función de un "unreliable narrator", Reed, *The Reader in the Picaresque Novel*, pp. 47, 52 y 61.

49 Dicha herencia paterna en Guzmán ha sido señalada por Carroll B. Johnson, *Inside Guzmán de Alfarache*, Berkeley y Los Angeles, University of California Press, 1978,

¿Y qué decir del juicio moral de Berganza? Su confesada actitud de base sería un escándalo platónico ante las infinitas maldades humanas. En realidad, un fiscal avieso, que hasta presenta como "malicias y malas entrañas" (p. 289) las chuscas invitaciones con que el chocarrero atambor le hace saltar por el rey de Francia y no saltar por la mala tabernera.[50] Claro que, por otra parte, pocas cosas ganarán en complacido regodeo al relato de la sarta de ruidosas desgracias que se siguieron a su haber dado buena cuenta del tocino del marinero bretón. Su afán de lucimiento tiende, del modo más natural, a convertirlo en público histrión, y de ahí el hallarse tan satisfecho de su fama de artista circense y sus repetidas aventuras con no una, sino tres sucesivas compañías de cómicos, especializado en armar grandes alborotos como animador de fines de fiesta.[51]

Conforme a otra inconfesada, pero no menos obvia pauta literaria, el vagabundo Berganza se erige caballero a la letra "andante" para enderezar tuertos e injusticias a su alrededor.[52] Con el juicio moral subido a la cabeza, el nuevo don Quijote, también "de cuatro

p. 206. La homosexualidad latente en el ámbito claustrofóbico y promiscuo de la galera no pasa tampoco desapercibida para Benito Brancaforte, *Guzmán de Alfarache: ¿conversión o proceso de degradación?*, pp. 60-66. Es preciso tener en cuenta que la homosexualidad se hallaba ya bastante presente en el *Lazarillo*, como reconocen Marcel Bataillon (*La vie de Lazarille de Tormes*, París, 1958, p. 12), y Alberto del Monte, *Itinerario del romanzo picaresco spagnolo*, Florencia, Sansoni, 1957, p. 27.

50 El mismo Amezúa y Mayo declara no ver aquí la justificación del duro lenguaje del perro: "Confieso paladinamente que no entiendo por qué" (ed., *Casamiento y Coloquio*, p. 586).

51 La tendencia de los "metapícaros" cervantinos a lo histriónico (*Pedro de Urdemalas*), o a gravitar de algún modo en torno a la experiencia del teatro, es señalada por Helen Reed, "Theatricality in the Picaresque of Cervantes", p. 78.

52 Berganza se considera obligado a "defender de los poderosos y soberbios los humildes y los que poco pueden" (Waley, "The Unity of the *Casamiento engañoso* and the *Coloquio de los perros*", p. 208).

patas", se hace tomar la justicia por su mano con toda despreocupa-
ción y a veces con su poco de crueldad, como ocurre con la negra, a
quien arranca un pedazo de muslo. Aparte de otras posibles consideraciones (cual serían las advertencias de la tradición erasmista contra la crítica indiscriminada) se basa todo ello en un presuntuoso
considerarse un ser humano, sin reconocer su naturaleza de perro ni
menos cumplir con los deberes de tal.[53] Como recuerda Cipión casi
en sus primeras palabras, la gran virtud canina consiste en "el agradecimiento y gran fidelidad nuestra" (p. 242), que ha reservado al
perro la antonomasia del amor constante hasta la muerte y por ello
lo declara atributo iconográfico del matrimonio. Berganza desmien-
te a cada paso dicho ideal con la repetida infidelidad a sus amos, sin
comprender que el que éstos sean menos que perfectos, o incluso
malos, no justifica (en términos perrunos) el abandono, la delación
y, en ocasiones, hasta la venganza. Por el contario, se envanece de
que "nadie me despidió, si no era que yo me despidiese" (p. 259), en
paralelo bastante cercano con la inestable errabundez de Guzmán de
Alfarache.[54] En su momento más abyecto, le veremos abandonar al
poeta que lazarillescamente había compartido con él sus mendrugos,[55] avergonzado de presenciar su fracaso con los cómicos (ni los

---

53 Lo inadecuado de semejantes pretensiones en el caso de un perro, por bueno o especial que sea, no escapa al análisis de Hart, "Cervantes' Sententious Dogs", p. 382. El
problema, sin embargo, no es en esto la carencia de habla en el animal, sino su pretenciosa vocación a una imposible naturaleza humana.

54 La constante tendencia de Guzmán a la huida y el autoengaño es puesta de relieve
por Carroll B. Johnson, "Mateo Alemán y sus fuentes literarias", *Nueva Revista de Filología Hispánica*, 28, 1979, pp. 361-374.

55 La situación, en que el poeta y su perro comparten unos mendrugos, repite claramente la domesticidad del escudero y Lazarillo de Tormes. Otro recuerdo evidente
(Lazarillo en los mortuorios) se detecta en las palabras de la bruja Cañizares: "Curo a
los pobres, y algunos se mueren que me dan a mí la vida con lo que me mandan" (296).

perros quieren nada con un autor rechazado, y Cervantes algo sabía de esto). Frívolas o egoístas son también sus razones para el abando- no del morisco y de los gitanos,[56] con tan débil excusa, respecto a estos últimos, como "no parecerle bien" (p. 308) la marcha que pre- paraban de Granada a Murcia.

Si Berganza es por tantos motivos un personaje superficial, va- nidoso y poco de fiar, no es menos cierto que lo compensa crecida- mente con la elegancia y el gracejo de su labia incomparable, que ha hecho olvidar a incontables generaciones de lectores su verdadera naturaleza de "cínico" perro vagabundo. No hay dificultad en reco- nocer aquí a cierto eterno tipo de sevillano profesionalizado en el arte irresponsable de la simpatía chistosa y mordaz para el mero pa- sar el rato. Por supuesto, es difícil apartar en esto a Mateo Alemán de algunas salpicaduras, igual que ocurría en el *Quijote* con los per- files guzmanescos de la figura de Ginés de Pasamonte.[57] Con su

56 Amezúa y Mayo consideraba como uno de los más flojos el episodio de los gitanos, inspirado por el puro prejuicio, al igual que el de los moriscos: "A la verdad, el autor del *Coloquio* no escribió nada estupendo en este pasaje; muy lejos de eso, redújose a acoger y prohijar la opinión manoseadísima y corriente entonces, que reclamaba la expulsión, repitiendo para ello las vulgaridades mismas que sobre su trato y vida se prodigaron en arbitrios, memoriales, consultas, tratados y capítulos de Cortes" (ed., *Casamiento y Coloquio*, p. 130).

57 No es difícil reunir un amplio florilegio crítico acerca del *continuum* que, en diver- sas direcciones, se establece entre el Mateo Alemán de carne y hueso y los personajes de Guzmán de Alfarache, Ginés de Pasamonte y el perro Berganza. Marcha en cabeza Diego Clemencín, cuyas anotaciones sospechan "que en la persona de Ginés de Pasa- monte quiso señalar Cervantes la de Guzmán de Alfarache, y las aventuras de éste en la vida del otro", si bien se hallaba perplejo acerca de cómo interpretarlo, pues si todo aquello "es elogio o más bien censura de Mateo Alemán, son dudas que ocurren, pero imposibles de apurarse" (*El ingenioso hidalgo don Quijote de la Mancha*. Comentado por D. Diego Clemencín, Madrid, 1833, pp. 2, 210 y 211). Señala el parentesco entre Ginés de Pasamonte y Mateo Alemán, C. Guillén, "Luis Sánchez, Ginés de Pasamonte y los inventores del género picaresco", p. 228. Elías Rivers, "Cervantes y Garcilaso", en *Cervantes y su mundo. Actas del I Congreso Internacional sobre Cervantes*, Ma- drid, Edi-6, 1981, pp. 963-968. "A todo esto hay un sospechoso paralelismo entre los

mayor desarrollo y firmeza de trazos, Berganza se le homologa también ahora en acuerdo correlativo de la nueva profundización del discurso en torno a Mateo Alemán y su obra.

Quedan todavía importantes aspectos que señalar en torno al perro narrador, como ocurre en el terreno de la onomástica o, según también se ha dicho, "cinonimia" del *Coloquio*.[58] Los nombres de *Cipión* y *Berganza* responden, en primer lugar, a la entonces arraigada costumbre de dar a los perros nobles o de montería apelativos de héroes o paladines caballerescos como *Amadís*, *Roldán*, *Rugero*, *Oliveros*, *Florisel*, etc.[59] No hay problema alguno con el nombre de *Cipión*, adaptación popular de *Escipión*, con su prestigiosa aureola de virtudes romanas (*Numancia*) y perfectamente adecuado a un personaje investido en papel de árbitro y conciencia moral del rela-

comienzos de Berganza y los de Guzmán de Alfarache", comenta J.B. Avalle-Arce (*Novelas ejemplares*, 3, p. 29). Lo mismo hace Augustin Redondo, "De Ginés de Pasamonte a Maese Pedro. Algunos datos nuevos sobre este personaje cervantino y su actuación", *Texte, Kontexte, Strukturen*, Feistschrift Karl Albert Bühler, Tubinga, Gunter Narr Verlag, 1987, p. 222. Como observa Dunn, los nombres *Ginés de Pasamonte-Guzmán de Alfarache* responden a una construcción similar (2 + *de* + 4) ("Cervantes Re/Deconstructs the Picaresque", p. 119). Joaquín Saura Falomir sugiere el parecido físico de Guzmán con el retrato de Mateo Alemán (prólogo a su edición del *Guzmán de Alfarache*, Madrid, Castilla, 1953, I, p. 44). El paralelismo entre la cronología biográfica de Mateo Alemán y la de su héroe es señalado por Richard Bjornson, "'Guzmán de Alfarache': Apologia for a Converso", *Romanische Forschungen*, 85, 1973, p. 315. En opinión de Gonzalo Sobejano, "Berganza es el más exacto equivalente formal del Guzmán autobiográfico" ("De Alemán a Cervantes: monólogo y diálogo", p. 721).

58 Mauricio Molho, "Antroponimia y cinonimia del *Casamiento engañoso y Coloquio de los perros*", en J.J. Bustos Tovar (ed.), *Lenguaje, ideología y organización textual de las 'Novelas ejemplares'*, Universidad Complutense-Université de Toulouse-le-Mirail, 1983, pp. 81-92. Para la densa semiología del fenómeno onomástico en la picaresca, José Luis Alonso Hernández, "Onomástica y marginalidad en la picaresca", *Imprévue*, 1, 1982, pp. 103-133.

59 Véase la nota de E.S. Morby en su edición de Lope de Vega, *La Dorotea*, Berkeley y Los Angeles, University of California Press, 1968, pp. 429-430.

to. No ocurre lo mismo con *Berganza*. Por lo pronto no es el nombre
original del perro, que a lo largo de su vida recibió sucesivamente
los de *Gavilán*, "ave de rapiña" (en dos etapas de su vida), *Barcino*,
"por su color mezclado de blanco y rojo", *Montiel*, por supuesto hijo
de la bruja Montiela, y finalmente *Berganza*, cinomástico definitivo, y que al parecer le han dado en el hospital vallisoletano de la Resurrección para ponerlo a la altura de su compañero. Es de notar que
los cuatro llevan consigo su respectiva carga de virtualidades negativas, teniendo en cuenta que el pelo rojizo se achacaba por el pueblo a traidores[60] y que *Autoridades* expresamente cita el refrán *El
galgo barcino, o malo o muy fino* (Berganza es las dos cosas). El
nombre *Berganza* ha sido relacionado ya en su caso con el adjetivo
bergante, del galicismo *bergant*, "salteador"; y en castellano de la
época también "lo propio que Picarón, sin vergüenza, de malas costumbres, y condición, no sólo vil, sino perversa, y maliciosa" (*Autoridades*). Ahora bien, lejos de ser "un patronímico banal",[61] *Berganza* responde a la tendencia general de esta "cinonimia" en cuanto
variante popular castellana de *Braganza*,[62] es decir, un título presti-

60 La tradición popular creía que Judas había sido pelirrojo, como anota Jean Vilar,
"Judas selon Quevedo", en *Melanges offerts à Vicent Aubrun*, vol. 2, Paris, Éditions
Hispaniques, 1975, pp. 385-397. Se consideraba también, por eso, como un signo de
judaísmo: "Con esto verás que unos de ellos son gatos, otros agotes; los más de pelo
rojo, de los que adoraron el Becerro" (R. Foulché-Delbosc, "Diálogo entre Laín Calvo
y Nuño Rasura", *Revue Hispanique*, 10 [1903], p. 174).

61 Molho, "Antroponimia y cinonimia", p. 92. Se propone también aquí un juego para-
nomástico que, cruzando *Berganza* y *bergante*, diera un *zerbante* como firma del autor
"que para narrar su representación personal del mundo, quiso adoptar una postura cínica, disfrazándose de perro" (92). No he de ocultar mis dificultades tanto para aceptar el
razonamiento como la conclusión. Según Amezúa y Mayo lo sugirió anteriormente
Émile Chasles (ed., *Casamiento y Coloquio*, p. 103).

62 Entre muchos posibles ejemplos: "Avisan de Lisboa el disgusto que han recibido
los portugueses con la nueva del casamiento del Duque de York, con hija de Milord
Eduardo Hyde [...] porque pretendían casarlo con Doña Catalina hija de la duquesa de

giado por su parentesco con la sangre real portuguesa. Es en esta irradiación lusitana donde late, de nuevo, un alcance peyorativo, dado el asentimiento popular que consideraba como judíos a todos los portugueses residentes en tierras castellanas y muy particularmente en Sevilla.[63]

¿El perro Berganza como "judío"?. La idea puede parecer hoy peregrina, pero el habla popular gustaba entonces de dar apelativos de *perros* o *galgos* a los convertidos de moros y hebreos.[64] Un *perro* humanoide y para colmo con algo de *portugués* se hacía bastante sospechoso en aquellos años. Es no menos de advertir que Berganza ha buscado la forma de pregonar en la aventura de la Colindres su afición al tocino, lo cual constituye, para un código de época, la autodelación de una cura en salud. Los "perros del matadero" tenían en la época proverbial y genérica mala fama. Para colmo, el matade-

Bergança" (E. Varela Hervías, *Gazeta Nueva 1661-1663. Notas sobre la historia del periodismo español en la segunda mitad del siglo XVII*, Madrid, 1960, p. 23); "[...] aunque cada cual tenía su nombre sonoro y significativo: *Scipión o Cipión* el uno y *Braganza o Berganza* el del barcino color" (Amezúa y Mayo, ed., *Casamiento y Coloquio*, p. 77).

63 Abundantes datos sobre la emigración de portugueses a Castilla en la época, en J. Lucio d'Azevedo, *Historia dos Christaos novos portugueses*, Lisboa, 1922. Excelente resumen del aspecto histórico por Antonio Domínguez Ortiz, "La entrada de los marranos portugueses en Castilla y sus consecuencias", en *Los judeoconversos en España y América*, Madrid, Istmo, 1971, pp. 61-77. Para la sinonimia *portugués*/'judío', Julio Caro Baroja, *La sociedad criptojudía en la corte de Felipe IV*, Madrid, Real Academia de la Historia, 1963, p. 43. *Portugués*/'judaizante', en Edward Glaser, "Referencias antisemitas en la literatura peninsular de la Edad de Oro", *Nueva Revista de Filología Hispánica*, 8 (1954), p. 41. La identificación judía de los portugueses era particularmente virulenta en el caso de Sevilla y los sevillanos, como hace ver Joseph H. Silverman, "Antisemitism in Tirso de Molina's 'Burlador de Sevilla'", *Folio*, 10 (1977), pp. 83-92.

64 Aparte de tratarse de locuciones frecuentes, cabe recordar textos como el de Pedro de Padilla en su *Thesoro de varias poesías*, Madrid, 1587: "Porque soys un pelón de mala cara, / galgo flaco, cansado y muy hambriento, / confeso triste y grande majadero" (citado por Eugenio Asensio, *Itinerario del entremés*, Madrid, Gredos, 1965, p. 152).

ro de Sevilla, donde por primera vez viera Berganza la luz del sol, no sólo tenía pésima reputación,[65] sino que, como no deja de especificar el texto, "está fuera de la Puerta de la Carne" (p. 245). La cifra de este lenguaje es constituir todo ese distrito de Sevilla parte adyacente a la antigua judería (parroquias de Santa Cruz y San Bartolomé). Dicho sector de la ciudad era conocido desde el siglo XV como un barrio de conversos, cuya sospechosa reputación se extendía también a la correspondiente zona extramuros, donde preferían tener sus lugares de enterramiento.[66] La Puerta de la Carne o de Minjao llegó a tener por eso fama en Castilla como uno de los centros proverbialmente judíos,[67] a la par con las cuatro Calles de Toledo o

65 El barrio extramuros donde se hallaba el matadero era uno de los más míseros de la ciudad con elevada criminalidad, mortalidad infantil y prostitución (abundantes mesones). La población se componía en gran parte de negros, portugueses, flamencos, genoveses y alemanes, incluyendo esclavos musulmanes de ambos sexos que ganaban salarios para sus amos. Añádese a la correspondiente anotación de Amezúa y Mayo los nuevos datos de Juan de Mata Carriazo, "Negros, esclavos y extranjeros en el barrio sevillano de San Bernardo (1617-1629)", *Archivo Hispalense*, 20 (1954), pp. 121-133.

66 "Dato de interés [...] es la preferencia de los conversos sevillanos por ciertos corrales de los monasterios de San Bernardo y San Agustín, situados en la periferia de la ciudad, donde probablemente había más facilidad para observar algunos ritos fúnebres judaicos" (Francisco Márquez Villanueva, estudio preliminar a fray Hernando de Talavera, *Católica impugnación*, ed. F. Martín Hernández, Barcelona, Juan Flors, 1961, pp. 33-34).

67 El bufón don Francesillo de Zúñiga menciona, por ejemplo, cómo el rey Salomón "envió sus mandamientos y apercibimientos a la Costanilla de Valladolid y a las Cuatro Calles de Toledo y a la puerta de Minjao de Sevilla, y a las villas de Almazán y Soria, porque de allí creía haber cabos de escuadra asaz levitenses que fuesen sobre la ciudad y provincia, y mandó que entrasen y tomasen por fuerza de armas, y descapullasen cuantos en ella había y hallasen" (*Crónica de don Francesillo de Zúñiga*, ed. Adolfo de Castro, Madrid, *BAE*, 1855, p. 28). Véase también Miguel A. Ladero Quesada, "Judeoconversos andaluces en el siglo XV", *Congreso internacional 'Encuentro de las tres culturas'*, Toledo, Ayuntamiento de Toledo, 1983, p. 54.

la Costanilla de Valladolid, y seguía albergando en la época una fuerte población conversa.

Con todo esto la intención del acertijo no es otra que la de elevar a un plano específico e inconfundible la identidad latente desde el principio entre Berganza y Mateo Alemán. Al llegar el momento en que todo pícaro había de confesar (conforme a la fórmula) su averiada ascendencia familiar, el can hablador relata cómo creía ser hijo de "alanos que crían los ministros de aquella confusión, a quien llaman jiferos" (p. 245). Y no dice poco, porque se trataba de una casta de animales proverbialmente fieros y peligrosos.[68] Los alanos eran empleados sobre todo en los mataderos para manejar ganado vacuno, que reducían a impotencia mordiéndoles las orejas. Ésta fue también la primera habilidad de que, conforme a su actitud de siempre, se envanece Berganza:

> Este tal Nicolás me enseñaba a mí y a otros
> cachorros a que, en compañía de alanos viejos,

68 Es de recordar aquí el texto de los *Diálogos de la Montería* de Luis Barahona de Soto aducido por la anotación de Amezúa y Mayo: los alanos "se han de criar en los rastros, carnicerías o mataderos, de suerte que, cebados en la sangre de los toros y vacas, se hagan golosos y codiciosos de carne y sangre" (p. 433). Abundan los textos en que este uso característico de los *alanos* tiende a proverbializarse en el habla común. Su mejor descripción es la de Lope de Vega en *La Dorotea*: "Y te figuro como suele un toro en el coso, a quien han echado un alano, que con la parte que le queda libre se va defendiendo; pero echándole otro, se rinde, y con igual fatiga los lleva entrambos colgados de las orejas como arracadas" (p. 231). "Y más con los dos alanos de Gerarda y Felipa" (p. 408). El alano se describe hoy día como "perro de presa, mezcla de dogo y mastín. Es corpulento y fuerte; tiene la cabeza grande, las orejas caídas, el hocico romo y arremangado, la cola larga y el pelo corto y suave" (*Diccionario Técnico Americano*). El despojo lexicográfico realizado por el *Diccionario histórico* de la Academia documenta ampliamente la fama de fiereza de estos perros, empezando por Juan Ruiz: "Más fijos malos tyene que la alana rraviosa". Santa Teresa menciona una visión (*Fundaciones*) en que los demonios tenían forma de grandes alanos que se le subían a los hombros. Refrán (Correas): *Muchos besan manos ke kerrían ver en boka de alanos*. "En contextos metafóricos, persona de ademanes toscos y violentos o de trato fiero y cruel" (apoyado en textos de 1590, Lope de Vega, a 1878, Pereda).

arremetiésemos a los toros y les hiciésemos presa
de las orejas. Con mucha facilidad salí un águila
en esto (p. 245).

Tan águila o *Gavilán*, podría decirse, que nunca ha abandonado ya este oficio de "hacer presa de las orejas" con la elocuencia mal
empleada de su continua murmuración. Pero es preciso también de-
codificar una última pista semioculta y semirrevelada en este curioso linaje canino por la cercana homofonía ALANOS-ALEMANES.
Las señas de identidad de "Berganza", marcadamente centradas sobre su origen sevillano, su murmuración y su judaísmo, se vuelven
así poco menos que inequívocas. El resultado final es que aquel gran
hablador no semeja sólo un "Guzmán de cuatro patas", sino también, *a fortiori*, un Mateo Alemán "de cuatro patas".

Semejante llamada a juicio del escritor sevillano en *El coloquio de los perros* venía exigida por el aspecto moral, tan involucra-
do en toda crítica coetánea de la picaresca. Es preciso dejar bien
sentado que, aparte de constituir un contrasentido artístico, la homodiégesis guzmanesca encubre la manipulación hipócrita de la realidad. Su sermoneo representa una continua ruptura enfadosa, que
puede ser vista como intento de pasar por filosofía la murmuración
maligna y misantrópica de un autor demasiado confiado en su señorío del lenguaje. Cervantes se halla persuadido de que al poeta cristiano le está vedado encaramarse al púlpito, donde aun, en el mejor
de los casos, sólo puede ser un usurpador.[69] Personalmente, había
huido siempre del tono judicial o admonitorio, en favor de una co-

---

[69] De recuerdo aquí casi obligado es la burla del Prólogo del *Quijote* con su censura de
juntar lo edificante con lo profano, "que es un género de mezcla de quien no se ha de
vestir ningún cristiano entendimiento". El blanco es allí, sin embargo, más bien, el reciente *Peregrino en su patria* de Lope, que no *Guzmán de Alfarache*. La profunda oposición de Cervantes a tales tipos de moralización es ahora puesta de relieve por Edwin
Williamson, "Cervantes as Moralist and Trickster: the Critique of Picaresque Autobiography in *El casamiento engañoso* and *El coloquio de los perros*", en J. Lowe y Ph.

municación amistosa y de igual a igual con sus lectores.[70] "Predicador te has vuelto", dice un pícaro sevillano a cierto colega, cuya barata moralización desea atajar en *La ilustre fregona* (3, 56). Cipión, que también tiene vicios que censurar, se calla, como sabio, cuando Berganza le apostilla: "Todo eso es predicar, Cipión amigo" (p. 258). Cervantes pensaba a las claras que dicha clase de libros sólo podía originarse a partir de la propia experiencia inmoral y de la hipocresía literaria de sus autores. Mateo Alemán no podría menos de estremecerse en lo más profundo al leer aquello de que, vista de cerca, la vida de los murmurantes es toda vicios e insolencias.

El coloquio de los perros resulta así inequívoco donde el *Quijote* rehuía comprometerse a fondo. Es posible que las relaciones de Cervantes con Mateo Alemán se agriaran aún más a partir de 1605, y podemos estar seguros de que para poner ahora a éste de *perro judío* deberían de existir por medio motivos personales harto desagradables. Pero hay que comprender, al mismo tiempo, que todo está lejos de ser una diatriba personal ni un libelo malsín como en el caso de *La pícara Justina*. El perro Berganza es un personaje triunfal, irresistible por el arte seductor con que revela no sus discutibles virtudes, sino sus "humanas" fragilidades. Su vanidad es ingenua y cabría decir que de una naturaleza sana, frente a la hipocresía impenetrable y trascendental de Guzmán. El tono de la obra en ningún

Swanson (eds.), *Essays in Honour of Edward C. Riley*, Edimburgo, Dept. of Hispanic Studies, 1989, pp. 104-126. La actitud murmuradora y exenta de caridad de la seudohomilética del *Guzmán de Alfarache* responde a un vicio reprobado por los tratadistas contemporáneos en materia de oratoria sacra, según estudia Hilary Smith, "The 'Pícaro' Turns Preacher: Guzmán de Alfarache's Missed Vocation", *Forum for Modern Languages Studies*, 14 (1978), p. 389.

70 Comenta acerca de esto H. Reed. "Cervantes approaches the reader [...] as a fellow reader and kindred spirit, an equal who must share the author's literary knowledge to appreciate his playfulness and the multitude of ironies with which he undermines the fiction of his predecessor, Mateo Alemán" (*The Reader in the Picaresque Novel*, p. 19).

momento deja de ser risueño y el *Coloquio* no pierde en ningún momento su impostación lúdica ni tampoco cierta pureza infantil. El abordaje de temas cáusticos o sombríos va siempre templado de una gracia ligera, porque (habrá que decirlo en vista de ciertas interpretaciones recientes) Cervantes no es Dostoievsky. Hasta la crítica formal de la autobiografía picaresca, con sus "colas de pulpo" y digresiones reducidas a escala, se ríe a la vez de sí misma bajo una calculada presentación semi-caricaturesca. El discurso crítico de Cervantes no mira con todo esto a herir ni desacreditar, sino solamente a dar una lección creadora al gran sevillano. Le planta para ello batalla en su propio terreno, y el grado de reflexión supuesto por *El coloquio de los perros* basta para acreditar la clase de compromiso con que ha contemplado Cervantes esta suprema prueba de su carrera poética. En contraste con la opinión que le merecía Lope de Vega (la gran preocupación a su derecha, como Alemán lo era a su izquierda) y lo que llamaba su *comediaje*,[71] Cervantes consideraba al *Guzmán de Alfarache* un gran logro, a la vez que un reto de lo más positivo para el escritor de su tiempo.

No cabrá discrepar, pues, de Marcel Bataillon cuando encarece la medida en que "la actitud explícita de Cervantes ante la picaresca determina el eje de su relación con la literatura de su tiempo, y la conciencia que tuvo del propio valer".[72] Dicha reflexión ha debido ser para Cervantes un motivo perenne a partir del día de su encuentro con el *Guzmán de Alfarache*. Cuando el progreso picaril del don Diego de Carriazo de *La ilustre fregona* se mide por la capacidad de dar lecciones "al famoso de Alfarache" (p. 46), se está aclamando la obra

---

71 *Poesías completas*, ed. V. Gaos, Madrid, Castalia, 1981, p. 413. Es preciso distinguir también acerca de la manera puramente risible con que parodiaba el teatro de Lope. Véase Stanislav Zimic, "Cervantes frente a Lope y la comedia nueva (observaciones sobre "La entretenida")", *Anales cervantinos*, 15 (1978), pp. 19-119.

72 "Relaciones literarias", p. 232.

de Mateo Alemán como un producto perfecto, lo cual es distinto de considerarlo único ni universal, según va a desmentir muy pronto la trayectoria de aquel mismo personaje.[73] Pero tanto éste como los testimonios previamente aducidos no deben entenderse sino como trazos-guía de un "palimpsesto" que la crítica ha de reactivar.

El avance supuesto por la que también puede ahora llamarse "nueva biografía" de Mateo Alemán[74] permite identificar algo que con alta probabilidad constituye un nuevo recuerdo y calificación de éste en el *Viaje del Parnaso* (1614). Poema a menudo menospreciado y por lo mismo una última frontera para la crítica, comienza hoy por fin a asumir su puesto entre los textos más maduros y meditados de Cervantes. Nos brinda éste allí tanto una especie de testamento poético como la inestimable oportunidad de realizar un viaje a través de la literatura de su tiempo guiados de su mano. Hecho y rehecho una y otra vez el padrón de los poetas incluidos y más o menos elogiados, hay cierta unanimidad de los eruditos en admirar lo concienzudo y amplio del recorrido, que incluye amigos y no tan amigos, vates grandes y pequeños, humildes y encumbrados, religiosos y seglares, así como representantes de todos los rincones de España. "Olvidos" (que no serían en realidad tales) hay muy pocos. Cabe *a priori* considerar ausencia conspicua la de Mateo Alemán, sin la cual el mapa literario español se vería amputado de una importante provincia. No cabe aquí alegar, como alguna vez se ha hecho,[75] que ello se debiera

---

73 Son aquí oportunas las consideraciones acerca de *La ilustre fregona* suscritas por Ricapito, "Cervantes and the Picaresque: Redivivo", pp. 324-328.

74 Claudio Guillén, "Los pleitos extremeños de Mateo Alemán. 1. El juez, 'Dios de la tierra'", *Archivo Hispalense*, 25 (1958), pp. 1-21. German Bleiberg, "Nuevos datos biográficos de Mateo Alemán", en *Actas del Segundo Coloquio Internacional de Hispanistas*, Nimega, 1967, pp. 25-50.

75 Astrana Marín, *Vida ejemplar y heroica*, 5, p. 373.

a su ida a Indias y no saber Cervantes si a la sazón se hallaba vivo o muerto. Pero, aparte de que éste muestra hallarse siempre muy bien informado en tales casos,[76] una lectura atenta saca a flote cierto terceto dejado caer como al desgaire y alusivo a algún poeta de altos quilates y cuyo nombre no se desea pronunciar:

Éste que el cuerpo y aun el alma abruma
de mil, aunque no muestra ser cristiano,
sus escritos el tiempo no consuma (II, vv. 295-297).

El texto se ha entendido hasta ahora como parte introductoria del turno de Quevedo.[77] Pero el elogio de éste no se inserta sino después de una transición a cargo de ciertas palabras banales del dios Apolo, que claramente rompen la continuidad y apuntan a un sujeto diferente:

Cayóseme la lista de la mano
en este punto, y dijo el dios: –Con éstos
que has referido está el negocio llano.
Haz que con pies y pensamientos prestos

76 El *Viaje del Parnaso* no deja de incluir, por ejemplo, al sevillano Pedro de Medina Medinilla (II, 199), que a la sazón llevaba en Indias doce o catorce años. Véase la anotación de Miguel Herrero García en su edición del *Viaje del Parnaso*, p. 500.

77 Así lo reconocía Rodríguez Marín en su anotación: "¿Quién pudo ser sino Quevedo, al cual muy luego se nombra [...] ?" (*Viaje del Parnaso*, Madrid, 1935, p.196). Le sigue en la misma tesis Miguel Herrero García: "Éste que aporrea cuerpos y almas a diestro y siniestro, con poco espíritu cristiano, es sin duda don Francisco de Quevedo, al que en el verso 304 nombra con todas sus letras. ¿Qué escritos de Quevedo conocería Cervantes en 1613? Sin duda, muchos versos de los que después constituyeron las *Musas del Parnaso*" (ed. *Viaje del Parnaso*, p. 516). No hay que olvidar que Mateo Alemán contaba también en el firmamento poético en cuanto traductor de Horacio (R. Foulché-Delbosc, "Bibliographie de Mateo Alemán (1598-1615)", *Revue Hispanique*, 42 [1918], pp. 482-485).

vengan aquí, donde aguardando quedo
la fuerza de tan válidos supuestos (II, vv. 298-303).

Lástima, dice el poetón Cervantes, porque si esto de los "pies
prestos" ha de tomarse a la letra sería como eliminar al patizambo
don Francisco de Quevedo. Al escuchar su nombre, Mercurio, que
cae ahora en la cuenta, va a ser tajante: "Pues partirme sin él de aquí
no puedo" (v. 306).

La cosa está, de todos modos, entre poetas de grueso calibre.
Aquel otro encubierto es desde luego alguien muy conocido como
censor implacable. Sus sátiras o fisgas no sólo resultan agobiantes,
sino que llegan a causar también una especie de opresión física, todo
lo cual puede valer como un perfecto esbozo fenomenológico de Mateo Alemán en su lectura de entonces igual que de ahora.[78] Es de recordar que dicha capacidad de trauma irresponsablemente causado a
diestro y siniestro era tenida a gala por el mismo autor sevillano, y
había sido ya enjuiciada por el mismo *Coloquio de los perros*. El capítulo inicial de la Segunda Parte de *Guzmán de Alfarache* se excusa-
ba de arrojar a voleo sus censorias pedradas, pues siendo el narrador,
como se reconoce, malo, nada puede juzgar por bueno. Y, además,
¿acaso no comieron todos de la manzana? La general corrupción del
género humano le da así licencia, insiste, para proceder como aquel
loco que arrojaba sus cantos diciendo: "¡Guarda, aho!, ¡guarda, aho!,
todos me la deben, dé donde diere".[79] Nótese que semejante lapida-

---

78 Este carácter antagónico y beligerante de Guzmán hacia su lector se impone por su
propio peso a toda la crítica y queda exhaustivamente estudiado por Reed: "The text is
rather like a conversation between antagonists who cannot resolve their quarrel" (*The
Reader in the Picaresque Novel*, p. 75). Sobre su considerar al lector como una especie
de jurado cuya absolución ha de ganarse, Cros, *Protée et le gueux*, p. 418. Guzmán
"uses a combination of threats, accusations and familiarity to place us, his readers, at
his mercy" (Joan Arias, *Guzmán de Alfarache: The Unrepentant Narrator*, p. 13).

79 2ª, I, 1, 481.

ción indiscriminada del prójimo era, de nuevo, actitud característica y muy reprobada de los antiguos cínicos. Abrazándola con su murmuración alemaniana, el perro Berganza se acoge, dentro de una intertextualidad perfecta, al mismo remedo de excusa que pretendía ser el guzmanesco *dé donde diere*, proceder y salida calificados, por otra parte, como dignos de aquel tonto poeta Mauleón.

Es de notar que si Quevedo puede valer también por gran satírico, su reducción a tal categoría sería por completo indigna de Cervantes, quien de hecho va a ensalzarle unos versos más abajo como ilustre hijo de Apolo y de Calíope. Pero lo que constituiría ya acusación gratuita y verdadero *casus belli* sería poner en duda su carácter de cristiano ni nuevo ni viejo. La reserva, en cambio, acerca de la "cristiandad" del otro poeta desconocido es algo muy inequívoco, que por fuerza ha de responder, en cuanto nueva seña de identidad, a alguna fama bien establecida y pública, como era la que rodeaba a Mateo Alemán según la odiosa denuncia de *La pícara Justina* e, incluso, la burlona alabanza de su "amigo" Lope de Vega. Contra los modernos partidarios de la ejemplaridad católica de Alemán y su arte, se ve que Cervantes no estaba dispuesto a darle ningún trato de favor acerca de este punto, proclamando a su reencarnación canina tanto "judía" de origen como "cínica" y falseadora de virtudes cristianas. Más caritativo, sin embargo, su *Viaje del Parnaso* prefiere ceñirse ahora a ese "muestra" de calificación externa (tal vez no lo *sea*, pero al menos lo parece o *muestra*). Cautela eventualmente aplicable tanto a la vida como a la obra, basta para poner la acusación sobre otra clase de plano, sustrayéndola al terreno infamante de la *sangre* y el *linaje*.

La aparente dureza implícita en tales calificaciones y recuerdos no ha de ser interpretada como animosidad o ensañamiento por parte de Cervantes. El enfoque de este probable retrato oscurecido de su *Viaje del Parnaso* se hace cargo del estado innombrable (técnicamente "infamia") de Mateo Alemán y contribuye a aquella recuperación del anonimato que era lo mejor que por él cabía hacer

hacia aquellas fechas. Tanto la reserva en lo religioso como el carácter sofocante de su moralización figuran allí para dar paso no a
nada condenatorio ni mostrenco, sino a la voz plenamente asumida
por Cervantes de cara a la posteridad. Ese verso final, "sus escritos
el tiempo no consuma", con su alto empaque ecfrástico y lapidario,
vale por la ofrenda de una corona de laurel con que el autor del *Quijote* le restituiría su lugar de privilegio entre las más altas cumbres
del Parnaso español. Nadie más que él se atrevió a hacerlo en aquellos días.

Es bastante improbable que Mateo Alemán llegara a conocer,
en sus indianas lejanías, el *Viaje del Parnaso*. Sería éste el momento
de darle aquí lo suyo y reconocer también su parte de grandeza de
alma al elegir como lectura para el resto de su vida el libro de aquel
colega para él dificultoso en lo humano y distanciado en lo literario.
Pero, por lo demás, ¿cómo hablar en estas páginas de ninguna "interacción", si el sevillano jamás parece haberse ocupado de Cervantes? El autor del *Quijote* se hallaba, sin duda, mucho más inclinado
a cuestiones de estética literaria, así como el otro a las de teoría moral y política,[80] amén de otros muchos enciclopédicos saberes, que
incluían las matemáticas y la astrología. Y, sin embargo, la Segunda
Parte del *Guzmán de Alfarache* incluye una página que es difícil se
hubiera escrito sin el estribo hipotextual de Cervantes.

---

80 Sobre la confesada adhesión de Mateo Alemán a las ideas de reforma social del
doctor Pérez de Herrera, véase Edmond Cros, "Deux épîtres inédites de Mateo Alemán", *Bulletin Hispanique*, 58 (1965), pp. 334-336. Puntualizaciones acerca del conocimiento personal y huella de las ideas de dicho reformista por Michel Cavillac en su
edición de Cristóbal Pérez de Herrera, *Amparo de pobres*, Madrid, Espasa-Calpe.
1975, pp. XLV, LV, CXLVIII, CLXXIX y ss., CLXXXVI y CXCIII. Alemán conocía
también la labor antipauperista de Miguel de Giginta, autor de una *Atalaya de caridad*
publicada en 1587 (CLXXXVIII). Amplio y detallado estudio de todos estos aspectos
por el mismo Michel Cavillac, *Gueux et marchands dans le 'Guzmán de Alfarache'.
Roman picaresque et mentalité bourgeoise dans l'Espagne du Siècle d'Or*, Burdeos,
Institut d'Études Ibériques, 1983.

Se trata de la carta que, hacia el final ya de la obra, escribe al pícaro la esclava que ha sido su amante de todo ruedo en casa de la señora sevillana[81] cuya hacienda saqueará bajo título de administrador. Sentenciado sin ninguna esperanza en la cárcel, es aquella desdichada quien todas las mañanas hace llover sobre él su "maná", subviniendo con generosa ternura a todas sus necesidades. Nada más que por aquello de dar que reír o "aflojar a el arco la cuerda",[82] Guzmán se ha decidido a insertar la donosa pieza que comienza así:

> Sentenciado mío: La presente no es para más de que dejéis la tristeza y toméis alegría. Baste que yo no la tenga por ti, mi alma, desde el día de Santiago a las dos de la tarde, que te prendieron durmiendo la siesta, que aun siquiera no te acabaron dejar de reposar, y más la que hoy he recebido, con que me han dicho que ya te sentenció el Teniente a doscientos azotes y diez años de galeras.

81 2ª, III, 7, 870-872. La contradición entre el amor abnegado de la esclava y su carácter sensual y pecaminoso desconcierta por completo a Thomas Hanrahan, que hace por ver allí algunas resonancias autobiográficas del propio Mateo Alemán (*La mujer en la novela picaresca de Mateo Alemán*, México, Porrúa, 1964, pp. 103-104). Se limita a señalar aquí la absoluta insensibilidad del pícaro Guzmán Alvarez, *El amor en la novela picaresca española*, El Haya, 1958, p. 33. En el estudio mejor orientado hasta la fecha, María Soledad Carrasco Urgoiti apunta los sutiles rasgos de su caracterización morisca y no deja de advertir cómo "Alemán da un cálido realce a esta figura, encuadrándola socialmente y dotándola de una viveza expresiva y una sinceridad de sentimientos raras entre las personas con quienes Guzmán se relaciona". Éste se acredita allí, por contraste, de "archihipócrita", y "ello no impide que en la instantánea de la esclavilla Mateo Alemán haya captado un perfil humano veraz" ("Reflejos de la vida de los moriscos en la novela picaresca", *En la España medieval. Estudios dedicados al Prof. D. Angel Ferrari Nuñez*, vol. 1, Madrid, Universidad Complutense, 1984, pp. 191 y 193).

82 Sobre el *locus* clásico del arco y su circulación en la literatura del momento, Jaime Fernández, "Muerte de don Quijote: en torno al valor ético de la eutrapelia. La moralidad en la literatura de esparcimiento", *Anales Cervantinos*, 23 (1985), p. 24.

Es toda ella puro repertorio de la expresión amorosa en una abnegada mujer de pueblo:

[...] Bien parece que no te quiere como yo ni sabe lo que me cuestas [...].
[...] Que, para esta cara de mulata que se ha de acordar de las lágrimas que me ha hecho verter [...].
[...] si no fuera por temor de quedar ahogada en ellas y después no gozarte [...].
[...] Acuérdate, preso mío, de lo que te adoro y recibe aquesta cinta de color verde, que te doy por esperanza que te han de ver mis ojos presto libre [...].
[...] Envíame la ropa sucia y póntela limpia cada día. Que, pues ya no te abrazan mis brazos, cánsense y trabajen en tu servicio para las cosas de tu gusto [...].
[...] contemplando en ti, bien mío. Tu esclava hasta la muerte.

Voz de una mujer del pueblo, pero del pueblo de Sevilla, lo cual quiere decir un don nato y aquí perfectamente captado para la expresión poética. Capaz, por ejemplo, de concebir una barroca, "andaluza" imagen, basada en sus lágrimas (que dice bastantes para inundar la prisión y sacar de ella a nado al preso), y de expresarla en lo que engañosamente parecen términos espontáneos de una comparación popular. Todo recursos si se va a ver cultos, pero que se rodean dentro de una completa apariencia de naturalidad, como (entre varios) el cortesano zeugma:

[...] ceso y no de rogar a Dios que te me guarde y saque de ese calabozo [...].

El color y hasta el sabor local sevillano esparcen por el texto su más directa presencia reconfortante:

> [...] Y si para tus necesidades fuere menester venderme, échame luego al descubierto dos hierros en ésta y sácame a esas Gradas [...].
> [...] Mañana es día de amasijo y te haré una torta de aceite con que sin vergüenza puedas convidar a tus camaradas [...].

Constituye esta carta de la esclava un único oasis en el inmenso yermo humano del *Guzmán de Alfarache*, y Mateo Alemán ha cumplido bien su promesa de aflojar por breve espacio el arco tensísimo de su novela. Muy en contra de su habitual concepto acerca de la naturaleza dolosa de la mujer,[83] se topa allí esta vez con alguien que sencillamente *ama* y que lo hace en cuerpo y alma, sin reservas, límite ni reparo. Su abnegación resalta junto a la culpable indiferencia de la madre del pícaro, y éste no tiene empacho en confesar que por su parte el amor fue siempre "fingido" y que jamás pensó cumplir ninguna de las promesas que le hiciera. Reviste, pues, un desolador sentido el no alcanzar tanto amor otro premio que aquel aparecer en la novela a modo de *intermezzo* ridículo. Pero ello queda a título de la intención aviesa del narrador, a quien retrata moralmente en uno de sus peores momentos, sin que el personaje femenino

---

83 Joseph V. Ricapito, "Love and Marriage in 'Guzmán de Alfarache'", *Kentucky Romance Quaterly*, 15 (1968), p. 129. "Hay en Alemán una terrible desconfianza de la mujer aun honrada", anota Thomas Hanrahan, *La mujer en la novela picaresca de Mateo Alemán*, p. 85. Desconfianza integral ante la mujer, presentada como figura de intrínseca falsedad, en Cros, *Protée et le gueux*, p. 375. La mujer, presentada siempre como Eva causadora de todos los males, o como "castradora y devoradora" otras veces, en Brancaforte, *Guzmán de Alfarache: ¿conversión o proceso de degradación?*, pp. 48 y 183. Sobre la permanente actitud guzmanesca de reprimenda misógina, Reed, *The Reader in the Picaresque Novel*, pp. 73-74.

cuente sino a modo de meteoro que, en sí mismo, sale igual que entró de su rápida visita a aquel universo de signo tan opuesto.

La maravillosa carta de la esclava tiene detrás de sí un concepto novelístico por completo ajeno al arte habitual de Mateo Alemán y en el que la experiencia humana sencillamente no se presta a servir de forraje para la general inculpación a título del pecado de Adán. No vale éste ahora de excusa para afirmar su *todos son iguales*,[84] porque otro opuesto concepto del arte pregona allí su *todos son diferentes*. Equivale esto a decir que nos hallamos en presencia de un experimento creador basado en la más profunda comprensión de Cervantes y su obra. El concepto agustiniano con ribetes a lo Calvino[85] de la unidad en el mal cede momentáneamente ante la idea huartiano-erasmista de la infinita diversidad de la locura, entendida como sabia reconciliación con las limitaciones humanas.[86] La presencia del extraordinario fragmento, tan al final de una obra escrita contra reloj, sólo se justifica como impacto de un cuerpo desconocido que por un instante logra conmover los cimientos del magno edificio del *Guzmán de Alfarache*.

---

84 Comenta lo repetido y agobiante del tema Arias, *Guzmán de Alfarache: The Unrepentant Narrator*, p. 20.

85 Como deduce Brancaforte, la idea de la inclinación o fómite del hombre hacia el mal se perfila a veces netamente calvinista en su obra (*Guzmán de Alfarache: ¿conversión o proceso de degradación?*, p. 96). En otro despunte no menos crucial, el castigo de la culpa es asociado con la pérdida y alejamiento de los bienes materiales (48). El desenlace de la obra, rebosante de odios, traiciones y violencias, no compagina con el concepto agustiniano de la universal armonía en Dios, señala el mismo estudioso en "Guzmán de Alfarache: juez-penitente", en *Aspetti e problemi delle letterature iberiche. Studi offerti a Franco Meregalli*, Roma, Bulzoni, p. 63. Su sentido del libre albedrío, sin llegar a la negación, busca una mitigación de la culpabilidad en términos que recuerdan a ciertas doctrinas protestantes y que de todos modos distan de ser "sana teología", según Hanrahan, *La mujer en la novela picaresca de Mateo Alemán*, p. 67.

86 Conforme al principio proyectado a través de la creación de Sancho Panza y al estudio de Antonio Vilanova, "Erasmo, Sancho Panza y su amigo Don Quixote", *Cervantes*, edición especial (1988), pp. 76-82.

Más aún, aquel par de páginas es inconcebible sin la previa familiaridad con *Rinconete y Cortadillo*[87] en su descubrimiento del tema "sevillano", culminante a su vez en la alegría pasional de las mujeres que concurren al patio de Monipodio. Resuena también en dicho recinto algo de la boga coetánea de la poesía germanesca, pues Mateo Alemán reelaboraba también allí el tema característico de la carta de la iza al amante preso.[88] Sólo que en vez de recurrir a la jerga que era toda la razón de ser de aquella literatura, el autor opta por elevar la voz epistolar de la esclava (un personaje no hampón) a un tipo de lengua dignamente marcado por el oralismo preciosista de la Gananciosa, la Cariharta y la Escalanta. La fórmula estilística supone un uso similar de dictados exclamativos ("valentón del mundo y de mis ojos"), notas de toponimia y costumbres locales ("Huerta del Rey"), adapta-

87 Dicho conocimiento no suscita obstáculo alguno. Por hallarse citado el *Rinconete* en el *Quijote* (I, XLVII), se dispone para su redacción de la fecha tope de 1604. Astrana Marín se inclina caprichosamente por adjudicar la novela ejemplar al año 1598, sin prestar atención a que la obra no es concebible con anterioridad al conocimiento del *Guzmán de Alfarache*. Agustín González de Amezúa la asigna más razonablemente a 1601 o 1602. Véase su discusión de esta cronología en *Cervantes creador de la novela corta española*, t. 2, Madrid, CSIC, 1958, pp. 114-115.

88 "En este caso se trata de una variante cómica del género epistolar, la carta que escribe a un malhechor preso una mujer de ínfima condición" (Carrasco, "Reflejos de la vida de los moriscos en la novela picaresca", p. 91). Véase el clásico y posterior carteo entre los famosos hampones de Quevedo, Escarramán y la Méndez, en John M. Hill, *Poesías germanescas*, Bloomington, Indiana University, 1946, pp. 127 y 129. Monique Joly había argumentado previamente en favor de una línea genética de este orden al relacionar la carta de Mateo Alemán con el arquetipo o hipotexto de otra contenida en la *Relación de la cárcel de Sevilla* de Cristóbal de Chaves, escrita entre 1596 y 1599 ("De rufianes, prostitutas y otra carne de horca", *Nueva Revista de Filología Hispánica*, 29 [1980], pp. 1-35). Cierto preso en galeras, llamado Juan Molina, escribe allí su carta para acallar con chuscas excusas los celos que, aun a bordo de su flotante prisión, sigue dando a su iza llamada Ana. El carácter de semejante correspondencia es adecuadamente calificado de "esperpéntico". Dicho acento grotesco del carteo (no hay que decir que fingido) de Cristóbal de Chaves determina la clase de contraste que más obliga a mirar hacia fuentes capaces de justificar su desnivel artístico respecto a la página memorable de Mateo Alemán.

ciones populares de la expresión culta (diversidad de juegos dilógicos, hipérboles, metáforas) y un registro de lenguaje fuertemente colorista en materia de énfasis y puesta de relieve ("cien mil me hizo", "más que a las telas de mi corazón", corazón "socarrado"). El resultado es una contrafactura perfecta y no menos consciente que el experimento que había de realizar después *El coloquio de los perros* de cara a la digresión moral de su *Guzmán de Alfarache*.

El caso es fascinante, pues, al enfrentarse con *Rinconete y Cortadillo*, Mateo Alemán por fuerza había de reflexionar profundamente acerca de sí mismo en aquel irreconocible retrato. La novela ejemplar no habría sido nunca escrita sin la previa puesta en pie del universo picaresco de su *Guzmán de Alfarache*, respecto al cual se definía ya también como una precoz e inteligente reacción crítica. A mayor abundamiento, Cervantes parece tomar allí pie en una de las páginas más negativas de su antecesor, cuando el mozalbete Guzmán, ladronzuelo huido a los montes de Toledo, topa con el *Döppelganger* de otro fugitivo como él, al que, tras una esgrima de engaños y mutuas desconfianzas, terminará por comprarle alguna razonable ropa de ciudad:

> Ya nos habíamos de antes hablado y tratado,
> pidiéndonos cuenta de nuestros viajes, de dónde
> y quién éramos. Él me lo negó; yo no se lo confesé, que por mis mentiras conocí que me las decía:
> con esto nos pagamos. Lo que más pude sacarle,
> fue descubrirme su necesidad.[89]
>
> ....
>
> Esta imaginación fue mía, que le debió de pasar al otro y que debía de ser algún ladroncillo

___
[89] 1ª, II, 7, 317.

que lo quería burlar [...] que de mi talle no se podía esperar ni sospechar cosa buena.[90]

....

En el punto entendí su pensamiento, como si
estuviera en él, y para reducirlo a buen concepto
le dije:
—Sabed, señor mancebo, que soy tan bueno y
hijo de tan buenos padres como vos. Hasta agora
no he querido daros cuenta de mí, mas porque
perdáis el recelo, pienso dárosla. Mi tierra es
Burgos, della salí, como salís, razonablemente
tratado. Hice lo que os aconsejo que hagáis [...].[91]

La intertextualidad sirve aquí como un perfecto módulo documental de la amplitud del mundo poético de Cervantes frente a la rí-
gida estrechez del de Mateo Alemán. Odiosamente encastillados en
su mutuo recelo, los personajes de éste se separan sin poder dar más
de sí, cortando el paso a ningún desarrollo ulterior. El jovial encuentro entre Rinconete y Cortadillo conduce, por el contrario, a un entendimiento entrañable y, tras la "santa y loable" ceremonia de un estrecho abrazo, a la maravillosa novela que sabemos. El vivir no
constreñido ni "procesal"[92] del personaje cervantino hace así posible

90 1ª, II, 7, 318.

91 1ª, II, 7, 318.

92 Se recurre aquí a una terminología propugnada por Enrique Tierno Galván: "El
Quijote, en el que todo se procesa desde la legitimidad [...] de su contrario, es quizá
[...] la única entre las grandes obras literarias españolas en que no hay 'procesamien-
to'" (*De las Comunidades o la historia como proceso*, en *Desde el espectáculo a la trivialización*, Madrid, Tecnos, 1971, p. 307).

un despliegue de arte donde el dogmatismo picaresco del *Guzmán de Alfarache* se encerraba a la letra en una pura incomunicación.

No será preciso anotar que Mateo Alemán no se hallaba sino más capacitado aún que nosotros para captar el germen polémico que latía en *Rinconete y Cortadillo* (y mucho más en el caso del *Quijote*). Quiere decir, por tanto, que al escribir su carta de la por tantos motivos esclava no lo hacía por reencontrarse en un epígono, sino como el acto de medirse con un arte opuesto. Aceptación del reto, contrafactura lúdica, ejercicio técnico, deseo de probarse, no son sino otras tantas componentes viables dentro de lo que, de hecho, constituía su tributo a un logro que era capaz de comprender valorativamente y al que rendía irónico pero muy positivo homenaje. Lo que no se halla al alcance de tal experimento es la alternativa de contribuir al *Guzmán de Alfarache* en otro sentido que no sea el de traspasar por un momento su cielo anubarrado. El férreo control de su autor cuida, por lo demás, de que ni la situación ni el personaje pasen a constituir más que simple paréntesis narrativo dentro de la economía de la obra. La fugaz irrupción de la mulata sevillana habrá de contribuir, en último término, a uno de los más definitivos remaches en la carpintería estructural del *Guzmán de Alfarache*, pues su historia se muestra como geminación o *ricorso* de la de su padre con la esposa mora a quien engañó en Berbería. Los regalos que la sevillana entrega a Guzmán cada día son compartidos en la cárcel con el siniestro Soto, protagonista del supremo episodio homosexual en la vida del futuro galeote, antes de que en el desenlace le "saliera zaíno".[93] *Amar* vale en este supremo ejemplo por "esclavitud" que voluntariamente asumen seres débiles y por ello prenietzscheanamente dignos de todo desprecio. El narrador "arrepentido" sólo tiene para su amante y bienhechora palabras desdeñosas,

93 2ª, III, 7, 872.

tachándola repetidamente y del modo más unidimensional de hipócrita y disoluta. El mismo encuentro amoroso se presenta rebajado a
un plano no menos innoble y casi perruno: "No sé cómo nos olimos,
que tan en breve nos conocimos a pocos días entrado en casa".[94]
Pero a la vez todo da igual, porque un personaje como aquél no es
"moralizable" en ese plano, y la esclava sevillana no se halla a tiro
de la agresión con que el pícaro "arrepentido" muestra tanto su in-
salvable distancia artística como una nueva pleamar en su propia capacidad de envilecimiento. La carta de la esclava termina también
(contra la estrategia) por entenderse sutilmente con el lector para
ponerle en guardia contra la gran estafa narrativa de Guzmán y su
"conversión" más que nunca dudosa y aborrecible.

El capítulo de las intertextualidades dista de hallarse agotado.
Por parte de Cervantes, se llegará hasta los póstumos *Trabajos de
Persiles y Sigismunda* (1617) y todavía se topa allí con otra no menos donosa carta de quien se titula *El desdichado Bartolomé el
Manchego*, condenado a muerte en Roma junto con su compañera,
la talaverana Luisa, por el homicidio (y aun tal vez asesinato) del
marido de ésta, el desdichado polaco Ortel Banedre. Es una pieza de
aire enteramente familiar por su desgarro cínico, donde una vez más
se escucha el eco burlón de una fórmula prefabricada:

> [...] Y añade más, y es que si vuesas mercedes
> no pudieren alcanzar el perdón, a lo menos pro-
> curen alcanzar el lugar de la muerte, y que como
> ha de ser en Roma, sea en España; porque está in-
> formada la moza, que aquí no llevan a los ahorca-
> dos con la autoridad conveniente, porque van a
> pie y apenas los ve nadie; apenas hay quien les

94 2ª, III, 7, 863.

rece un Avemaría, especialmente si son españoles los que ahorcan [...].[95]

La presencia de esta carta en las últimas páginas del *Persiles*
hace perfecto sentido como respuesta o contrapeso de Cervantes a la
inserta por el escritor sevillano en las últimas páginas de su libro. Elemento también aquí adventicio, sirve sólo para ilustrar la idealidad
cristiana de los peregrinos, que se apresuran a obtener el perdón que
los condenados tal vez no merecen. La manifiesta andadura de picaresca guzmaniana no ha pasado desapercibida en este caso para la crítica.[96] Tampoco es difícil hallar una base o hipotexto en la historia que
cuenta Guzmán del condenado a muerte que prefirió pasar su última
noche en la cárcel de Sevilla jugando a los naipes y bebiendo con
otros presos, así como en su correspondiente aplicación "filosófica":

A este son bailan todos. Otros hay que se
mandan hacer la barba y cabello para salir bien
compuestos, y aun mandan escarolar un cuello
almidonado y limpio, pareciéndoles que aquello
y llevar el bigote levantado ha de ser su salvación. Y como en buena filosofía los manjares que
se comen vuelven los hombres de aquellas com-
plexiones, así el trato de los que se tratan. De
donde se vino a decir: "No con quien naces, sino
con quien paces".[97]

95 *Los trabajos de Persiles y Sigismunda*, ed. J.B. Avalle-Arce, Madrid, Castalia,
1969, p. 433.

96 Reed, "Theatricality in the Picaresque of Cervantes", pp. 78-79.

97 2ª, III, 7, 875. Como señala M. Michaud, Alemán reelaboraba aquí las noticias de
Cristóbal de Chaves en su *Relación de lo que pasa en la cárcel real de Sevilla*, difundida

Aquel "bailar" de la pareja irregular y andariega es lo que hoy llamaríamos imposición de una retórica situacional que, conforme a este último refrán, limita de hecho las opciones y establece un tratamiento semi-canónico de los temas en que el novelista "pace". Quede en claro que éste constituye, a su vez, el axioma más quebrantado por Cervantes y el punto crucial en que definitivamente se alejaba de Mateo Alemán. Pero es justo esta consideración la que permite identificar allí la baza cervantina a probar, de nuevo, su destreza en crear sobre una falsilla muy reconocible. Siguiendo en esto las reglas de un juego a lo Mateo Alemán, Luisa y el Manchego (una pareja de bajas credenciales) han "bailado" ajustadamente al obligado son picaresco, igual que la esclava sevillana se negara años antes a hacerlo en la otra novela. La criminal pareja es, por lo demás, tan inquilina en el mundo del *Persiles* como la esclava en el *Guzmán de Alfarache*. Y ambos ingenios han quedado así en paz.

La vida literaria de la época era a la sazón un laberinto de relaciones personales que el anticipado circular de manuscritos, al margen de la imprenta, ha vuelto para nosotros poco menos que inextricable.[98] Fueran aquéllas como fuesen, queda el hecho decisivo de que Alemán y Cervantes se han rendido un mutuo reconocimiento a través de estas intertextualidades, tan alejadas de los intercambios usualmente avinagrados de la época. El filo agresivo que caracteriza a toda parodia es en ellos de orden variable, pero tendente a un grado, si se va a ver, mínimo. Podrían, desde cierto ángulo, ser conside-

---

probablemente en 1599 (*Mateo Alemán, moraliste chrétien*, p. 72). Aunque el conocimiento directo de dicha fuente por parte de Cervantes es también casi seguro, su ejercicio de contrafactura no mira hacia unos simples datos, sino hacia una reconstrucción "picaresca" de los mismos, que es claramente imputable a Mateo Alemán.

98 Antonio Rodríguez Moñino, *Construcción crítica y realidad histórica en la poesía española de los siglos XVI y XVII*, Madrid, Castalia, 1965.

rados, incluso como producto de una experimental e irónica "colaboración" a distancia entre ambos ingenios.

La esencia de todo tipo de mimotexto es en último término imitación más o menos en exagerado resalte de un estilo.[99] Los diversos grados posibles dentro de la contrafactura o *pastiche* tienen en
común la puesta a contribución de un pequeño número de fórmulas
inmediatamente reconocibles como características para los lectores
familiarizados con el hipotexto. Los estilemas de orden mínimo asumen, dentro de estas técnicas recapituladoras, una responsabilidad
especial en cuanto claves muy claras de identificación lúdica. Cuando, por ejemplo, Guzmán de Alfarache decide seguir la carrera eclesiástica, lo hace a confesados impulsos del más vil interés: "Que podría ser tener talento para un púlpito, y , siendo de misa y buen
predicador, tendré cierta la comida".[100] Lo terrible está ahí en el indeterminado "*un* púlpito", que desacraliza al sustantivo, rebaján-
lo de golpe al nivel más mercenario e instrumental de un modo de
comer como otro cualquiera. Capaz ese *un* de expresar la desprecia-
ble finalidad utilitaria, concentra en sí la clase de matización que hubiera quedado inédita en caso de haber dicho "*el* púlpito". Ahora
bien, en 1615 encontraremos a Sancho discurriendo sobre la elocuencia que se le contagia de su amo:

> –Este mi amo, cuando yo hablo cosas de me-
> ollo y de sustancia suele decir que podría yo to-
> mar un púlpito en las manos y irme por ese mun-
> do adelante predicando lindezas; y yo digo dél
> que cuando comienza a enhilar sentencias y dar

99 Genette, *Palimpsestes*, p. 89. Véase aquí, en especial, el ejemplo de empleo del "*et
flaubertien*" por Proust en sus *pastiches* de Flaubert.

100 2ª, III, 4, 798.

consejos, no sólo puede tomar púlpito en las manos, sino dos en cada dedo, y andarse por esas
plazas a ¿qué quieres boca?[101]

Cervantes se ha detenido, pues, a reflexionar sobre la maravillosa economía de ese artículo indeterminado, cuya implicación paródica es atraída además a un plano adecuadamente "sanchopancesco". *Púlpito* restituido, palabra más abajo, a la entera dignidad con
que don Quijote podría *tomar* (un honesto 'desempeñar', 'encargar-
se') no uno, sino dos de ellos. Pero claro que esta vez sin artículo.

La utilidad de todas estas intertextualidades, grandes y pequeñas, no es la de mostrarnos a Mateo Alemán y Cervantes voleándose
polémicamente una pelota de tenis, sino el documentar de un modo
inequívoco la atención que cada uno viene prestando a la obra del
otro. Representan una de las primeras y más virtuosas manifestaciones históricas de ese profesionalismo con que un novelista lee a otro
en "una lectura puramente técnica, para desarmar el libro y ver
cómo está cosido por dentro".[102] Si Berganza tiene bastante de Mateo Alemán, es forzoso que Cipión tenga también algo de Cervantes,
y lo que entre ellos ha mediado es (un poco a la manera del *Coloquio*) un proceso de intercambio rigurosamente crítico, marcado en
ambas direcciones por una fundamental percepción no de afinidades
sino de "distancia". Lejos de hallarse abocados a ningún choque, sus
respectivas obras tendían a separarse en el recorrido de órbitas que,

101 *El ingenioso hidalgo don Quijote de la Mancha*, ed. L.A. Murillo, Madrid, Castalia, 1978, p. 2, 22, 204.

102 Gabriel García Márquez, "El vicio de la literatura", Entrevista, *Reintegro de las
artes y la cultura* (Puerto Rico), 2 (marzo-diciembre, 1981), 43. Y Milan Kundera:
"The novel's spirit is the spirit of continuity, each work is an answer to preceeding
ones, each work contains all the previous experience of the novel" (*The Art of the
Novel*, New York, Harper and Row, 1986, p. 18).

si no vedaban el mutuo proyectarse de luces y sombras, excluían todo verdadero contacto. El mutuo tratamiento semiparódico que late en tales *contrafacta* cumple a la perfección su cometido profundo de sacar a flote, en cada caso, la naturaleza ilusoria y lúdica de la opuesta creación literaria.[103] Mateo Alemán y Cervantes se entendían perfectamente no en un terreno adversario, sino desde el conocimiento que cada uno tenía de sí mismo. A ciertas alturas del arte no son ya posibles los rencores ni las polémicas, y por encima de tantas diferencias irreconciliables tenemos allí un testimonio único de reflexión creadora, basada en el estudio y en la inteligencia. En lugar de las trifulcas que por cualquier niñería se encendían entre los poetas de aquellos años, el intercambio crítico entre Cervantes y Mateo Alemán nace y muere en un mutuo esfuerzo de comprensión profunda. Por contraste con lo que pocos años después iba a ocurrir entre Lope y Góngora en torno a la *nueva poesía*, al menos en este otro caso de la *nueva novela* hubo mucha más "luz" que no "sangre".

La interacción Alemán-Cervantes no deja de presentarse, en otro sentido, sino como una gran oportunidad frustrada para la literatura de ficción en Occidente. La esgrima a distancia entre ambos gigantes se frustró, apenas iniciada, a causa de la huida a Indias de Mateo Alemán y quedó enteramente trunca en lo que toca a quien abriera la puerta al gran movimiento creador en torno al libro de imaginación. No cabe mayor nostalgia ni curiosidad retrospectiva que la de una posible continuidad novelística de Mateo Alemán tras el gran reto del *Quijote*, y que siendo tan de esperar nunca pudo realizarse. Cuando se palpa la clarividencia con que el sevillano acogía

---

103 "The parodic impulse to expose is realized by revealing the illusory nature of the literature which by the use of various devices, non-parodic works try to hide sometimes successfully and sometimes not" (Tuvia Shlonsky, "Literary Parody. Remarks on its Method and Function", en *Actes du IVe Congrès de l'Association Internationale de Littérature Comparée*, El Haya-París, 1966, p. 800).

la obra de Cervantes sería lógico verle abocado, en su absoluta madurez, a unos diez o quince últimos años no menos fecundos que los de éste. Las cosas están en este orden bastante claras y sabemos muy bien dónde yacen las responsabilidades. Se han interpuesto en este caso ineludibles urgencias de orden extraliterario, que en modo alguno pueden ser tomadas a la ligera ni puestas a título de *Kulturgeschichte* ni de abstractos historicismos. Contra lo que tantos se resisten hoy a creer, existían los lectores capaces de leer más allá de las coartadas y de captar el verdadero sentido de las estrategias narrativas. Muchos de ellos eran, por supuesto, gentes del oficio y aficionados a hacer daño, como a su costa supo Cervantes frente al avieso e inquisitorial Avellaneda.[104] En el caso del *Guzmán de Alfarache* fue también el envenenamiento de la vida española por la limpieza de sangre y el espíritu de universal malsinismo quienes pronunciaron la última palabra, que era en realidad una sentencia de muerte civil para Mateo Alemán. Navegaban todos en un mismo barco por el río de la vida española y lo mismo da que esta vez la amenaza viniera de aquella *Pícara* subversiva e irreverente hasta lo soez, lanzada a no reparar en medios con tal de abatir a su altura al elocuente *Pícaro* sevillano (que es el sentido de su proyecto matrimonial con el mismo). Tal vez no haya por eso en la historia de la literatura una indiscreción más funesta que la cometida por el médico escritor y judeoconverso Francisco López de Ubeda.

---

104 Stephen Gilman, *Cervantes y Avellaneda. Estudio de una imitación*, México, 1951.

VIII

Doncella soy de esta casa
y Altisidora me llaman.

El amor de don Quijote fue, pues,
un amor épico más que lírico.

Stephen Gilman

Debemos a don Miguel de Unamuno en su *Vida de Don Quijote y Sancho* (1905) el habernos hecho comprender el alto nivel de antagonismo que, conforme a uno de los esquemas eternos de la poesía épica,[1] se da en *El Ingenioso hidalgo*. Fue allí donde curas, barberos, amas, sobrinas, bachilleres y duques llevaron por fin su merecido en lo que hace a su estrechez de miras, móviles interesados y mezquinas envidias o hipocresías ante el heroísmo absoluto que encarna en don Quijote. "Caseros estorbos de su heroísmo" o "próceres llenos de be-

---

1 Véase la sagaz puesta al día de este aspecto fundamental realizada por L.A. Murillo, "Don Quixote as Renaissance Epic", *Cervantes and the Renaissance*, ed. M.D. Mc Gaha, Easton, Juan de la Cuesta, 1980, pp. 51-70.

llaquería y sandez",[2] no dejan de ser por ello los adversarios que de-
cisivamente manejan la suerte del caballero, conduciéndolo a su
cama en el *Quijote* de 1605 y a la muerte en el de 1615.

No deja de sorprender, por lo mismo, lo a sobrepeine con que
la crítica ha tratado hasta fechas muy recientes a aquella Altisidora,[3]
verdadera profesional de la doncellez cortesana y uno de los personajes más notables de ese universo en total madurez que es la Segunda parte de 1615. La autoproclamada "pulcela tierna"[4] es uno de
esos personajes marcados por el gran sello cervantino de moldear
todo su ser bajo el imperio de la propia e imprevisible voluntad. Dicho proyecto acerca de sí misma la eleva a la más alta galería del
Quijote, si bien haya de figurar allí como uno de los grandes antagonistas con que ha de entendérselas el caballero manchego. Altisidora vive sólo para comprometerse integralmente en la más aviesa
burla de que don Quijote es víctima en la pervertida corte ducal.[5] La
actuación de aquélla en el papel de abierta tentadora significa una

2 *Obras completas*, Madrid, Escelicer, 1968, t. 3, pp. 152 y 180.

3 Es curioso que ni siquiera la incluya en su padrón el viejo librito de Saddie E. Trach-
man, *Cervantes' Women of Literary Tradition*, New York, Instituto de las Españas,
1932. Atención formularia por parte de Carmen Castro, "Las mujeres del *Quijote*",
Anales Cervantinos 3 (1953), pp. 82-83. Generalidades románticas en la conferencia
de Juan Remos, "Dulcinea y Altisidora", *Anales de la Academia Nacional de Artes y
Letras*, La Habana, pp. 33-34 (1947-1948), pp. 27-46. "The tiresome Altisidora" la llama Howard Mancing, *The Chivalric World of 'Don Quixote'*, Columbia & London
University of Missouri Press, 1982, p. 185.

4 *El ingenioso hidalgo don Quijote de la Mancha*, ed. L.A. Murillo, Madrid, Castalia,
1978, t. 2, pp. 44, 374. Se refieren a esta misma edición las citas con indicación entre
paréntesis.

5 "The Dutchess's maid, a young girl, a child, who in the scheme of atrocious cruelty
governing this and other scenes, poses as a lovelorn maiden passionately attached to la
Mancha's bravest Knight" (Vladimir Nabokov, *Lectures on 'Don Quixote'*, New York,
Harcourt Brace Jovanovich, 1983, p. 70).

punta de lanza en la terca lucha sorda que por ambos lados marca todo el extenso episodio de don Quijote junto a los duques.

En cuanto pieza esencial de este último, Altisidora se halla ligada a la usual falsilla paródica de los libros de caballerías.[6] El *Amadís de Gaula* había dado un tratamiento canónico al conflicto del caballero con un rey, allí el Lisuarte padre de Oriana. Es un desigual forcejeo donde, de acuerdo con las tendencias pro-feudales del género, el poder ciego de este último se hallaba destinado a ser derrotado por el puro valor y superioridad espiritual del andante.[7] Sólo que, como es obvio y por escribirse cuando se escribía, la parodia cervantina había de agregar al esquema caballeresco de siempre el tratamiento de un "menosprecio de corte", en cuanto otro de los más obligados sellos de la época.[8] La novelización del tópico había rondado ya en la Primera parte, cuando don Quijote interrumpe el donoso escrutinio con la llamada frenética a un soñado conflicto entre andantes y cortesanos:

> –Aquí, aquí, valerosos caballeros; aquí es menester mostrar la fuerza de vuestros valerosos brazos, que los cortesanos llevan lo mejor del torneo (I: 7, 122).

6 Véase el capítulo "Sujeción al rey y rebeldía caballeresca" en José Amezcua, *Libros de caballerías hispánicos*, Madrid, Ediciones Alcalá, 1973, pp. 13-18. También del mismo "La oposición de Montalvo al mundo del 'Amadís de Gaula'", *Nueva Revista de Filología Hispánica* 21 (1972), pp. 320-337 (329-330).

7 El papel antipático o poco airoso de los reyes es un rasgo heredado de las gestas, como muestra Gustave Cohen, *Histoire de la chevalerie en France au Moyen Age*, París, 1949, pp. 58-59.

8 Acerca de la presencia del tópico en Cervantes véase Luis Rosales, *Cervantes y la Libertad*, segunda edición, Madrid, Ediciones Cultura Hispánica, 1985, t. 1, pp. 229-234 (primera edición de 1959). El autor no menciona en relación con esto el caso de don Quijote y la corte ducal.

Conforme a un proceso de crecimiento y casi a manera de prólogo al magno episodio de los duques, don Quijote diserta para don
Diego de Miranda sobre el conflicto entre la vida fácil y ostentosa
del caballero cortesano con la abnegada y penosa de los andantes:

> Mejor parece, digo, un caballero andante so-
> corriendo a una viuda en algún despoblado que
> un cortesano caballero requebrando a una donce-
> lla en las ciudades (I: 17, 167).

La corte es siempre un terreno hostil, donde la rectitud y entereza moral del caballero son continuamente sometidas a la prueba
del fuego. Claro que el conflicto entre caballería y realeza se había
vuelto un tema vidrioso con la llegada de los tiempos modernos y
Montalvo lo había manejado con pinzas en su *Amadís*.[9] El episodio
de los duques ha de entenderse por esto como la solución largamen-
te meditada de un problema que, por lo arduo, hubo de aplazar la
Primera parte. El caballero andante, anacrónico producto
medieval,[10] vive ahora otros tiempos, cuando en España no hay más
que un rey y una corte con los que no caben burlas. ¿Cómo presentar
a Felipe III recibiendo en el alcázar de Madrid a don Quijote y Sancho? La escapatoria cervantina consiste en "bajar un grado" el nivel

---

9 Amezcua, *Libros de caballerías hispánicos*, p. 17. Sobre el conflicto del rey Lisuarte
(padre de Oriana) con Amadís y justificación de la conducta de éste, véase Yolanda
Russinovich de Solé, "El elemento místico-simbólico en el 'Amadís de Gaula': interpretación de su significado", *Thesaurus*, 29 (1974), pp. 142-143. Probablemente el
Amadís primitivo incluía, tras muchas cobardes y deshonrosas claudicaciones, su regi-
cidio en duelo con Amadís, según las conclusiones de Juan Bautista Avalle-Arce, *Amadís de Gaula: el primitivo y el de Montalvo*, México, Fondo de Cultura Económica,
1990, pp. 231-232.

10 Ramón Menéndez Pidal, *Cervantes y el ideal caballeresco*, Madrid, 1948. Y ahora Ja-
vier Salazar Rincón, *El mundo social del 'Quijote'*, Madrid, Gredos, 1986, pp. 158-159.

de su crítica, lo mismo que hace en *La gitanilla* con el tema de la justicia, cuando el corregidor de la villa aparece transmutado en su "teniente", o en *La guarda cuidadosa*, donde el clérigo del debate tradicional con el caballero es un simple sacristán. Su "rey" por tanto no será aquí tal, sino duque. Dentro de una autenticidad de base, el prócer de Cervantes se empadrona entre aquellos orgullosos señores aragoneses, enquistados todavía en la mentalidad feudal y ferozmente autócratas en el gobierno de sus tierras.[11]

La "doncella" Altisidora es en todo momento un personaje aparte y señero, cuya presencia va como pocas veces punteada de adjetivos, en especial los de "discreta y desenvuelta" (II: 57, 466) que merecidamente le cuadran, pero que, a modo de oxímoron, tal vez se aplican allí por primera vez a un mismo sujeto. Hablar de "desenvoltura" femenina suponía entonces un eufemismo y por esto aquella particular "discreción" resulta equivalencia irónica de unas dotes indignamente aplicadas. Como todos los grandes personajes de Cervantes, Altisidora se perfila como un ser amasado de literatura,[12] aunque en este caso se trate de restos y desperdicios de libros de caballerías, Petrarca, Ariosto, Garcilaso, romancero, Virgilio y

---

11 Como ya observó Juan Antonio Pellicer en su edición de 1797-1798, los duques no podrían ser otros, en rigor, que los de Villahermosa, por la simple razón de ostentar el único título aragonés de esa clase. Pero es precisamente tan obvia identificación la que ha alejado con toda probabilidad a Cervantes del intento de realizar ningún retrato directo en el *Quijote*. Lejos de ofrecer la menor pista en tal sentido (aparte de la localización geográfica que venía impuesta por la obra), se esfuerza por hacer en estos duques una pintura genérica de la alta nobleza, y no un retrato específico que habría podido acarrearle muy serias complicaciones. Los duques del *Quijote* valen precisamente por el cuadro de una pareja abstracta y al uso en que se pasa un severo juicio moral sobre la aristocracia, hasta entonces no representada en la novela.

12 "The role she makes up is an ingenious parody and combination of several from chivalric romance, classical myth and poetry and legend", observa L.A. Murillo, *A Critical Introduction to Don Quixote*, Paris, Peter Lang, 1988, p. 208.

una buena ración de Lope, claro maestro y modelo de su impúdico narcisismo. Altisidora es un personaje felino, justamente lo que en inglés se llama hoy un *sex kitten* pagado de sí mismo[13] y que podría pasar, a la vez, como prototipo de esas "doncellitas" vueltas prematuramente sabias por la literatura profana que solían lamentar los moralistas de la época.[14] A poco que se hubiera descuidado, Teresa de Cepeda habría sido una de ellas.

El problema de este singular personaje cervantino comienza con el mismo enunciado de su condición y su nombre. En cuanto doncella de la duquesa no es en realidad más que una criada en papel suntuario junto a ésta. Socialmente se empareja, pues, con doña Rodríguez en las filas de aquella tan poco ejemplar servidumbre.[15] Por el lado del discurso intertextual su papel no es en absoluto de tal

13 "Altisidora is motivated by a feminine instinct deep in her character... Her hoax appears to be entirely her own doing, she is both relentless and frivolous at it, calculating and coy. Although she depicts herself as the chaste damsel, she is in fact a version of the diabolical female, for the torture and mortification she inflicts on him", según el retrato moral que de ella traza Murillo, *A Critical Introduction to 'Don Quixote'*, p. 208.

14 "¿Qué ha de hacer la doncellita que apenas sabe andar y ya trae una *Diana* en la faltriquera?... ¿Cómo dirá *Pater noster* en las Horas la que acaba de sepultar a Píramo y Tisbe en *Diana*? ¿Cómo se recogerá a pensar en Dios un rato la que ha gastado muchos en Garcilaso?", lamenta Pedro Malón de Chaide, *Libro de la conversión de la Magdalena*, Madrid, Aguilar, 1963, pp. 44-45. Abundantes datos acerca de la condena moral de los libros de caballerías y literatura de imaginación en general en E. Glaser, "Nuevos datos sobre la crítica de los libros de caballerías entre los siglos XVI y XVII", *Anuario de Estudios Medievales* 3 (1966), pp. 393-410. El franciscano Juan de la Cerda atacaba el "error muy grande de las madres que paladean a sus hijas desde niñas con este azeyte de escorpiones, y con este apetito de las diabólicas lecturas de amor" (p. 406). En el jesuita Gaspar de Astete se describe cómo la doncella se pasará una noche derramando lágrimas por el amor y batallas de un caballero y no derramará una sola por la pasión del Señor (p. 407).

15 Aunque el personaje se llama a sí misma "Doña Rodríguez de Grijalba" (II, 30, p. 274), es obvio que el pretencioso "de Grijalba" no es sino un fantástico aditamento que nadie toma en serio.

"doncella". En los libros de caballerías el deber de ésta consiste (conforme al de Darioleta o al de la Doncella de Dinamarca en el *Amadís*) en acreditarse como benéficas mensajeras de amor entre la dama y su caballero.[16] La figura desempeñada por Altisidora es, pues, la de una "doncella" de muy distinta clase. Su juego frente a don Quijote está guiado por el cliché de la infanta que, sin necesidad de palabras, se enamora del caballero y pone de su parte todo el trabajo para hallarse sin demora en sus brazos, porque su papel le exige permanecer el menos tiempo posible en dicho doncellil estado.

Como habitante de un mundo de apariencias, Altisidora se aúpa por tanto unos cuantos peldaños para su interpretación de la infanta enamorada de los libros de caballerías. De ahí su extraño nombre, de semiología unida a una noción de empinamiento y que por sí solo la proyecta a unas pretensiones de rango y de poesía que sabemos desmentidas por su bajo estado de simple azafata. *Altisidora* no es nombre cristiano y nadie se ha llamado nunca así. Fue María Rosa Lida quien topó con la probable fuente de dicho onomástico, en derivación de cierto vino, llamado *altissidoriense* o vino de Auxerre, que menciona una obra de Erasmo.[17] Tan donosa ocurrencia es a prime-

16 Conchita Herdman Marianella, '*Dueñas*' and '*doncellas*': A Study of 'Doña Rodríguez' Episode in 'Don Quijote', Chapel Hill, University of North Carolina, 1979.

17 El texto, procedente de la *Exomologesis seu Modus Confitendi*, fue citado por Américo Castro en "Erasmo en tiempo de Cervantes", *Revista de Filología Española*, 18 (1931), pp. 329-389. Más accesible ahora en *Hacia Cervantes*, Madrid, Taurus, 1967, p. 227 nota. No reparó entonces el autor en el anticipo onomástico, que le fue recordado por María Rosa Lida en carta privada de 22 de octubre de 1960. El valor de dicho dato es puesto de relieve por Américo Castro en su estudio-introducción *Cómo veo ahora el Quijote* para la edición de éste por Editorial Magisterio Español (1971). Observa también allí cómo el texto de Erasmo, relativo a fraudes en el comercio de vinos, es recordado indirectamente por una de las medidas dictadas por Sancho Panza para gobierno de su ínsula. Para otras interpretaciones bastante caprichosas del onomástico véase Juan Diego Vila, "Don Quijote y Teseo en el laberinto ducal", *Actas del Segundo Coloquio Internacional de la Asociación de Cervantistas*, Alcalá de Henares, 1989, Barcelona, Anthropos, 1991, pp. 459-473.

ra vista desconcertante,[18] pero se comprende sin dificultad sobre este fondo de ínfulas en que pretende envolverse un personaje determinado por la falsedad más pretenciosa. *Altisidora* es como si en nuestros tiempos se llamara *Chateau-Margaux* o *Vega-Sicilia*. El inmediato corolario es que no puede ser su verdadero nombre, seguramente no más sonoro ni ilustre que el de su contrapartida doña Rodríguez y del que nunca llegaremos a saber. Se trata con toda probabilidad de un *nom de guerre* originado en la corte de los duques y como hecho aposta para la aventura con don Quijote. No es de pasar por alto que en su autopresentación o primer romance de amor dice ella misma "Altisidora me llaman", lo cual es muy distinto de "Altisidora soy" o "Altisidora me llamo". *Altisidora* es, pues, una dorada mentira de corte y un módulo correlativo por antítesis de la dolosa oscuridad del personaje. Cervantes, siempre ambiguo, no miente nunca.

Si el nombre *Altisidora* está ahí para infundir en el lector una cautela inicial, ¿qué decir de su otra obligada etiqueta de *doncella*? Tampoco anda corta la joven en proclamarse "triste doncella", "pulcela tierna" o "la más hermosa doncella", pero ni su conducta ni su lenguaje, profundamente desvergonzados bajo el barniz de cortesanía literaria, son propios de dicha condición. Su escandaloso proceder no deja en esto de maravillar a la sensatez de Sancho:

---

18 "Podría resultar admisible que el nombre de un vino se le pusiera a un criado e incluso cabe pensar que fuera procedente el cambio de sexo de tenerse que designar con él a una vieja borracha, tipo Pipota. Pero sólo en la perspectiva de un mundo trastocado cabe la posibilidad de que en el nombre de una atractiva y discreta doncella de quince años esté encerrada una recóndita alusión a la ebriedad", opina Monique Joly, "El erotismo en el 'Quijote': la voz femenina", *Edad de Oro*, 10 (1990), p. 146. La conducta o actuación de Altisidora puede ser vista "como unos momentos de ligera infracción a las normas, equiparable en su esencia a los de una transitoria y ligera ebriedad", comenta también la misma estudiosa, "Microlecturas: en torno a algunas referencias de Cervantes al vino", *Nueva Revista de Filología Hispánica*, 38 (1990), p. 903.

He oído decir también que en la vergüenza y
recato de las doncellas se despuntan y embotan
las amorosas saetas; pero en esta Altisidora más
parece que se aguzan que despuntan (II: 58, 475).

No hay que olvidar por otra parte que Cervantes ha mostrado
siempre un escepticismo risueño hacia las doncelleces oficialmente
decretadas de la literatura, sobre todo

de aquellas que andaban con sus azotes y pa-
lafrenes, y con toda su virginidad a cuestas, de
monte en monte y de valle en valle; que si no era
algún follón, o algún villano de hacha y capelli-
na, o algún descomunal gigante las forzaba,
doncella hubo en los pasados tiempos que, al
cabo de ochenta años, que en todos ellos no dur-
mió un día debajo de tejado, y se fue tan entera a
la sepultura como la madre que la había parido
(I: 9, 141).

Habría aquí que recordar también a la misma burlada Dorotea,
tan dueña de su papel como "doncella" menesterosa, o a las Horas
que con sus danzas reciben a los poetas en el augusto Parnaso, a pesar de hallarse algunas "medio rotas":

Seguíale detrás un numeroso
escuadrón de doncellas bailadoras,
aunque pequeñas, de ademán brioso.
Supe poco después que estas señoras,
sanas las más, las menos mal paradas,
las del tiempo y del sol eran las Horas.

Las medio rotas eran las menguadas;
las sanas, las felices, y con esto
eran todas en todo apresuradas.[19]

Quiere decir, por tanto, que el personaje se define de primera
intención como muestra del gran fraude que es el vivir cortesano y
que Cervantes objetiva en la interminable farsa calidoscópica del
castillo ducal. Producto de un medio corrompido, el caso de Altisidora puede sólo pasar como una de tantas mentiras oficiales que en
dicho vivir cortesano se ven reconocidas y aceptadas cual moneda
legítima. Por lo demás, es ella también quien festivamente ceba la
duda del lector al titularse "doncella", pero acompañándose del gui-
ño expresivo de "bien crecida y mal lograda", en ironía paralela por
cierto a la de aquellas otras Horas "menguadas" y "medio rotas" del
Viaje del Parnaso (texto de cronología muy cercana). Altisidora
ciertamente no es tan "tierna" en años ni menos aún tan "pulcela"
como pregona. Es lo mismo que cuando remata su romance de amor
con la calificación restrictiva de ser doncella "de esta casa". Claro
que lo es en cuanto al título y el oficio, pero qué pueda valer o pasar
por doncellez sobre semejante escenario constituye una cantidad relativa y dejada al juicio del lector.

La aventura de infanta enamorada había sido descrita por don
Quijote con todo lujo de fantásticos detalles en el capítulo XXI de la
Primera parte, para la instrucción de Sancho Panza. Lo que allí hubo
de quedar en cabo suelto se realiza ahora narrativamente, dentro del
acostumbrado juego cervantino de ver qué ocurre cuando la literatura se traspone a la vida o plano "real" que juega a representar su novela –toda novela. El patrón heredado era bastante claro en lo relativo a la atrevida conducta de la infanta en los libros de caballerías.

19 *Poesías completas, I. Viaje del Parnaso y Adjunta al Parnaso*, ed. V. Gaos, Madrid,
Castalia, 1973, III, pp. 96-97, vv. 334-342.

No hay que olvidar en primer término la base artúrica,[20] que es lo mismo que decir no cristiana, de toda aquella literatura, así como el peso de las tradiciones germánicas, donde el ofrecimiento espontáneo de la mujer reviste un carácter ancestral y tópico. La agresividad amorosa de las infantas venía a quedar requerida además por exigencias de la misma perfección caballeresca del protagonista masculino.[21] La no menos integral impostación de éste en el paradigma cortés lo hacía leal y puro en sus sentimientos, pero también, por contrapartida, absolutamente contemplativo en su pasividad amorosa. Todo el mundo recordaba la deliciosa confidencia del *Amadís* acerca de lo ocurrido entre éste y Oriana, pareja de la cual

> se puede bien dezir que en aquella verde yerva, encima de aquel manto, más por la gracia y comedimiento de Oriana que por la desemboltura de Amadís fue hecha dueña la más hermosa doncella del mundo.[22]

Las infantas saben que si ellas no asumen la iniciativa, sus amantes no darán nunca un paso hacia la consumación amorosa, lo cual las obliga a someterlos a un verdadero tratamiento de choque.

---

20 Véase, para un planteamiento de conjunto, Edwin Williamson, *The Half-Way House of Fiction: Don Quixote and Arthurian Romance*, Oxford, Clarendon Press, 1984. Sobre el legado céltico, Rachel Bromwich, "The Celtic Inheritance of Medieval Culture", *Modern Language Quaterly*, 26 (1965), pp. 203-227.

21 La necesaria presencia de lo carnal en los protagonistas del libro de caballerías impulsa a algunos críticos a trazar una frontera tal vez algo artificiosa entre el amor caballeresco y el amor cortesano. Véase Anthony Van Beysterveldt, "El amor caballeresco del 'Amadís' y el 'Tirante'", *Hispanic Review*, 49 (1981), pp. 407-425.

22 Garci Rodríguez de Montalvo, *Amadís de Gaula*, ed. J.M. Cacho Blecua, Madrid, Cátedra, 1987, 1: I, cap. XXXV, p. 574.

Helisena, madre de Amadís, recurrió por las buenas a presentarse cubierta con solo una ligera camisa en la alcoba del tierno rey Perión de Gaula, al que causa un susto casi mortal.[23] Es el tipo de situación que, mal entendida y servilmente utilizada por imitadores y continuadores, ganó para el género una condigna reputación de libros lascivos.[24] Juan de Valdés había centrado en la misma su rechazo de la ficción caballeresca en nombre del principio humanista de la verosimilitud o "decoro":

> Descuido creo que sea el no guardar el decoro en los amores de Perión con Elisena, porque no acordándose que a ella haze hija de rey, estando en casa de su padre, le da tanta libertad y la haze tan deshonesta, que con la primera plática la primera noche se la trae a la cama.[25]

23 Las aventuras de ofrecimiento femenino eran frecuentes en las gestas. Menéndez Pidal recuerda, en su comentario al romance de Melisenda, una escena similar de *Anseïs de Carthage* (*Flor nueva de romances viejos*, décimotercera edición, Madrid, Espasa Calpe, 1962, p. 90). La tradición caballeresca francesa conocía el caso de la doncella atrevida, que se introducía en el lecho del caballero, y la afortunada innovación del *Amadís* consistió en convertir en un digno personaje femenino a estas figuras meramente incidentales, según explica Pierre Le Gentil, "Pour l'interprétation de l'Amadis", *Mélanges à la mémoire de Jean Sarrailh*, Paris, Institut d'Etudes Hispaniques, 1966, t. 2, p. 51.

24 El Canónigo del *Quijote* los encontraba "en los amores, lascivos" (I, 47, p. 566). Para la habitual condena en este sentido por muchos otros, Martín de Riquer, *Cervantes y el 'Quijote'*, Barcelona, Teide, 1960, pp. 64-65. Testimonios multiplicados por E. Glaser, "Nuevos datos sobre la crítica de los libros de caballerías en los siglos XVI y XVII", pp. 393-410.

25 Juan de Valdés, *Diálogo de la lengua*, ed. J.M. Lope Blanch, Madrid, Castalia, 1969, p. 172. La decidida entrega de Oriana (eco de la de Guenièvre a Lancelot) responde al postulado de que un gran amor debe de ser en todo irresistible y obtener una

No sería poco tentador leer, en otro sentido, la "indecorosa" aventura de Altisidora como epidesarrollo irónico de este pasaje. Claro que Valdés desorbita aquí su juicio, pues el fondo de tal episodio no era, en el caso del *Amadís*, lujurioso ni tampoco transgresivo gracias al recurso del matrimonio secreto.[26] Su verdadera finalidad consistía en poner de relieve el temple esforzado que la dama había de acreditar en la aventura amorosa, igual que el caballero había de hacerlo en las de armas.[27] Una aceptación (entiéndase) del amor con todas sus consecuencias, y a la cual se han de seguir no deliquios ni lunas de miel, sino un patrón de embarazo y partos ocultos, forzoso abandono del hijo y otras duras pruebas de una capacidad heroica en versión específicamente femenina.

Claro que todo eso ocurría sobre el fondo de una temporalidad mitificada de reyes de baraja, muy distinta del plano "real" en que se desenvuelve la estancia de don Quijote en la corte de los duques. Las secretas intenciones de éstos no apuntan menos que a una total destrucción de don Quijote y su noble mundo literario, que desearían ver caer por la misma tierra que ellos pisan. La función de Altisidora se ha visto asimilada a la de la ninfa, diosa o maga seductora que en los relatos épicos trata de impedir, o al menos retardar, el curso heroico del

rápida satisfacción, aun a riesgo de muerte. El matrimonio convencional exigiría demasiado tiempo en la superación de obstáculos prosaicos de orden social y práctico, explica de nuevo P. Le Gentil, "Pour l'interprétation de l'Amadis", pp. 51-52.

26 Justina Ruiz de Conde, *El amor y el matrimonio secreto en los libros de caballerías*, Madrid, Aguilar, 1948. Y ahora Sylvia Roubaud, "Le forêt de longue attente: amour et mariage dans les romans de chevalerie", *Amours légitimes / amours illégitimes en Espagne (XVIᵉ-XVII siècles)*, ed. A. Redondo, París, Publications de la Sorbonne, 1985, pp. 251-267.

27 El especial problema que el heroísmo femenino y la tensión entre amor y aventura ha perfilado en la obra seminal de Chrétien de Troyes (*Erec*) es estudiado por Cohen, *Histoire de la chevalerie en France au Moyen Age*, pp. 71-72.

protagonista a quien desea retener entre sus brazos.[28] Más aún, los repetidos atentados burlescos contra el caballero y su escudero buscan no sólo el menoscabo personal de éstos, sino el desvirtuar la obra misma mediante una intencionada subversión de sus estructuras de base. Por eso los duques y su corte se movilizan, consecuentes y como puestos de acuerdo, contra el amor a Dulcinea que mantiene en pie al caballero, lo mismo que, (por ejemplo) las condiciones del desencantamiento de aquélla están calculadas para introducir una cuña adversaria en la relación entre éste y Sancho.[29] El amor perfecto y puro de don Quijote no puede menos de ser visto como un tácito desafío al turbio vivir cortesano que encarnan los duques, cuya estrategia trata desde el primer momento de socavar a don Quijote en el terreno, que imaginan vulnerable, de su etérea dama Dulcinea. Corresponde a Altisidora, en su papel de declarada rival amorosa, el convertirse en antítesis de la misma[30] y exacerbar su antagonismo con la expresión beligerante de que otros se retraen bajo un manto de hipócritas buenas formas. La paloma tobosina va a volverse desde ahora el gran bastión de la obra, en torno al cual se riñen tensas escaramuzas relativas a su hermosura, su linaje y hasta su misma existencia.[31]

28 "She appropiates to herself the role of temptress in epic narrative who seeks to thwart or delay the hero from accomplishing his mission" (Murillo, *A Critical Introduction to 'Don Quixote'*, p. 211).

29 Observación de Carroll B. Johnson, *Madness and Lust. A Psychoanalitical Approach to don Quixote*, Berkeley-Los Angeles-London, University of California Press, 1983, p. 182.

30 "Contrafigura burlesca de Dulcinea del Toboso" la llama Juan Diego Vila, "Don Quijote y Teseo en el laberinto ducal", *Actas del Segundo Coloquio Internacional de la Asociación de Cervantistas*, Alcalá de Henares, 1989, Barcelona, Anthropos, 1991, p. 470.

31 La concertada malicia con que se hostiga a don Quijote en torno a estas cuestiones es manifiesta en su comparación con la lógica y espontánea perplejidad que en torno a las mismas manifiesta el discreto caminante Vivaldo en su fortuito encuentro de I, cap. 13.

El duelo se traba, bajo un velo de cortesanías, desde la primera conversación reposada con don Quijote, cuando la duquesa pregunta por las últimas nuevas de la señora Dulcinea. A pesar de varias interrupciones (filípica al eclesiástico, burla del lavado de barbas), continúa aquélla asediando al caballero cuando le pide que le describa nada menos que "la hermosura y facciones de la señora Dulcinea del Toboso" (II: 32, 288). Don Quijote se manejará entonces admirablemente, con una poética ratificación del principio, asentado desde las primeras páginas del libro, de cómo "el caballero andante sin dama es como el árbol sin hojas, el edificio sin cimiento, y la sombra sin cuerpo de quien se cause" (II: 32, 290). La duquesa intentará acorralarlo con su sospecha de que Dulcinea "es dama fantástica" (p. 290), levada que don Quijote desarma con lo que en esencia se perfila como su propia donosa versión del argumento ontológico de San Anselmo: él la "contempla" adornada de todas las perfecciones y si ello resulta posible no será ya, por lo mismo, un ente irreal.[32] Claro que, mientras tanto, se ha derramado el secreto de la situación encantada de Dulcinea, aquella gran herida sentimental sobre la cual los duques van a refregar pronto toda la sal de sus burlas.

Don Quijote ha ganado así a pulso toda la batalla conceptual de su amor a Dulcinea, pero pronto habrá de aprestarse a otras lides de orden nada abstracto, porque la duquesa ha pensado también desde el primer instante en enredarlo en algún asunto de doncellas. Para leer su intención es preciso recordar que los episodios eróticos con indiscriminadas e inflamables "doncellas" (al estilo de don Galaor, el menos que perfecto hermano de Amadís) funcionaba en aquella

---

[32] Lejos de constituir una afirmación agnóstica, la defensa de don Quijote en este capítulo no es sino "a categorial affirmation that she does exists, with an implication of pious shock that her existence could be doubted" (A.J. Close, "Don Quixote's Love for Dulcinea: A Study of Cervantine Irony", *Bulletin of Hispanic Studies*, 50 [1973], p. 250). Véase también John J. Allen, "El desarrollo de Dulcinea y la evolución de don Quijote", *Nueva Revista de Filología Hispánica*, 38 (1990), pp. 849-856.

literatura como la consagrada alternativa al amor puro y responsable.[33] Conforme a la etiqueta de los libros de caballerías, nada más entrar en el castillo ducal "llegaron dos hermosas doncellas y echaron sobre los hombros a don Quijote un gran manto de finísima escarlata" (II: 31, 273). El caballero es introducido después

> en una sala adornada de riquísimas telas de
> oro y brocado: seis doncellas le desarmaron y sir-
> vieron de pajes, todas industriadas y advertidas
> del duque y de la duquesa de lo que habían de ha-
> cer, y de cómo habían de tratar a don Quijote,
> para que imaginase y viese que le trataban como
> caballero andante.

El doncellil sexteto tiene, por supuesto, gran dificultad para contener la risa, pero don Quijote está ya en guardia contra una aplicación literal de lo que para estos casos prescribían ciertos ritos caballerescos, que (algo teñidos de fantasía erótica) él mismo había bosquejado para el canónigo de Toledo en su imaginaria versión de la aventura del Lago Ferviente:

> Y ¿hay más que ver, después de haber visto
> esto, que ver salir por la puerta del castillo un buen
> número de doncellas... y tomar luego la que pare-
> cía principal de todas por la mano al atrevido caba-
> llero que se arrojó en el ferviente lago, y llevarle,
> sin hablarle palabra, dentro del rico alcázar o casti-
> llo, y hacerle desnudar como su madre le parió, y

---

33 Sobre el hormigueo de tales doncellas en torno al mismo Amadís, con quien no tienen empacho en compartir la alcoba, A.V. Beysterveldt, "El amor caballeresco del 'Amadís' y el 'Tirante'", p. 418.

> bañarle con templadas aguas, y luego untarle todo
> con olorosos ungüentos, y vestirle una camisa de
> cendal delgadísimo, toda olorosa y perfumada, y
> acudir otra doncella y echarle un mantón sobre los
> hombros, que, por lo menos, dicen que suele valer
> una ciudad, y aun más? (I: 50, 585)

En una primera manifestación de desconfianza ante tales aventuras de doncellas, este don Quijote cauteloso de la Segunda parte se niega a seguir para nada adelante con cierta clase de juegos:

> Pidiéronle que se dejase desnudar para una camisa; pero nunca consintió, diciendo que la honestidad parecía tan bien en los caballeros andantes como la valentía (II: 31, 278).

El relato muestra después al caballero repetida y regiamente servido de doncellas, pero siempre fuera de su aposento. Al partir Sancho para la ínsula la duquesa le ofrece para su servicio privado "cuatro doncellas de las mías, hermosas como unas flores", idea que don Quijote rechaza en nombre de su honestidad, pues "no serán ellas como flores, sino como espinas que me puncen el alma" (II: 44, 369) y desde luego no está dispuesto a consentir que ninguna doncella le desnude en su cámara. Pero Altisidora acecha ya entre bastidores como un arma afilada.

Quintaesencia de "doncella-infanta" literaria, Altisidora es un caso aparte. Individualista acérrima, aparece siempre separada de las otras doncellas de la casa, bullicioso grupo que se burla de don Quijote en una aventura colectiva como es la del lavado de barbas.[34]

---

34 Las recónditas implicaciones de orden social (limpieza de sangre) que laten en la burla del lavado de barbas han sido señaladas por Pierre L. Ullman, "Limpieza de

Esta otra doncella es, por el contrario, una solitaria conspiradora, decidida a atrapar a don Quijote en una diabólica trampa cuya carnaza
no es otra que su misma atractiva persona. Para ello se convierte en
actriz y autora de una farsa conducida en todo momento bajo el signo
de la provocación erótica. Cuando, al principio, dice temer que se la
tome "por doncella antojadiza y liviana" (II: 44, 372) no hace sino
orgulloso reclamo de su perfecta preparación para un papel en el que
nada tiene que fingir, porque se representa en realidad a sí misma.
Altisidora ha esperado hasta el momento en que la ausencia de su escudero sume a don Quijote en una solitaria depresión (pequeña ele-
gía ante el desgarro de sus medias), que en su perverso cálculo lo haría tanto más vulnerable a su mal intencionado asedio.

Su escena inicial se desvía del modelo caballeresco más circula-
do por no suceder en ningún banquete cortesano, difícil de justificar
por su condición de sirvienta. Se prefiere por ello la alternativa de
una escena de jardín en noche de estío, también conocida en libros de
caballerías como *Palmerín de Oliva* (1511), además de envuelto en
el inevitable recuerdo erótico de *La Celestina*. Bajo la loca inversión
de papeles que rige en toda su aventura,[35] es ella la que canta allí su
serenata al pie de la ventana de don Quijote. Lo hace acompañándose
de un arpa, el instrumento de la alta sociedad femenina de entonces,
y en adopción, como molde expresivo, de aquel tipo de romance en
redondillas aclimatado por Lope en el *Romancero Nuevo*. Se trata, en

barbas y de sangre", *Hispanófila*, 43 (1971), pp. 1-7. Lo amplía Salazar Rincón, *El
mundo social del 'Quijote'*, p. 273. Nada de ello quita para que la burla de las traviesas
doncellas se perfile como relativamente inofensiva, al lado de las complejas e insisten-
tes maniobras de Altisidora en torno a la virtud de don Quijote.

35 La presencia en el episodio de Altisidora del motivo carnavalesco del mundo al revés es detectada por Joly, "El erotismo en el Quijote", p. 145. "Her role is a grotesque
inversion of the usual relationship where the female is cold and chaste and the aroused
male vehement, pleading and driven to lyrical display" (Murillo, *A Critical Introduction to 'Don Quixote'*, p. 209).

realidad, de una parodia transparente del género y del desvergonzado exhibicionismo con que el Fénix lo había sellado.[36] Hay en él un marcado fondo erótico y somático, con mención de camas, sábanas, brazos, piernas, pies, feridas de amor y deseos tan específicos como el de hallarse junto al caballero rascándole la cabeza y matándole la caspa, lo cual funcionaba como una sugestión de máxima sensualidad para la tradición medieval (Grima y su esposo en *El caballero Cifar*).[37] Por el mismo cauce discurren, en segundo plano, la excesiva presencia de ropas femeninas, la saya galonada de oro que ella le daría por premio de su amor, junto con todo su guardarropa y aun, tal vez, la misma que lleva puesta. Es un poema loco a la vez que morboso y empapado de sorna hacia el manoseo tópico de la literatura. Las gracias que Altisidora pone allí a los pies de don Quijote son antifrásticos cabellos como lirios, una boca aguileña, una nariz chata, unos dientes de topacios, todo ello en línea con la inversión de hipérboles estereotipadas de la retórica petrarquista,[38] como son también las sierpes que dieron "leche" al caballero,[39] las incongruas monta-

36 Para el reflejo de tales debilidades y contraste con el propio Cervantes, véase Felipe B. Pedraza Jiménez, "Cervantes y Lope a vuelta con la génesis del *Quijote*", *Anales Cervantinos*, 25-25 (1987-1988), pp. 339-347.

37 O el aún más obligado recuerdo de Sansón y Dalila, "cómo con arte espulgándole e peynándole, desque dormido, gelo cortó, e a sus enemigos le libró" (Alfonso Martínez de Toledo, *Arcipreste de Talavera o Corbacho*, ed. J. González Muela, Madrid, Castalia, 1970, p. 148).

38 Véase Marcel Françon, *Notes sur l'esthétique de la femme au XVIe siécle*, Cambridge, Harvard University Press, 1938. La misma condesa Trifaldi se había burlado anteriormente de la misma clase de "trasnochados conceptos" por el estilo de "vivo muriendo, ardo en el yelo, tiemblo en el fuego, espero sin esperanza, pártome y quédome, con otros imposibles de esta ralea" (II, 38, p. 334).

39 Francisco Rodríguez Marín y Arturo Marasso señalan en esto de las sierpes el eco de *Eneida* IV, 366-367. Véase de este último, *Cervantes y Virgilio*, Buenos Aires, 1947, p. 125.

ñas de Libia o de Jaca, o el reducido espacio de la fama de Dulcinea, acotado por los ríos Tajo, Manzanares, Pisuerga y Arlanza (y no por el Ganges, el Danubio y el Nilo).[40]

Aún más teatral es también su segunda escena, cuando Altisidora espera apostada en una galería para fingir ante don Quijote un desmayo en los oportunos brazos de una amiga que "la recibió en sus faldas, y con gran presteza la iba a desabrochar el pecho" (II: 46, 383). Aunque no autores materiales de la misma, el relato deja en claro la responsabilidad indirecta de sus amos los duques en la aventura de la enamorada Altisidora. En su escena del jardín había confesado ésta proceder a hurto de la duquesa, pero ahora es ella misma la que lo cuenta todo a su señora, que aprueba gozosamente la continuación de la burla, convirtiéndose en cómplice moral de todo aquello.

La crítica ha reaccionado con cierta sorpresa acerca del grado de asentimiento e incluso ridícula vanidad con que el caballero parece recibir el homenaje amoroso de Altisidora. Sicoanálisis aparte,[41] don Quijote acoge la declaración de Altisidora bajo la misma actitud con que se deja llevar por todas aquellas burlas de la corte ducal. Sumido en un medio donde se actualiza para él la más prestigiosa fic-

---

40 Sobre el origen petrarquista del *topos* aquí invertido y su presencia en *La Numancia y La Galatea*, Geoffrey Stagg, "Cervantes' 'De Batro a Tile'", *Modern Languages Notes*, 69 (1954), pp. 96-99.

41 Interpretaciones en sentido de mutuo interés erótico, etc. sustentadas por Louis Combet, *Cervantes ou la incertitudes du désir. Une approche psychostructurale de l'oeuvre de Cervantes*, Lyon, Presses Universitaires, 1980. Carroll B. Johnson, *Madness and Lust* y después *Don Quixote. The Quest for Modern Fiction*, Boston, Twayne, 1990. "Altisidora is the prime case of a female character who intrudes into Quixote's illusion under the guise of make-believe to thrust the full force of her neurotic personality on his... We do not overstate her intentions if we say she would like to accomplish something like the figurative castration of Quixote", a la vez que "her need to see herself vicariously as victim of an uncontrollable passion (for an older man) has at least masochistic overtones as well as sadistic ones... she shows unmistakable traits of a nymphomaniac" (Murillo, *A Critical Introduction to 'Don Quixote'*, p. 210).

ción caballeresca, se halla bajo el compromiso de un comportamiento a la altura de ese mismo plano de representación. Sabe muy bien que se le pone a prueba en su esencial dimensión de personaje literario y ni ahora ni nunca va a decepcionar con una conducta ajena a los cánones. El caballero se maravilla de enfrentarse con clásicas aventuras que, contra lo que hasta allí era norma, se toman ahora otros el trabajo de escenificar para él. La narración explica puntualmente la inicial complacencia con que don Quijote ve aquel homenaje, reservándose para más tarde las espinas de su realidad.[42] La vanidad relativa que ahora experimenta viene en línea de su satisfacción al verse recibir con las reglamentarias solemnidades en el patio del castillo:

> Y aquel fue el primer día que de todo en todo conoció y creyó ser caballero andante verdadero, y no fantástico, viéndose tratar del mesmo modo que él había leído se trataban los tales caballeros en los pasados siglos (II: 31, 274).

Es preciso absolverle, pues, de ninguna inclinación donjuanesca en su comprensible conato de *hybris* por añadir aquel verse "solicitado de doncellas" (II: 59, 482) a sus timbres de legítimo caballero andante. Ello es muy distinto de picar el tentador anzuelo, que hubiera sido aquí la monumental claudicación de una ridícula correspondencia al "amor" de Altisidora. Pero el cortejado caballero sabe

---

42 "His claim to being a Knight errant, which have hitherto aroused such controversy and drawn repeated charges of subjetivism, are confirmed here in a totally unequivocal manner: his potential chivalric identity has become a palpable reality" (Williamson, *The Half-Way House of Fiction*, p. 119). No es esto lo mismo que aceptar la extremosa idea de Rosales, según la cual los duques proporcionan a don Quijote sus máximas satisfacciones al escenificar para él todo el boato ambiental de los libros de caballerías, "El papel de los duques", *Cervantes y la libertad*, t. 1, pp. 467-472.

muy bien a dónde apuntan los tiros, y por eso se reafirma en su fidelidad a Dulcinea tanto antes como después de escuchar el romance
de la desenvuelta damisela:

> Llore, o cante, Altisidora; desespérese Madama
> por quien me aporrearon en el castillo del moro
> encantado, que yo tengo de ser de Dulcinea, coci-
> do o asado, limpio, bien criado y honesto, a pesar
> de todas las potestades hechiceras de la tierra
> (II: 64, 374).

Don Quijote confesará más tarde a su escudero que la falta de temor y vergüenza con que Altisidora ejemplifica el poder del amor "en-
gendraron en mi pecho antes confusión que lástima" (II: 58, 475).
Queda muy en claro que desde el primer momento ha visto allí algo
amenazador y, por ello, cierra de golpe su ventana a la enamorada
doncella, "despechado y pesaroso como si le hubiera acontecido alguna gran desgracia" (II: 44, 375). Dicha reacción es, sin embargo, digna
y mesurada. Sin romper con su literatura, pero conforme a la moral
más exigente, don Quijote no admite juegos con la tentación y se abro-
quela contra ella llevando sobre sí y a vista de todos un conspicuo ro-
sario. Se guardará, sin embargo, de desentonar con ninguna prédica
misógina de dómine ni con la huida y aspavientos de un casto José.
Por el contrario, acepta pelear con las mismas armas, que es lo que en
este caso significa el laúd que requiere para su propia respuesta poética a Altisidora y su arpa. Una vez más, don Quijote se muestra perfecto caballero andante y no un asceta ni un santo de altar.[43]
    El romance que, a su vez, canta desde su ventana don Quijote
"con una voz ronquilla, aunque entonada" (II: 46, 384) marca un

---

43 Cuestión zanjada por Amado Alonso, "Don Quijote no asceta, pero ejemplar caballero y cristiano", *Materia y forma en poesía*, Madrid, Gredos, 1969, pp. 159-200.

vivo contraste con los provocadores dislates de Altisidora.[44] Frente
a las entremezcladas estrategias de ésta (erotismo, escarnio, parodia) *Suelen las fuerzas de amor* es una pieza sesuda y rectilínea.
Don Quijote reprueba la conducta de la doncella en términos pater-
nales, sin que ninguna nota de escándalo o invectiva llegue a falsear
su clave de impecable cortesanía. Lo hace acogiéndose al sagrado
de unos cuantos tópicos bastante caseros, como son el imperio del
amor sobre las almas inexpertas, la necesidad de contener la imaginación con un trabajo asiduo, la imprudencia de amar al primer recién llegado. No se advierte tampoco conato alguno de ostentación
ni parodia literaria. Ajeno a ningún vuelo ni clásico, petrarquista ni
caballeresco, don Quijote ha optado por un tono menor y casi pro-
saico, que le permite evadirse incólume del lazo que se le tiende.
Sobre todo, acaba con cualquier esperanza en torno al punto esencial de la firmeza de sus sentimientos:

> Dulcinea del Toboso
> del alma en la tabla rasa
> tengo pintada de modo
> que es imposible borrarla (II: 46, 384).

Se comprende, pues, la decepción de los escondidos perpetra-
dores de la burla, que ni siquiera le dejan terminar el canto a la firmeza amorosa que iniciaban aquellas palabras, porque

> desde encima de un corredor que sobre la reja de
> don Quijote a plomo caía, descolgaron un cordel
> donde venían más de cien cencerros asidos, y

---

44 Aunque las circunstancias de don Quijote son aquí inauditas, el caso de caballeros
que cantan sus propios amores era también frecuente en la literatura caballeresca (Avalle-Arce, '*Amadís de Gaula*' : *el primitivo y el de Montalvo*, p. 238 n.).

> luego, tras ellos, derramaron un gran saco de ga-
> tos, que asimismo traían cencerros menores ata-
> dos a las colas (II: 46, 384).

Se ha consumado un acto de baja venganza, que castiga a don Quijote con la agresión de aquellos lujuriosos animales.[45] Tal como le corresponde, la burla de Altisidora llega con esto a una innoble, antiheroica efusión de sangre. Supone un refinamiento de crueldad que sea ella misma quien, con sus blancas manos, vaya a vendar el rostro arañado del caballero, cuando en realidad es otra gata,[46] que le lacera esta vez el alma. Los mismos duques se dan cuenta de que la burla que proyectaban "más risueña que dañosa" ha ido demasiado lejos y por esto

> se fueron, pesarosos del mal suceso de la burla,
> que no creyeron que tan pesada y costosa le salie-
> ra a don Quijote aquella aventura, que le costó
> cinco días de encerramiento y de cama (II: 46,
> 386).

Pero no así Altisidora, cuyo papel de enfermera no la inclina a ningún asomo de arrepentimiento ni de piedad. Es una gran dureza de alma la que, por el contrario, recuerda a don Quijote que aquella

---

45 La crueldad y humillación latente en el episodio es puesta de relieve por Anson C. Piper, "A Possible Source of the Clawing-Cat Episode in 'Don Quijote'", *Revista de Estudios Hispánicos*, 14, 3 (Alabama) (1980), pp. 3-11. "Cats have been associated for centuries with female wiles, concupiscence and witchery" (Murillo, *A Critical Introduction to 'Don Quixote'*, p. 210).

46 El proceder felino de Altisidora surge como una referencia obligada en todo análisis de su carácter: "A female and thus a feline trick" advierte Murillo, *A Critical Introduction to 'Don Quixote'*, p. 209.

gatuna desgracia le viene en castigo por el "pecado" de su pertinaz resistencia. Ni puede siquiera retraerse de rubricar sus palabras con la característica crudeza erótica, cuando impíamente ruega a Dios que Dulcinea no sea desencantada "ni tú lo goces, ni llegues a tálamo con ella, a lo menos viviendo yo, que te adoro" (II: 46, 386).

En este relativo deslindarse de sus amos los duques en su ensañamiento con el caballero, reafirma Altisidora hasta qué punto es "suya" aquella campaña contra la idea de un amor puro en que se halla embarcada. Don Quijote no puede en adelante vivir menos que aterrado ante las complicaciones que sabe ha de acarrearle la dudosa "adoración" de Altisidora. Como es obvio que ésta se ha leído sus libros de caballerías, teme desde ahora el próximo capítulo de alguna clandestina visita a su alcoba de convaleciente. Como se recordará, el tema había despuntado ya en la Primera parte, cuando el hallarse maltrecho en la venta de los palos de los yangüeses no le retrae de imaginar la aparición de la hija del señor del castillo,

la cual, vencida de su gentileza, se había enamorado dél y prometido que aquella noche, a furto de sus padres, vendría a yacer con él una buena pieza (I: 16, 203).

Sólo que la cosa va ahora "en serio", pues aquí el "castillo" es muy real y el caso no se aboca a un sainete como el de Maritornes, sino al escándalo de aquella mujer lanzada y que suma en sí todos los peligros y tentaciones de la vida cortesana.

Don Quijote vive por tanto muy a la defensiva ante el "perseguimiento" de Altisidora. Por eso, cuando una noche siente hurgar una llave en la cerradura, cree haber llegado el momento supremo. El caballero se pone de pie en la cama, dispuesto a defender su honestidad, "envuelto de arriba abajo en una colcha de raso amarillo", a la vez que ha confesado en voz alta su fidelidad a Dulcinea. El episodio, sin embargo, no resultará lascivo, sino ridículo, porque la intrusa no es Altisidora, sino su gemela por inversión, doña Rodríguez. Paradigma de simpleza frente a otro de resabios, "dueña" y no "doncella", cándida donde la otra es falsa, ha tomado una resolución, a su manera heroica, para implorar la ayuda de don Quijote en el triste negocio de su hija burlada.[47] Personaje de aire bufonesco, corre a su cargo la revelación deslenguada de las sordideces tanto morales como físicas de la corte ducal. Es por ella como sale a relucir el secreto de las indignas deudas del duque a sus criados, a la vez que el de las dos "fuentes" que la duquesa tiene en las piernas, "por donde se desagua todo el mal humor de quien dicen los médicos que está llena". Y es doña Rodríguez quien allí desinfla también las pretensiones de "una que llaman Altisidora":

> Porque esta Altisidorilla tiene más de presunción
> que de hermosura, y más de desenvuelta que de
> recogida, además que no está muy sana: que tiene
> un cierto aliento cansado, que no hay sufrir el es-
> tar junto a ella un momento (II: 48, 402).

La gentileza cortesana se muestra al fin como oropel encubridor de las realidades más rafeces. El "aliento cansado" de Altisidora, lo mismo que las "fuentes" de su señora, dan traslaticia fe de la corrupción moral que una y otra llevan dentro de sí. Y todo acabará con la alcoba de don Quijote invadida por la duquesa y Altisidora, hechas unas silenciosas furias para ensañarse a chinelazos con las nalgas de doña Rodríguez y a pellizcos con el cuerpo de don Quijote.

---

47 El parecido de doña Rodríguez con la "dueña de Noruega", que no logra justicia del rey en *Amadís de Gaula*, ha sido señalado por Herdmann Marianella, '*Dueñas' and 'doncellas*', p. 40.

El conflicto sentimental entre la doncella y el caballero permanece latente e irresuelto por espacio de muchos capítulos, hasta reaparecer en la pública despedida de éste, foco de un maligno segundo
acto de la farsa de Altisidora. De nuevo obra ésta por su cuenta, hasta el punto de maravillar a la duquesa,

> que aunque la tenía por atrevida, graciosa y
> desenvuelta, no en grado que se atreviera a seme-
> jantes desenvolturas; y como no estaba advertida
> desta burla, creció más su admiración (II: 57,
> 469).

Con el sentido de la gran escenografía que siempre distingue a
Altisidora, su actuación tiene como fondo el patio o plaza del castillo, en el momento en que los duques y su corte despiden a don Quijote y Sancho. La atrevida doncella se adelanta a recitar ahora un romance complementario de aquel otro suyo del jardín, pero cuya
intertextualidad aparece remitida esta vez al tema del abandono, en
que iguala a don Quijote con el ariostesco Bireno y el clásico Eneas,
y a sí misma con Olimpia y la reina Dido.[48] Hay, pues, en la composición una clara subida de tono paródico y algo más desvergonzado
que loco. Su resultado es un poema-veleta que, por girar a todos los
vientos, hasta rinde pleitesía a la moda de la poesía germanesca
cuando, de modo tan villanamente incongruo, llama *cerras* a las manos de don Quijote. Sobre todo, es de nuevo imposible no relacionar
también su lamento con un episodio biográfico de Lope de Vega,

48 La parodia virgiliana es estudiada por Marasso, "Una falsa Dido, Altisidora", en
Cervantes y Virgilio, pp. 124-125. Véase también, para las fuentes parodiales, J.D.
Vila, "Don Quijote y Teseo en el laberinto ducal", pp. 459-473. Es preciso tener muy
presente que, en realidad, don Quijote parte del castillo libre y a vista de todos, y no
"fugitivo" como Eneas y menos aún de la enamorada Altisidora.

plasmado en el famoso romance *De pechos sobre una torre*.[49] Lo mismo ocurre con el tono de impudicia, presentándose no ya como doncella enamorada, sino como una amante burlada. No falta la obligada expresión de odio contra Dulcinea, pero el centro de gravedad del poema lo constituye no una queja por lo irreparable, sino por el supuesto hurto de tres tocadores y unas ligas, junto con sus tiernas entrañas de enamorada:

> Tú llevas, ¡llevar impío!,
> en las garras de tus cerras,
> las entrañas de una humilde,
> como enamorada, tierna.
> Llévaste tres tocadores
> y unas ligas (de unas piernas
> que al mármol puro se igualan
> en lisas) blancas y negras (II: 57, 468).

Es su conocido sello de crudeza erótica y fijación con las ropas femeninas, así como una incidencia en el tema bufonesco de los hurtos cortesanos y de los calculados prosaísmos con que tanto había hecho reír fray Antonio de Guevara.[50] El tira y afloja acerca de las ligas

---

49 Rafael Osuna, "Una parodia cervantina de un romance de Lope", *Hispanic Review*, 49 (1981), pp. 87-105.

50 El motivo de los hurtos ridículos es uno de los más típicos del *mester* bufonesco. Valga como ejemplo Antón de Montoro, *A una moza llamada Catalina, porque le hurtó una botilla de vino* en *Cancionero*, ed. F. Cantera Burgos y C. Carrete Parrondo, Madrid, Editora Nacional, 1984, 105, p. 284. En una vena parecida, fray Antonio de Guevara se queja de que el duque de Nájera anda queriéndole hurtar una mula que le ha dado el arzobispo de Sevilla y en otra carta dirigida al italiano Micer Polastre se defiende de haberse apropiado objeto tan frívolo como una poma de olor, *Libro primero de las Epístolas familiares*, ed. J.M. de Cossío, Madrid, Real Academia Española, 1950, t. 2, pp. 255 y 443.

de Altisidora va a dar mucho de sí en aquella escena de despedida, pues el duque llega a amagar con un desafío personal a don Quijote por su culpabilidad en tan poco caballeresco despojo. El conflicto latente y siempre aplazado entre el "rey" y el caballero está, pues, a punto de salir por fin a flote. Sólo que, dentro de la típica perversión de los valores cortesanos, el duque se halla dispuesto a batirse no por la virtud de Altisidora, sino por la vergonzosa materialidad de sus ligas.

Nada de lo anterior detrae sin embargo del hecho básico de que el caballero se marcha con la conciencia limpia de la casa ducal, cuyas impuras asechanzas nada pudieron ante su firmeza de amante leal y casto. Don Quijote no ha salido allí protagonista de una segunda edición de las coplas o *Diálogo entre el amor y un viejo*, que era el peligro que le rondaba. Altisidora queda frustrada en la pugna que, a través del caballero, mantiene con su rival Dulcinea. Ello no quita para que el orgullo profesional de don Quijote le haga conservar con aprecio los tocadores que, en efecto, la doncella había regalado a Sancho Panza y que reclamará en su momento a la rapiña de Roque Guinard, "por habérmelos dado quien me los dio" (II: 60, 500). Pero la historia de la enamorada Altisidora resurge para acompañar a don Quijote casi hasta el sepulcro. La corte ducal va a jugar en torno a ella una última escaramuza o especie de revancha en busca del asesinato moral que vendría a remachar su vencimiento a manos del caballero de la Blanca Luna.

Dicha inesperada doble "resurrección" (biológica y literaria) de Altisidora constituye uno de los episodios más enigmáticos de la Segunda parte. Surge sin duda de una honda meditación final de la misma o más bien sistemático ajuste de tornillos inducido, con toda probabilidad, por el súbito irrumpir del avieso Avellaneda.[51] Como

---

51 Por encima de sus prejuicios y deficiente información, la certera conciencia técnica de Nabokov no vacila en explicar el lapso de once capítulos que marca el reaflorar de Altisidora y el tema de la corte ducal como "due to Cervantes having to deal all in haste with an enchanter in his own life, a mysterious writer who published a spurious

se ha visto, don Quijote y Sancho se alejan de la enamorada Altisidora bajo el mayor desconcierto. Ni uno ni otro hallan respuesta a
un "¿cómo es posible?", porque a Sancho no le entra en la cabeza
que su señor pueda inspirar tan desatadas emociones en un corazón
femenino, lo mismo que admite también que él (un claro antecesor
de Papageno) no habría resistido a una tentación como aquella:

> –¡Crueldad notoria! –dijo Sancho–. ¡Desagra-
> decimiento inaudito! Yo de mí sé decir que me
> rindiera y avasallara la más mínima razón amo-
> rosa suya. ¡Hideputa, y qué corazón de mármol,
> qué entrañas de bronce y qué alma de argamasa!
> (II: 58, 475)

Toda esta confusión de don Quijote y Sancho pone de manifiesto la medida en que Altisidora es un personaje abruptamente "abandonado" no en amores, sino en lo que hace a tratamiento y función literaria por parte del autor. El enigma de su singular comedia ha
quedado meramente suspenso y Cervantes, con su conciencia de
buen artífice, se sabe todavía en deuda con sus lectores. La aventura
de Altisidora tendrá por eso un reaflorar guadiánico, a modo de una
joya sombría en el camino del caballero hacia su muerte en la aldea.

El encuentro con el túmulo de la doncella en el patio del castillo responde de nuevo al tipo de aventura lúgubre o luctuosa que era
también de rigor en los libros de caballerías.[52] Como tantas otras cosas significa, con su compleja inserción estructural y rica escenogra-

Second Volume of 'don Quixote' while Cervantes was writing his own second part"
(Lectures on Don Quixote, p. 62).

52 Marasso señala también algún que otro eco de Virgilio en la "fingida escena infernal" de Altisidora, Cervantes y Virgilio p. 127. Asimismo otros de la Farsalia de Luca-
no, pp. 129-130.

fía, un claro avance respecto a la del cuerpo muerto en la Primera parte. No menos obvia también es su cautelosa fusión con un escenario inquisitorial, puesto de relieve por la ropa llameante y coroza con que infaman a Sancho:[53] caballero y escudero son allí víctimas inocentes y por completo indefensas. Los duques se divierten, como de costumbre, con las mojigangas de un cortejo dueñesco y payasadas diversas a cargo de su chocarrera servidumbre. Todos pasan el tiempo en espera de la resurrección de Altisidora, que (cual imagen no muerta sino "viviente" de una mentira) yace sobre el túmulo coronada de flores y en las manos una palma virginal, que todos sabemos tan dudosa.

Don Quijote, el gran derrotado, es ahora mero espectador pasivo. Las chocarreras torturas de Sancho, que por fin harán el milagro de la resurrección de Altisidora, miran a rivalizar (porque no va ella a ser menos) con Dulcinea hasta en los medios de su donoso desencantamiento. La rediviva doncella va a interpretar por fin su decisivo tercer acto. Como siempre, tachará de crueldad el desamor de don Quijote y promete en agradecimiento a Sancho –¿cómo no?– seis camisas suyas, algunas ya muy usadas. Su última escena ha de ser de nuevo la clásica visita a la alcoba de don Quijote. Claro que la situación carece ahora de peligro, porque el caballero no se halla esta vez solo. Como medida de prudencia duerme allí también Sancho en una carriola o lecho portátil y ello determina un mundo de diferencia en lo moral como en lo físico. Altisidora hace una entrada espectacular,

---

53 Éste permanece impasible y nada asustado. Como labriego rebozado de enjundia de cristianos viejos, Sancho no manifiesta ningún temor de tales simbolismos y hasta se apropia de muy buena gana el ropón llameante (Salazar Rincón, *El mundo social del 'Quijote'*, p. 276). Para Murillo la subsiguiente tortura de Sancho a manos de dueñas, etc., supone cierta "ritualistic form from feminine fingers, vaguely suggestive of inquisitorial punishment" ("Don Quixote As Renaissance Epic", p. 65). Pasa revista a los trasfondos mitológicos e inquisitoriales de esta última burla ducal Fred E. Jehle, "The Resurrection of Altisidora in 'Don Quijote'", *Hispanofilia*, 75 (mayo, 1982), pp. 9-16.

> con la misma guirnalda que en el túmulo tenía, y
> vestida una tunicela de tafetán blanco, sembrada
> de flores de oro, y sueltos los cabellos por las es-
> paldas, arrimada a un báculo de negro y finísimo
> ébano (II: 70, 565).

Siempre a tono con su aureola erótica, esa *tunicela* significa una vestimenta corta y que, como explica Covarrubias, "vale la camisa que está inmediatamente pegada a las carnes" (como se ve, un claro recuerdo de la infanta Helisena). Muy liado en las sábanas, don Quijote le escucha por enésima vez su acostumbrado parlamento acerca del imperio con que el amor salta las barreras de la honra y de la decencia, así como el inhumano desdén que dice haberla conducido a la muerte, o al menos un burlesco remedo de ésta. El tono de la conversación se va aligerando hasta el momento en que don Quijote retorna a su no menos consabido tema de su inquebrantable fidelidad a Dulcinea del Toboso. Pero son esas palabras las que al fin hacen perder a Altisidora el control de su papel con un nada cortesano estallido de cólera que no traía planeado. La comedia se ha vuelto pirandeliana verdad y la maligna actriz va a quedar, por fin, desarmada ante su público de lectores:

> —¡Vive el Señor, don Bacallao, alma de almirez,
> cuesco de dátil, más terco y duro que villano ro-
> gado cuando tiene la suya sobre el hito, que si
> arremeto a vos, que os tengo de sacar los ojos!
> ¿Pensáis por ventura, don vencido y don molido
> a palos, que yo me he muerto por vos? Todo lo
> que habéis visto esta noche ha sido fingido, que
> no soy yo mujer que por semejantes camellos ha-
> bía de dejar que me doliese un negro de la uña,
> cuanto más morirme (II: 70, 567).

Nacen tales "apodos"[54] de una conciencia herida, que ni aun ahora deja de mostrar la deleznable pajuela literaria que, como tantas veces se ha visto, es lo único que Altisidora lleva dentro.[55] Claro que ni ella ni nadie iba a morirse por amores de don Quijote, ¿pero a qué entonces semejante ira contumeliosa? No será preciso decir que Altisidora no ha estado nunca enamorada de aquel "bacallao" de don Quijote, pero sí que su perversa comedia descarrila irremisiblemente ante la entereza sin mella ni doblez del caballero. El papel de Altisidora no ha mirado sino a ver a don Quijote rendido a sus pies para darse el gusto de humillarlo. Pero la indigna conspiración no logra ofrecer a los duques y a su corte el espectáculo que más le hubiera complacido, en prueba de la derrota del amor ante la sensualidad.

La partida ha sido, pues, muy seria y don Quijote ha prevalecido de sus antagonistas. Es Altisidora quien queda destruida, lo mismo que los duques son ahora proclamados un par de "tontos" (II: 70, 565) por la inapelable autoridad de Cide Hamete. El *Quijote* toca ya a su fin, pero no hay que olvidar que todo este acto final ha sido posible gracias a un *deus ex machina*, y éste no es otro que el bachiller Sansón Carrasco.[56] Porque es dicho bellaco aldeano y mal clérigo

---

54 Quedaron reconocidos como tal modalidad de burla cortesana por Joly, "El erotismo en el *Quijote*", p. 147.

55 Su recuerdo del "villano rogado cuando tiene la suya sobre el hito" es casi una cita directa del romance o *Canción de una gentil dama y un rústico pastor* (Ramón Menéndez Pidal, *Flor nueva de romances viejos*, décimotercera edición, Buenos Aires, Espasa Calpe, 1962, pp. 217-219). El uso del cuesco de dátil como dureza antonomástica recuerda un famoso juicio del comendador Hernán Nuñez en su comentario a *Las trescientas* de Juan de Mena.

56 La importancia del personaje como foco y motor antagonista de la Segunda parte no ha sido reconocida ni valorada hasta los recientes estudios de Elena Percas de Ponseti, "Deceiving Mirrors", *Cervantes, the Writer and Painter of Don Quixote*, University of Missouri Press, 1988, pp. 20-35. Juan Bautista Avalle-Arce, "El narrador y Sansón Carrasco", *On Cervantes: Essays for L.A. Murillo*, ed. J.A. Parr, NewarK,

estudiantón quien pone a los duques en antecedentes de lo ocurrido
en Barcelona y, según se explica por último, "de aquí tomó ocasión
el duque de hacerle aquella burla" (II: 70, 546). Había emprendido
el bachiller su aventura como caballero de los Espejos bajo un espíritu de supuesta festiva conmiseración o (como él dice) "buenos
pensamientos" (II: 65, 536) de curar la locura de su vecino, pero la
humillante realidad de su derrota transforma sus sentimientos hacia
don Quijote en algo distinto y sumamente serio,

> porque pensar que yo he de volver a la mía hasta
> haber molido a palos a don Quijote es pensar lo
> escusado; y no me llevará ahora a buscarle el de-
> seo de que cobre su juicio, sino el de la venganza;
> que el dolor grande de mis costillas no me deja
> hacer más piadosos discursos (II: 15, 147).

Es un momento decisivo de la obra,[57] porque en adelante, Sansón Carrasco no trabaja sino para satisfacer su odiosa revancha. "No
por esto se me quitó el deseo de volver a buscarle y a vencerle, como
hoy se ha visto" (II: 64, 536), confiesa a don Diego Moreno aun después de su dudosa hazaña en la playa de Barcelona. Lejos de las buenas pero cegatas intenciones de los antagonistas de la Primera parte,
el vencedor de don Quijote satisface a sabiendas una baja pasión.
También para él *la commedia é finita* en una acuciante realidad.

Del., Juan de la Cuesta, 1991, pp. 1-9. "El bachiller Sansón Carrasco", *Actas del Segundo Coloquio de la Asociación de Cervantistas*, Alcalá de Henares, 1989, Barcelona, Anthropos, 1991, pp. 17-25, y Carlos Romero Muñoz, "La intervención de Sansón
Carrasco", *ibid.* pp. 27-69.

57 "No cabe duda de que el resultado de esta aventura seudo-caballeresca es la que define el desenlace de la novela" (Avalle-Arce, "El narrador y Sansón Carrasco", p. 2).

En claro acto de relevo, Sansón Carrasco había trazado su plan de vencer a don Quijote en los caminos, en desleal acuerdo conspiratorio con el cura y el barbero, muy al comienzo de la Segunda parte.[58] Su perderse de vista tras la derrota en el bosque no es sino el ominoso acecho de la fiera agazapada en espera del momento para un segundo zarpazo.[59] Y así como el paje enviado por Sancho con la carta para su mujer permite a Sansón dar con don Quijote en Barcelona, es el bachiller quien, a su retorno, informa a los duques de su vencimiento y hace así posible la burla final de la resurrección de Altisidora. Es una bella red de motivaciones o carpintería narrativa, que subsume y hermana a todos los antagonistas grandes y pequeños de 1605 y de 1615 en un vasto contubernio contra don Quijote y su heroísmo amoroso. Se presencia una lucha a brazo partido entre las fuerzas del Bien y del Mal, porque la porfía de don Quijote con sus antagonistas se perfila como clara trasposición del tipo de aventuras que los libros de caballerías objetivaban en las asechanzas o atropellos de encantadores, gigantes u otros desaforados prepotentes. No hay que olvidar que los gigantes habían sido acercados en forma alegórica por don Quijote a los pecados capitales con que ha de luchar el caballero cristiano: "Hemos de matar en los gigantes a la soberbia..." (II: 8, 96). La diferencia es que su encuentro con las personificaciones coaligadas del poder, de la lujuria y del entendimiento se realiza ahora sobre un terreno donde las minucias antiheroicas de la vida cortesana vierten a su propia escala una reconocible estructura épica.

---

58 El contraste entre las fluctuantes estrategias del cura y el barbero es contrastada con la conducta de Sansón Carrasco en esta Segunda parte por Bruce W. Wardropper, "La intencionalidad en el 'Quijote'", *Bulletin Hispanique, Hommage à Maxime Chevalier*, 92 (1990), pp. 682-683.

59 Nabokov, *Lectures on 'Don Quixote'*, p. 80.

La pugna antagonista de la Segunda parte ha de ser proyectada, por tanto, sobre el esquema caballeresco de una macroaventura final de gigantes. Altisidora y Sansón se muestran personajes gemelos desde el mismo momento de su común amparo bajo una onomástica de pretencioso gigantismo (los duques son también "gigantes", pero por derecho propio).[60] Si, en efecto, descuellan como individuos en la corte ducal o en la aldea manchega, tanto las letras del uno como las picantes desenvolturas de la otra sirven para afilar en ambos casos su enemiga al valor y virtud sin fisuras de don Quijote. Seres encumbrados por encima de su baja naturaleza, Altisidora empata las letras del bachiller con su saturación ramplona no ya de poesía, sino de clichés y retazos vergonzantes, que en todo momento guían su actuación marisabidilla y la constelan de gemas como su imprecación a don Quijote con un "¡Oh más duro que mármol a mis quejas!" (II: 70, 565). Cervantes no ha querido pronunciar (por preferir que lo hagan sus lectores) la palabra *bachillera*, que le ha debido rondar por la cabeza al contarnos de esta *Altisidorilla*.

El extraño episodio de la Altisidora resurrecta funciona en virtud de la geminación funcional de ésta con el bachiller Sansón Carrasco. La desenvuelta doncella se ha visto del mismo modo atrapada en su propio juego, que al llegar a cierto momento no es más que puro despecho. Su episodio final no está inspirado, claro está, por amor real ni fingido, sino por la humillación vengativa de la mujer físicamente rechazada. Ambos personajes se igualan así en su negativa frustración y rencor de vencidos en un terreno moral.[61] Altisi-

---

60 Francisco Márquez Villanueva, "El tema de los gigantes", *Fuentes literarias cervantinas*, Madrid, Gredos, 1973, pp. 297-311.

61 No es de pasar aquí el desenfoque, curiosamente geminado también, con que Joaquín Casalduero ve en "esa figura tan frágil y al mismo tiempo tan pulida y dura de Altisidora", una joven en busca de marido (¿Don Quijote?), y en Sansón Carrasco "casi un filántropo" deseoso de curar de su locura al andante caballero manchego (*Sentido y forma del 'Quijote'*, Madrid, Insula, 1949, pp. 321, 324 y 371).

dora no ha sido derrotada, como aquél, por la lanza guerrera, sino por el cortesano laúd con que don Quijote sabe defender su casto amor a Dulcinea. Tampoco Sansón pudo arrancar a don Quijote, puesta la lanza en su visera, una blasfemia contra su amada. En trance del todo similar, el caballero de los Espejos no tuvo empacho en confesar "que vale más el zapato descosido y sucio de la señora Dulcinea del Toboso que las barbas mal peinadas, aunque limpias, de Casildea" (II: 14, 144).

Nada de cuanto acontece era visible en la obra a la altura del capítulo LVII, cuando Altisidora presumía de donosa reina Dido y suscitaba una chusca trifulca a cuenta de sus ligas. Ahora, por el contrario, el personaje queda sellado en toda la sórdida verdad de su juego más que nunca "indecoroso". Se nos viene a las manos una firme prueba de cómo los últimos capítulos del *Quijote* han acogido, bajo el aspecto de un rebose o desbordamiento de Sansón Carrasco y su espíritu, un súbito encono de la faceta antagónica. Queda sin embargo a cuenta de Cervantes que dicho ramalazo sólo contribuya a resaltar el paradójico triunfo de la entidad literaria de aquel su don Quijote supuestamente aniquilado. Se reconoce por detrás de todo ello una nueva profundización discursiva en la eterna dialéctica cervantina de verdad y apariencias, aunque ahora le toque hacerlo bajo el irónico aspecto correlativo de éxito y fracaso, de tragedia y de farsa, de candidez y perversidad.

De un modo muy obvio, el final del *Quijote* transcurre en un mundo ensombrecido por una agudizada conciencia de la cruda maldad humana. La vertiente de aguas se deja reconocer, sin mayor dificultad, en el capítulo LIX, con el trauma supuesto por la aparición del apócrifo de Avellaneda. Su presencia constituye a partir de aquel momento un paréntesis metanovelístico en similar correspondencia con el que el mismo *Quijote* de 1605 determina en los primeros capítulos de la Segunda parte. La intromisión agresiva del apócrifo se vuelve uno de los focos temáticos del libro, sin que sea prudente descartar la posibilidad de interpolaciones y retoques introducidos a lo largo del mismo para desautorizar polémicamente a Avellaneda.[62] Don Quijote por lo pronto se considera injuriado por el apócrifo en lo más hondo de su ser de hombre y de caballero. Su *casus belli* con el tordesillesco autor se anuda precisamente, y una vez más, en torno a la eterna cuestión de Dulcinea y al supuesto desamoramiento de que Avellaneda había hecho uno de los pilares de su libro. Trae esto escandalizados y mohinos a los mismos lectores de la venta y no es de extrañar que provoque un verdadero estallido "de ira y de despecho" en el ofendido caballero:

> –Quienquiera que dijere que don Quijote de la Mancha ha olvidado, ni puede olvidar, a Dulcinea del Toboso, yo le haré entender con armas iguales que va muy lejos de la verdad; porque la sin par Dulcinea del Toboso ni puede ser olvidada, ni en don Quijote puede caber olvido: su blasón es la firmeza, y su profesión, el guardarla con suavidad y sin hacerse fuerza alguna (II: 59, 486).

En una clara superposición de voces, la protesta de don Quijote es también la del propio Cervantes, harto consciente de que el inten-

---

62 Es posible que Cervantes introdujera importantes modificaciones a lo largo de toda la Segunda parte con ánimo de "visitar" políticamente situaciones y personajes del libro de Avellaneda, según deduce de una "lenta interrogación" de los capítulos 59 a 74 Romero Muñoz en "La invención de Sansón Carrasco", pp. 28 y 44. Anteriormente, Albert Sicroff había defendido (frente a Gilman) la tesis, insinuada por Menéndez Pelayo y después por Menéndez Pidal, de que Cervantes conocía la obra de Avellaneda desde el momento de iniciar su Segunda parte. La filípica contra el capellán de los duques sería, por ejemplo, una respuesta a la predicación de mosén Valentín en el apócrifo ("La segunda muerte de don Quijote como respuesta de Cervantes a Avellaneda", *Nueva Revista de Filología Hispánica*, 24 [1975], pp. 207-291).

to de destruir a su personaje es inseparable de la alevosía de Avellaneda contra su misma *persona* literaria.[63] Don Quijote había sido tajante con la duquesa, al advertirle que

> quitarle a un caballero andante su dama es quitarle
> los ojos con que mira, y el sol con que se alumbra,
> y el sustento con que se mantiene (II: 32, 290).

Dentro de lo que es al mismo tiempo una estrategia de propia defensa, la respuesta de Cervantes a Avellaneda consistirá en asentar como nunca el amor intachable de don Quijote por Dulcinea en el eje de su novela.

No es de pasar tampoco por alto que Avellaneda, buen conocedor también del género, pensó, conforme a una de las líneas consabidas de éste, en la contradicción que el mariposeo de doncella en doncella ofrecía el tema de un único y grande amor caballeresco. Aunque ni sus dotes ni sus prejuicios le permitieran abordar la *poiesis* de un personaje como Altisidora, es significativo que, al comienzo de su libro, presente a don Quijote ufano de adornar alternativamente el escudo en que se proclama desamorado de Dulcinea con "dos hermosísimas doncellas que estén enamoradas de mi brío".[64] De un modo u otro es obvio que el atentado moral del falsario ha

---

63 El carácter solidario o envolvente de lo literario y lo personal que supone el ataque de Avellaneda quedó irrefutablemente establecido por Stephen Gilman, *Cervantes y Avellaneda. Estudio de una imitación* (México, 1951). Avellaneda se había proclamado en su prólogo como de "opuesto humor también" al de Cervantes. Por ello la partida que se juega entre Cervantes y Avellaneda es la misma que se empeña entre don Quijote y sus lectores, anota Giovanna Calabrò, "Cervantes, Avellaneda y don Quijote", *Anales Cervantinos*, 25-26 (1987-1988), p. 96.

64 Alonso Fernández de Avellaneda, *El ingenioso hidalgo don Quijote de la Mancha*, ed. F.G. Salinero, Madrid, Castalia, 1987, p. 94.

servido para sacudir hasta las raíces la sabia *dispositio* del *Quijote* de 1615. El forcejeo de don Quijote contra sus antagonistas es también el muy calculado de Cervantes con unos personajes en conciliábulo para alzarse con su *Quijote* y entregarlo a Avellaneda y su espíritu. Esta coalición de "gigantes" da entrada, a su vez, a éste por la perfecta simetría con que pugnan por actualizar en el seno o "realidad" de la obra la misma clase de *Quijote* apócrifo que el alevoso falsario pergeña en su libro sobre un plano de ficción literaria.

En un maravilloso y lúdico ejercicio de control, Cervantes mantiene su pulso con unos personajes no en busca de autor, sino rebelados para expulsarlo de su obra. Como rebote de las maquinaciones de Avellaneda y su *Quijote* se impondrá por ello en el de Cervantes una militante voluntad de estructura encaminada a que Carrasco, los duques y Altisidora no predominen en su adherirse al llamamiento o movilización del tordesillesco contra la señora Dulcinea. Hay, pues, un profundo motivo para que Avellaneda se halle presente también en el episodio final de la semidoncella, cuando ésta cuenta sus experiencias de semi-muerta ante las puertas del infierno a que con toda justicia (poética y moral) se hallaba condenada. Siempre en carácter, Altisidora ha presenciado allí cómo unos diablos no menos cortesanos que ella (porque hasta llevan randas flamencas) se complacen en pelotearse y destripar ejemplares del *Quijote* apócrifo. Con su malignidad de siempre, sabe aquélla que toda mención (favorable o no) del tordesillesco es siempre una puñalada para el caballero,[65] igual que para su legítimo creador.

El espíritu ponzoñoso de Avellaneda no logra, como un nuevo Arcalaus, predominar en el libro ni contra el libro, cuya más alta seño-

---

[65] "This helps explain why Altisidora (of all persons) brings up the subject of the 'apocryphal book' published by Avellaneda in 1614... The existence of the false version of himself as a 'historical' fact is one more vexation Quixote has to endure" (Murillo, *A Critical Introduction to 'Don Quixote'*, pp. 255-256).

ría corresponde hasta el final a Dulcinea y cuanto ésta significa. Lo mismo que su héroe, Cervantes rumia, casi al borde también de la tumba, su última y más amarga experiencia de la maldad humana, pero sin dejarse ganar tampoco por ella. Don Quijote triunfa en el seno de su misma derrota.[66] Se mantiene en último término el esquema consagrado de los libros de caballerías, donde los soberbios y desaforados gigantes terminan a la letra despedazados ante el empuje del espíritu que encarna el caballero (con frecuencia un ser de cuerpo frágil y casi femenino).[67] La temible conspiración de aquellos gigantes del mundo de 1615 se perfila al fin como un indigno fracaso autodestructor y, conforme a su establecido perfil activista, corresponderá también a Altisidora el hacerlo patente. Tanta artificiosa falsedad se acredita en su cierre (*closure*) como una verdad artística de máximo valor instrumental con que Cervantes ilumina ese carácter épico que el amor ha llegado a asumir en la obra.[68] La anti-Dulcinea cortesana contribuye, con su anonadamiento final, a cifrar la trivialización y esterilidad del antagonismo en que tanto llegara a brillar. La seudo-doncella no es ni siquiera una gran actriz. Vive de representarse a sí misma y su papel caduca por eso en el momento de quedar expuesta en su única verdad de hermana gemela o versión femenina del bachiller aldeano: Altisidora es la negación del amor (o de aquella feminidad heroica de las Orianas), lo mismo que Sansón lo es de la caballería. En el todo por el

---

66 "A pesar de su derrota material, don Quijote triunfa moral e ideológicamente, pues cae de su caballo, pero no de su ideal", comenta Lúdovik Oster, "Dulcinea y sus metamorfosis", *Anales Cervantinos*, 23 (1985), p. 55.

67 John O'Connor, *Amadis de Gaule and its Influence on Elisabethan Literature*, New Brunswick, Rutgers University Press, 1970, p. 41.

68 "El amor de don Quijote fue, pues un amor épico más que lírico, fue continuidad de memoria y voluntad cuya expresión era la búsqueda de Dulcinea, tema central de la Segunda parte" (Gilman, *Cervantes y Avellaneda* 108).

todo de su final retorno a la vida, el vivaz personaje extingue de golpe
toda su capacidad de proyección. Derribada de su artificioso gigantismo queda reducida a su exigua talla natural y sólo alcanza a dejar detrás de sí un gran vacío. Tras haber señoreado sobre una vasta provincia de la obra, tendrá en ella, exhausta ya su órbita, una merecida
salida de orden minimalista. No es capaz de hacerlo sin rebajarse a una
nueva rociada de insultos, que ya nada significan, hacia el caballero
que la ha rechazado, llamándolo en su cara "malandrín mostrenco" de
"fea y abominable catadura" (II: 70, 569). El mismo duque se niega a
reconocer en ellos más que la oportunidad para una reflexión de sico-
logía barata, en recuerdo de un manoseado romance:

> Porque aquel que dice injurias
> cerca está de perdonar.

Cervantes, por su parte, abandona para siempre a Altisidora sin
hacer de ella leña para la tarea fácil del desengaño ascético que pedían
los tiempos, pero que nunca halla cabida en la legítima cortesanía de su
Quijote. La mostrará en cambio a la luz de un des-engaño de orden literario, en que expone todo su truco de criatura o ente poético y se proclama el relumbrón de su deleznable naturaleza, vicaria o traslaticia del
fracaso definitivo del Mal en la obra. Achicada a su corta dimensión de
joven desvergonzada y sin sentimientos, la chispeante Altisidora no es
ahora más que una estrella apagada, sin otro destino por delante que in-
terminables días de aguja y "labor blanca" (II: 70, 569). No se hable
aquí de una suerte individual que no es ya objeto para la crítica, pero sí
de un no-ser en el arte, a cuya miseria sólo le queda ya el gesto de va-
cuidad histriónica con que abandona para siempre la escena:

> Hizo Altisidora muestra de limpiarse las lágrimas
> con su pañuelo, y haciendo reverencia a sus seño-
> res, se salió del aposento (II: 70, 569).

ÍNDICE DE NOMBRES

ÍNDICE

Este libro se acabó de imprimir en el
mes de marzo de 1995 en los talleres de
Nuevo Siglo, S.L., Humanes (Madrid).